Karl-Georg Müller

Rheingau / Taunus

Wandern für die Seele

20 Wohlfühlwege

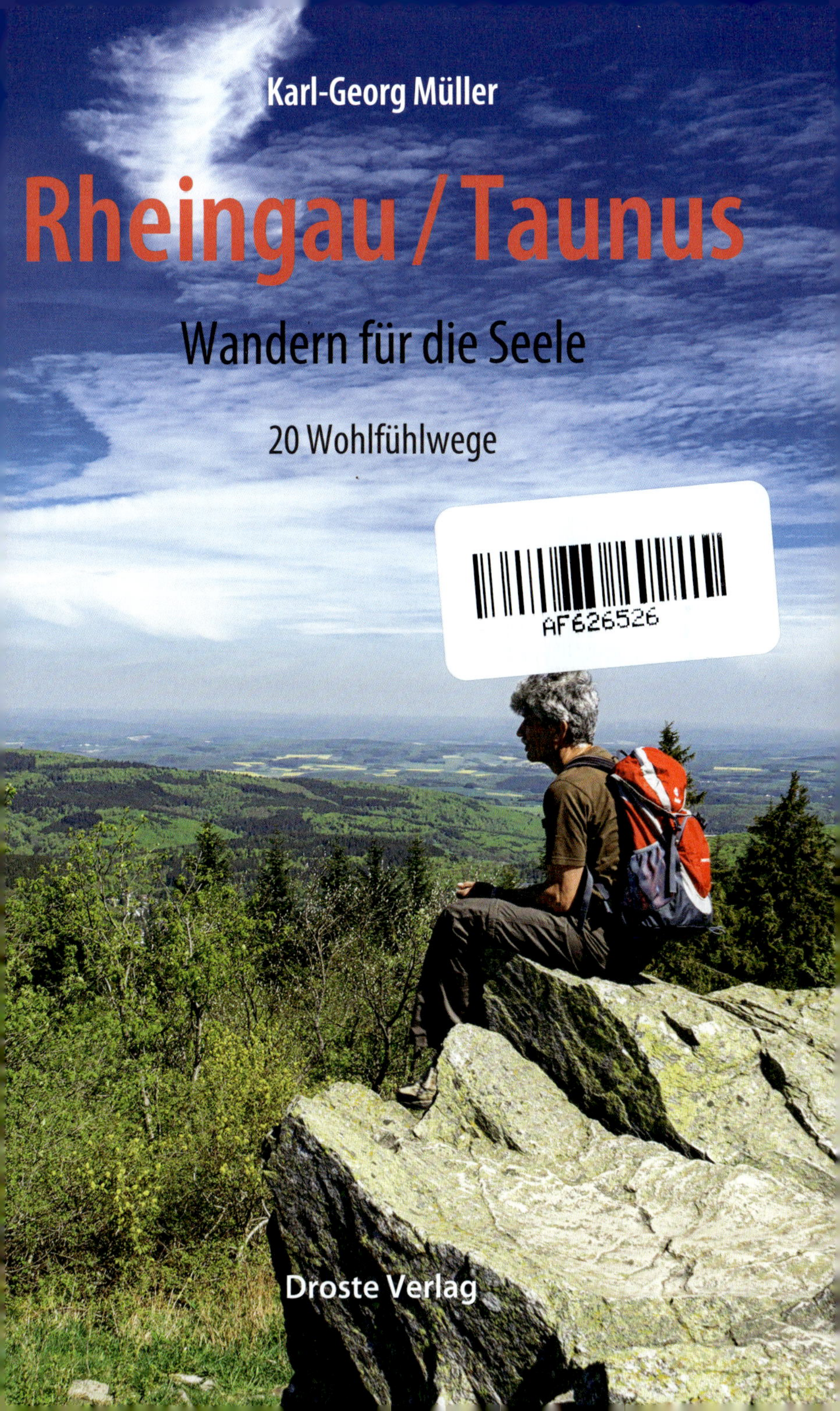

Droste Verlag

ALLE WANDERUNGEN AUF EINEN BLICK

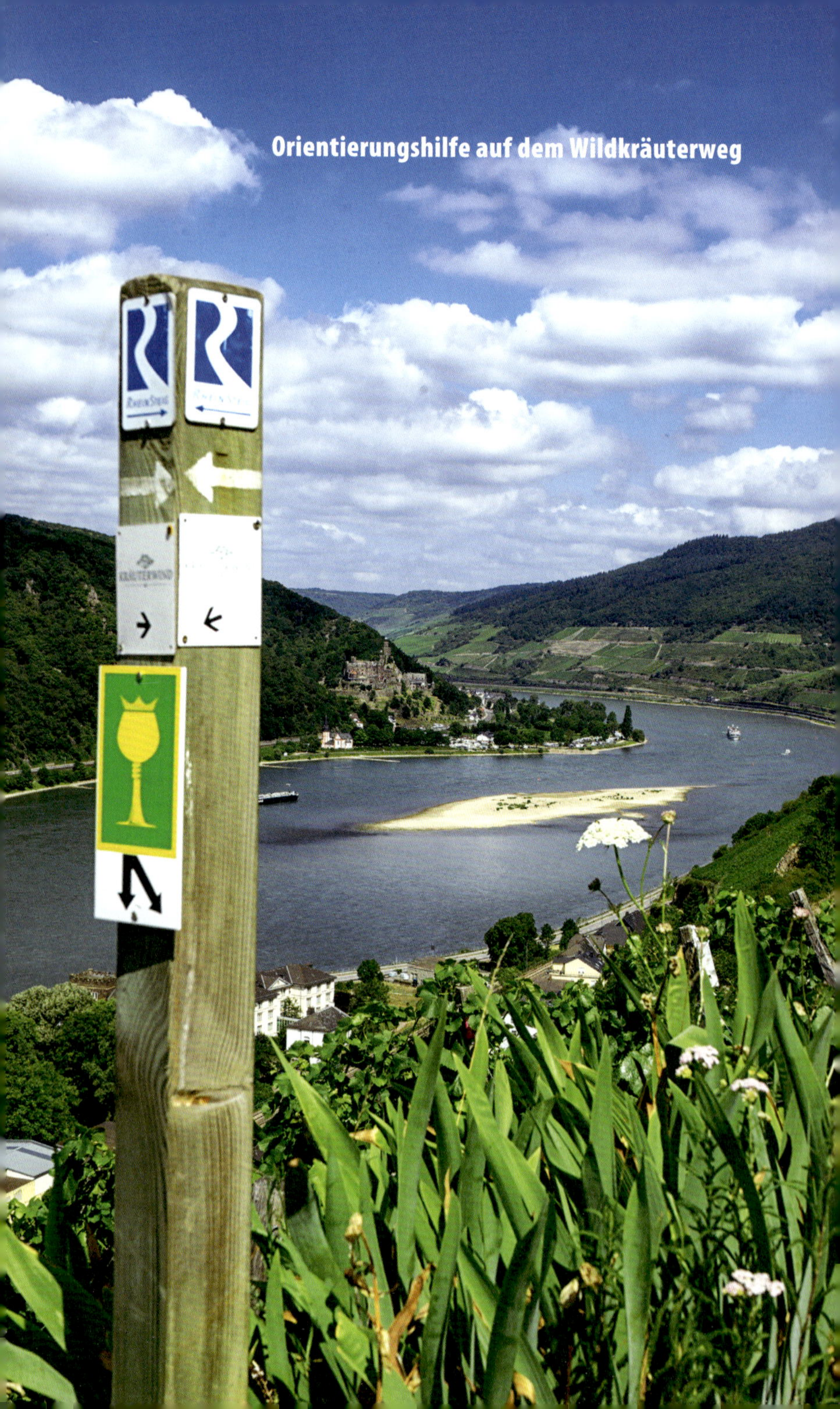

Orientierungshilfe auf dem Wildkräuterweg

Liebe Wanderfreunde und Auszeitsucher,

es gibt ein Leben jenseits der Hektik im Alltag. Dieses wollen Wanderer gerne auf eigenen Füßen „erlaufen". Wir haben dafür 20 entspannende Touren im Rheingau und im Taunus zusammengestellt, bei denen die Seele mit auf Wanderschaft gehen kann.

„Die Höhe", wie der Taunus jahrhundertelang genannt wurde, begeistert mit sanft geschwungenen Bergen im Norden und ist nur durch die Lahn begrenzt. Der Blick geht tief hinab ins Lahntal, durch eingekerbte Bachtäler nähern wir uns dem Fluss. Tiefer im Taunus begegnen uns die Römer, die vor 2000 Jahren rund um den Limeswall ihre Spuren hinterlassen haben. Ihnen folgen wir durch stille Wälder und auf den Großen Feldberg. Malerische Städte und Dörfer bereichern die Landschaft. Burgen künden von Rittern und Adligen, die im Mittelalter Fuß im Taunus und im Rheingau fassten. Und von Bergfrieden und Aussichtstürmen genießen wir famose Fernsichten. Im Wispertal locken stille Plätze und verschwiegene Gewässer.

Der Rheingau zeigt sich lebhafter. Doch auch hier, mitten im Reich des Rieslings, entdecken wir ruhige Wege und einsame Winkel. In drei Klöstern warten besinnliche Augenblicke. Ein Ozean an Weinbergen strömt sanft zum Rhein hin, und die Weinreben leuchten in tausend Grüntönen und duften, wenn die Trauben reif sind.

Das leibliche Wohl lassen wir nicht außer Acht. Die Einkehrtipps haben wir alle persönlich getestet. Besonders im Rheingau empfehlen wir, an sonnigen Tagen Plätze zu reservieren. Jeder Ort zeigt seinen ganz eigenen Charme. Doch allen ist gemeinsam: Sie fordern uns auf, unsere Seele baumeln zu lassen.

Viel Freude beim Wandern für die Seele wünscht
Ihr Karl-Georg Müller

NATUR-INFO

KULTUR-INFO

TOUREN-/EVENT-INFO

GENUSS-INFO

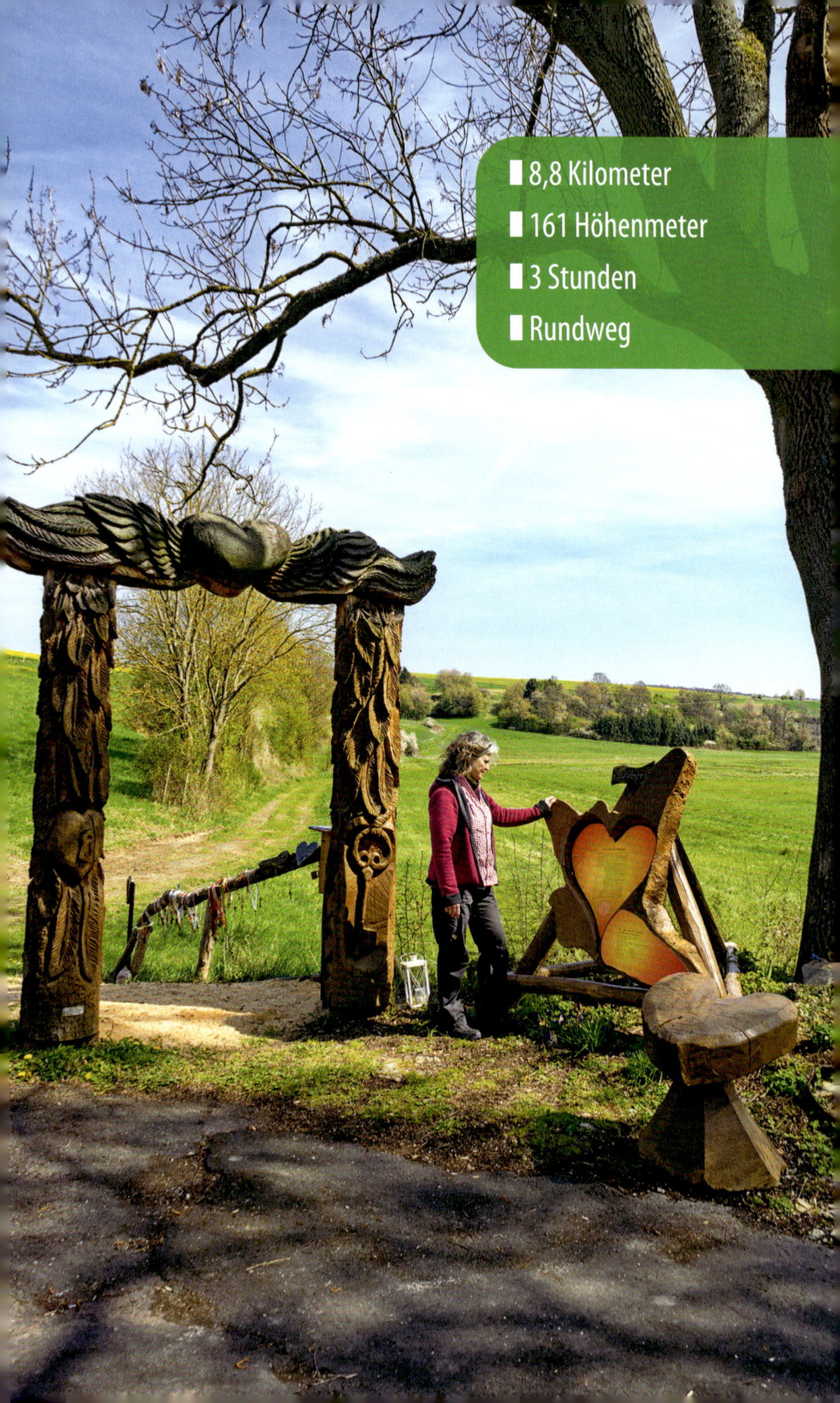

- 8,8 Kilometer
- 161 Höhenmeter
- 3 Stunden
- Rundweg

Höre auf dein Herz

Der Herzweg des Friedens im Einrich

Unsere außergewöhnliche Wanderung starten wir bei der zweibogigen Brücke aus Bruch- und Backstein aus dem 19. Jahrhundert über den Dörsbach. Wir durchschreiten das mit Sägespänen ausgelegte **Herztor 1**, die erste Station auf dem Herzweg des Friedens. Wir folgen dem Herz als Markierungszeichen, das auf Holz oder Metall aufgetragen und weiß unterlegt ist, und entdecken dabei am Wegesrand 13 Stationen mit sogenannten Herz-Impulstafeln.

Rechts am Herztor baumelt ein Band, an dessen Ende symbolisch der eigene „Herzschlüssel" schwingt. Auf der linken Seite sehen wir das Herz mit dem passenden Schloss zum Herzschlüssel. Sinnbildlich gehen wir also durch das Herztor ins Herzinnere und sehen dabei am Holzgeländer unzählige Schlösser angebracht, mit denen wir den Zugang zu unserem Herzen aufschließen können.

Auf einem grasbewachsenen, weichen Weg geht es vorbei an grünen Feuchtwiesen mit leuchtend gelben Sumpfdotterblumen. Der Dörsbach tränkt die Talaue satt mit Feuchtigkeit.

Dann steigt der Weg sanft an, doch rechter Hand nimmt uns sofort Station 2 mit dem Thema „Glaube" gefangen. Der Herzweg wird jeweils stimmig zur Jahreszeit dekoriert.

Hinauf zu einem Schotterweg trägt es uns, dort halten wir uns rechts. Wir wandern entlang von Hecken und Getreidefeldern und nähern uns bald Dörsdorf. Station 3 erwartet uns, „Grenzweg" nennt sie sich, weil sie sich auf die Grenzen bezieht, auf die wir in unserem Leben treffen und an denen wir uns entscheiden müssen.

Die nächste Station ist wie alle Plätze fantasievoll gestaltet und fordert uns durch rustikale Bänke zum längeren Verweilen auf. Dem Markierungszeichen Herz folgen wir vor den ersten Häusern Dörsdorfs auf einem Feldweg bergauf, flanieren bald auf weichem Wiesenweg an der **K 57** entlang und überqueren sie an einer übersichtlichen Stelle.

„Gipfel" nennt sich die nun folgende Station – wie passend, haben wir an diesem Platz doch wirklich die Anhöhe unterhalb des Galgenkopfs erklommen. Gut 600 Meter stromern wir nun eben weiter, links von uns ein umzäuntes Waldareal, rechter Hand dagegen der freie Blick über die Taunushöhen. Die Felder werden von den Rapsblüten goldgelb gesprenkelt.

Bei einer Rastbank wenden wir uns rechts den Berg hinunter. Zielstrebig wandern wir auf Dörsdorf zu, doch kurz bevor wir die ersten Häuser erreichen, gehen wir an einem **Tiergehege** **2** mit vorwitzigen

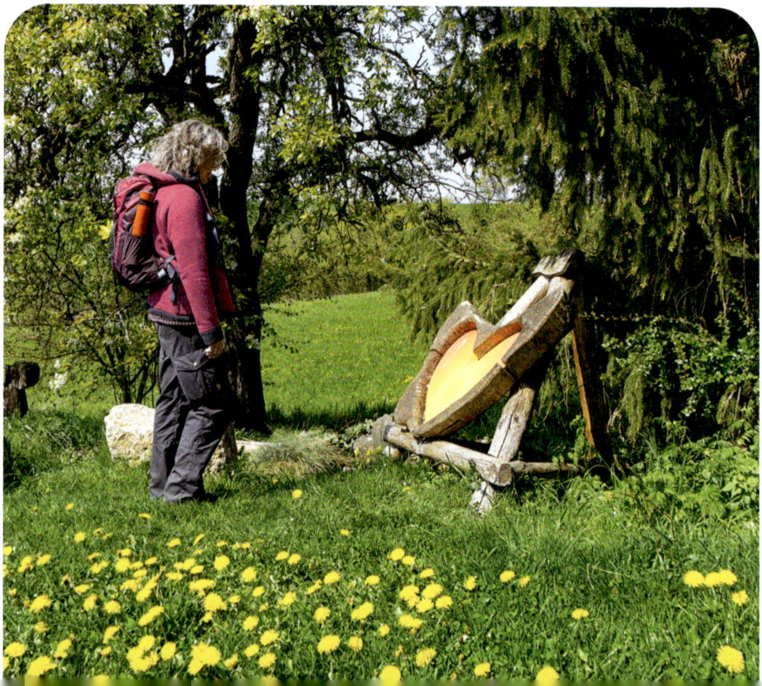

Für die Seele

Jede einzelne der 13 Stationen des Herzwegs streichelt die Seele.

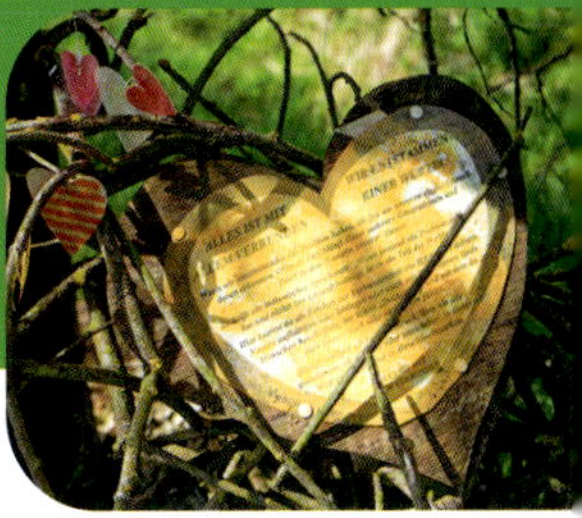

Ziegen vorbei und entdecken mit „Die Versuchung" eine weitere Station. Gleich dahinter halten wir uns rechts und schauen uns im **Kirchweg** den **Sauberborn** ③ an. Die mit Steinen eingefasste Quelle besteht vermutlich seit dem 13. Jahrhundert.

Über die **Schulstraße** und, nachdem wir die **Hauptstraße** überquert haben, über **Am Ackerbach** verlassen wir Dörsbach, wenden uns im Tal an einer Rastbank nach rechts und steigen auf einem Wiesenweg zügig den Hang hinauf. Oben erwartet uns die Station „Der Zweifel" an einem hübsch gelegenen Platz, der gut geeignet ist, sich dem Thema Angst oder Alleinsein gedanklich zu nähern.

Nur wenige Schritte weiter gelangen wir an einer kleinen Obstplantage vorbei zur **K 55,** gehen über den frisch gemähten Randweg keine 200 Meter an der Straße nach links und überqueren sie dann am höchsten Punkt unserer Rundwanderung bedachtsam.

Nun geht es wieder bergab. Wir erreichen die zusammengefassten Stationen 8 und 9. Kirschbäume spenden uns Schatten, die Äste bekrönen den Rastplatz mit schönen Aussichten nach Berghausen und über den Einrich. Weil wir bis jetzt nicht gerastet haben, nutzen wir die kernigen Bänke und lassen uns von der Stille umarmen. Vielleicht schreiben wir auf ein Stück Papier eine Herzbotschaft und legen diese in den **Himmelsbriefkasten** ④**.**

Nun zieht der Weg erst am Waldrand entlang, später zwischen den Feldern. Einen Abzweig nach links verpassen wir fast, steuern dann aber auf dem richtigen Weg auf einen einsam stehenden Apfelbaum zu. Von dort sind es nur noch wenige Schritte bis zur offen in der Landschaft platzierten nächsten Station mit einem aus Stroh geformten, großen Herz und bunten Bändern und der in eine Baumscheibe eingefügten „Herzinschrift".

In einer Schleife wandern wir nahe beim Dörsbach zurück zu unserem Ausgangspunkt, queren dabei mit Umsicht die **Landstraße** und die **Bruchsteinbrücke** und finden uns beim Herztor wieder.

Doch noch ist unsere Herzenswanderung nicht zu Ende. Wir wenden uns zur **Bergstraße,** die bergan nach Berghausen führt, und gehen auf der anderen Seite auf einem Feldweg an Bäumen und Äckern entlang aufwärts.

Kurz vor Berghausen führt unser Weg an einer Gabelung nach links, zieht uns weiter durch die Felder. In einer Linkskurve entdecken wir, malerisch in einer baumbewachsenen Talsenke, die nächste Herzensstation. „Gottvertrauen" lautet ihr Name.

Noch ein kurzes Stück nimmt uns der weiche Wiesenweg den Hügel aufwärts mit, unterbrochen nur von der vorletzten Station zum Motiv „Bewusstsein". Wir wenden uns auf der Anhöhe in die **Hauptstraße** und spazieren in den Ort hinein.

Bei Hausnummer 9 a schließlich erwartet uns die 13. und letzte Station – die „Mitte" –, die sich am Haus der Initiatorin findet. Angekommen in der Herzmitte, steht uns nach Voranmeldung der **Lichtraum** **5** mit großer Lichtkerze und vielen kleinen Kerzen offen.

Von dieser letzten Station aus wandern wir die Hauptstraße weiter bis zum nächsten Abzweig: Ein schmaler Weg, der zwischen den Wohnhäusern aus Berghausen wegführt und uns nach einer kleinen Schleife zur **Bergstraße** leitet. Diese überqueren wir und legen auf der anderen Seite am Randstreifen die letzten Meter bis zum Parkplatz zurück. Unser Herz

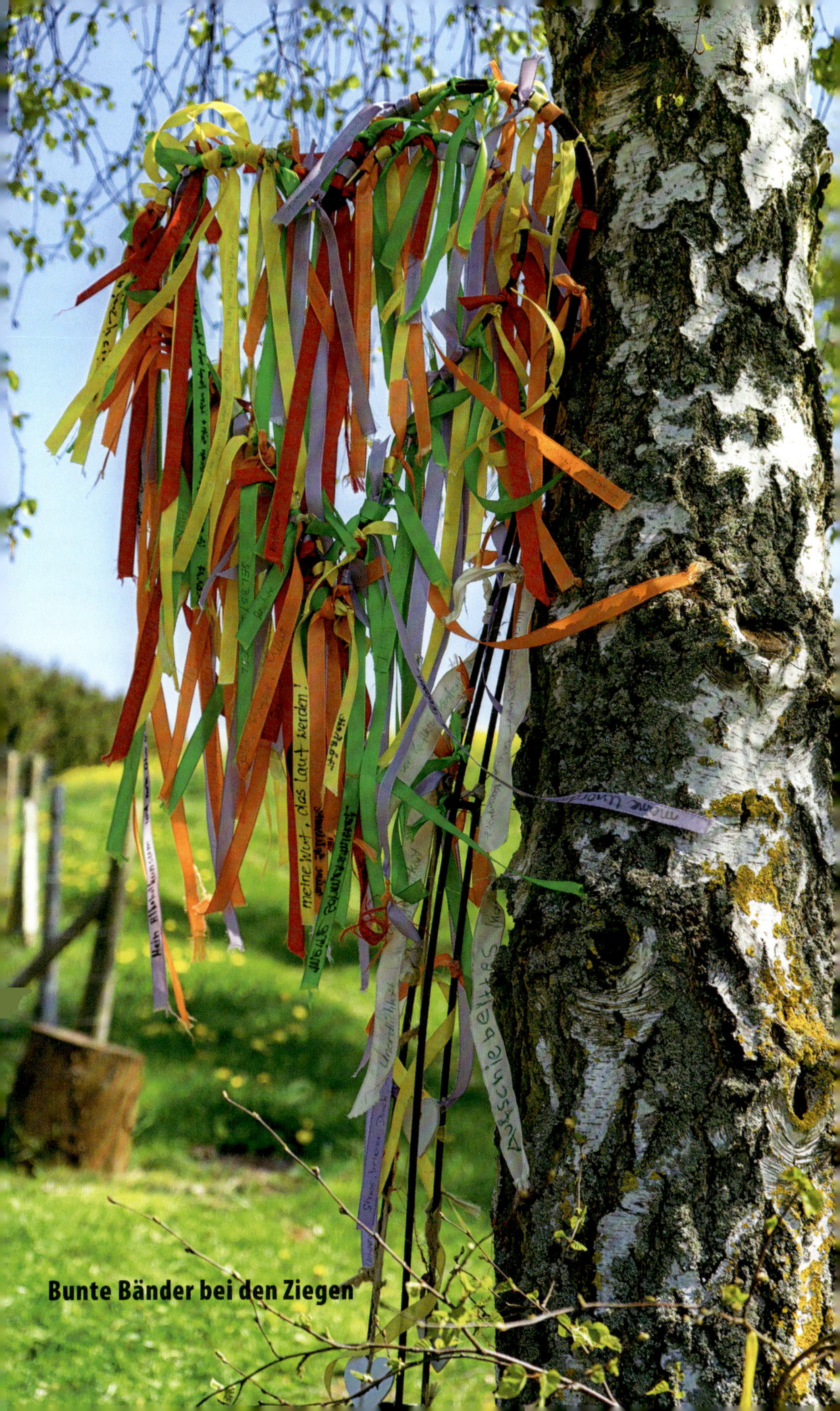

Bunte Bänder bei den Ziegen

Auszeittour 1

Im Berghof wird besonderer Wert auf Regionalität oder ausgesuchte Produkte gelegt – die Metzgerei für die Fleischprodukte liefert mit Herkunftsgarantie und steht für artgerechte Tierhaltung, und regional ansässige Kleingärtner und Bauern sorgen für frisches Gemüse. Der Kuchen schmeckt auf jeden Fall köstlich.

ist übervoll nach dieser Wanderung, sodass wir nun an unser leibliches Wohl denken können, denn Essen und Trinken hält bekanntlich Leib und Seele zusammen. Das **Hotel Berghof 6** in Berghausen ist dafür bestens geeignet. Wir erreichen es entweder mit dem Auto, indem wir die Bergstraße bis hinter den Ortseingang hinauffahren. Oder wir sind, bevor wir in Berghausen den Abzweig von der Hauptstraße gewählt haben, dort einfach rund 100 Meter geradeaus weitergegangen.

Wir wählen einen Platz auf der Terrasse und entscheiden uns für einen leckeren Kuchen, der von der Bäckerei Zorn im benachbarten Katzenelnbogen stammt.

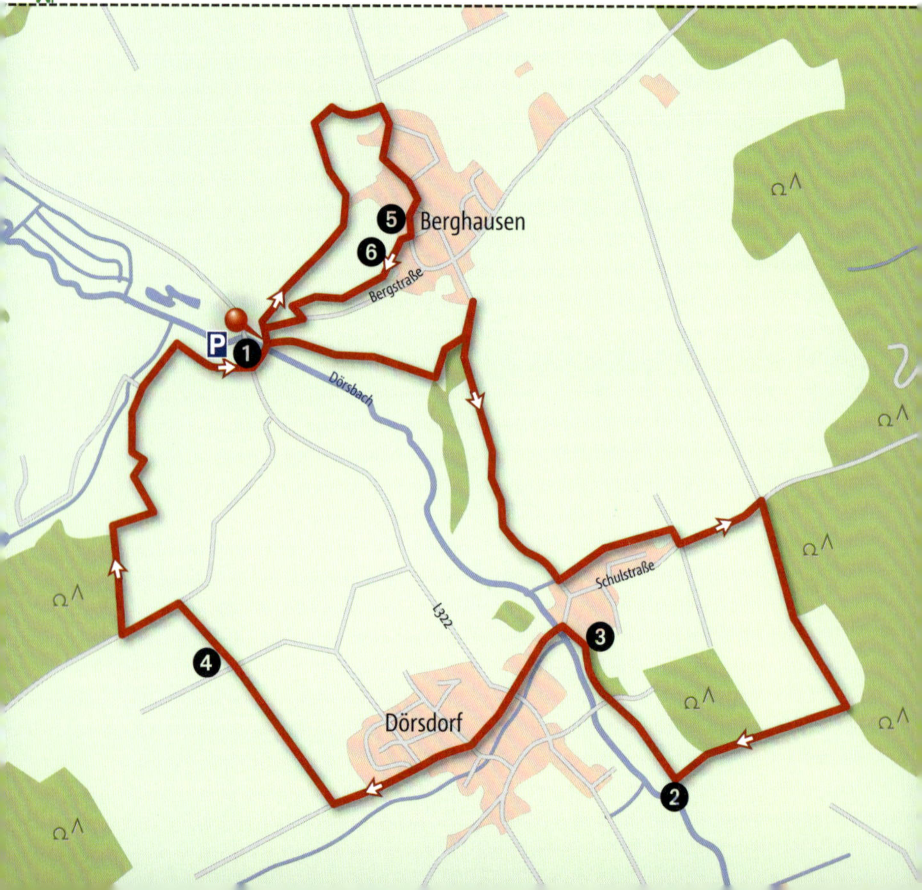

Entspannung ✱✱✱✱✱
Genuss ✱✱✱
Romantik ✱✱✱✱

WIE & WANN:
Weiche Wiesenwege und landwirtschaftliche Wege, Straßen in den Ortschaften; beste Wanderzeit von April bis Oktober

HIN & WEG:
Auto: Parkplatz am Abzweig L 322 nach Berghausen, Bergstraße, 56368 Berghausen (GPS: 50.255623, 8.999255)
ÖPNV: Bus 203 von Katzenelnbogen Rheinstraße nach Berghausen Hauptstraße, Bus 580 von St. Goarshausen Bf. nach Katzenelnbogen Marktstraße

ESSEN & ENTSPANNEN:
Hotel Berghof 6 Bergstraße 3, 56368 Berghausen, Tel. (0 64 86) 9 12 10, www.hotelberghof.de

ENTDECKEN & ERLEBEN:
Herztor 1
Tiergehege 2
Sauerborn 3
Himmelsbriefkasten 4
Lichtraum 5 Herzweg des Friedens, Birgit Meyer, Hauptstraße 9 a, 56368 Berghausen, Tel. (0 64 86) 91 93 05, www.birgit-meyer.com

- 11,6 Kilometer
- 124 Höhenmeter
- 3 Stunden
- Rundweg

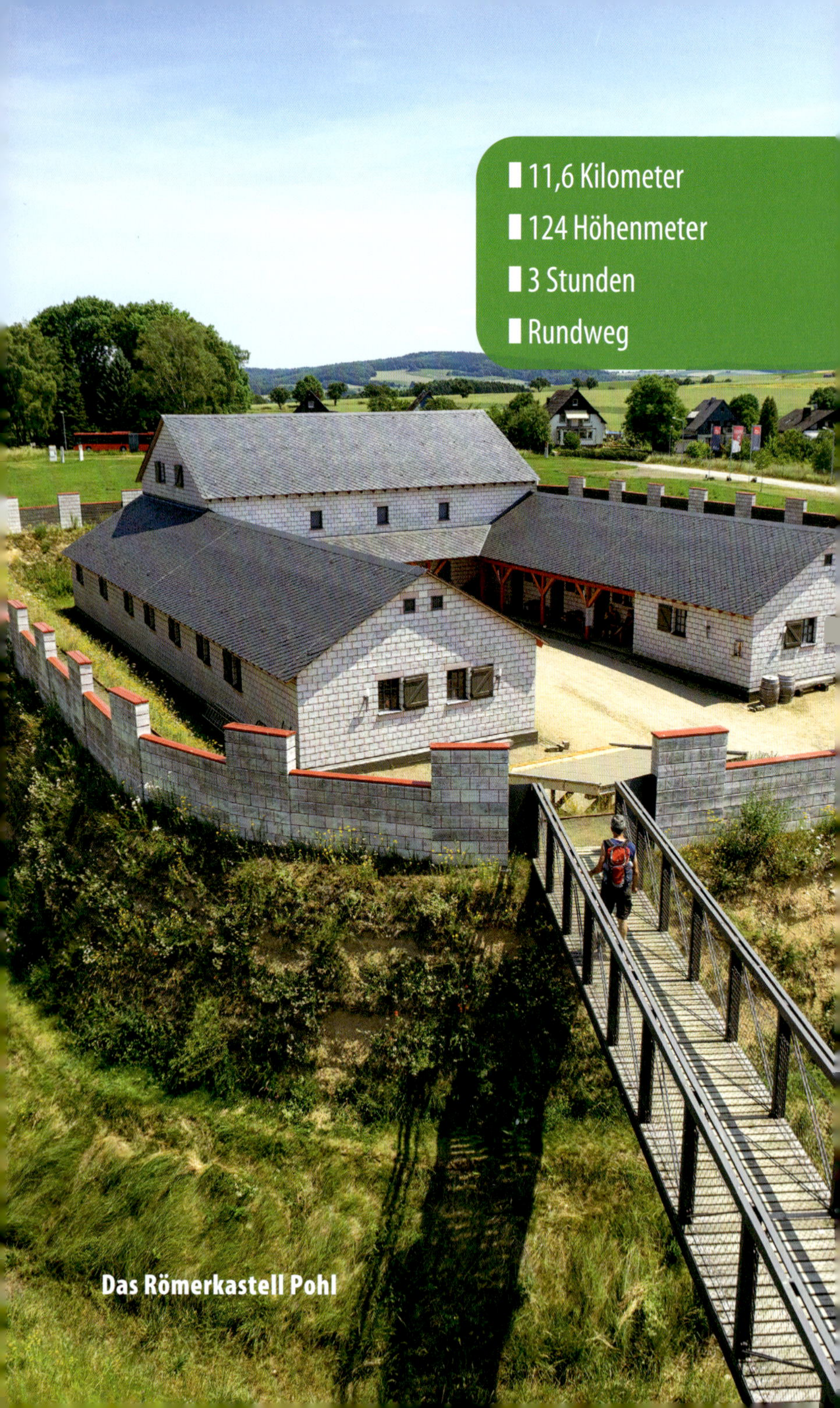

Das Römerkastell Pohl

Römischer Rundweg

Beim Limeskastell

Weil wir im Anschluss an unsere Wanderung das Römerkastell besuchen, parken wir vor dem Eingangstor und wandern dann den Weg zurück bis zum eigentlichen Startpunkt an der Ecke **Kirchstraße.** Wir folgen auf unserer Wanderung dem Drei-Kastelle-Rundweg und seinem viereckigen Markierungszeichen mit dem rot eingetragenen Namen und dem stilisierten Wanderweg. Der Drei-Kastelle-Rundweg ist bausteinförmig aufgebaut, sodass wir die Strecke je nach unseren Wünschen gestalten können. Wir haben einen Rundweg mit kurzen Abstechern zusammengestellt; das Markierungszeichen wird uns dabei begleiten.

Von der **Kirchstraße** gehen wir durch den kleinen, gut 300 Einwohner zählenden Ort bis zur **Bäderstraße,** die auch Deutsche Limesstraße genannt wird. Wir queren die Bäderstraße, setzen unseren Weg auf der anderen Seite geradeaus fort und erreichen über die **Römerstraße** den Ortsrand.

An der Wegekreuzung halten wir uns später links, legen aber zuerst den rund 250 Meter weiten ersten Abstecher rechts bis zum Waldrand am **Landgraben** zur Rekonstruktion einer **Limespalisade** ❶ ein. Dort, bei einem gemütlichen Rastplatz mit schöner Fernsicht über die Felder des Einrich, wie die Region im nordwestlichen Taunus genannt wird, informieren wir uns an einer Schautafel bei der nachgebildeten Holzpalisade.

Zurück an der Kreuzung gehen wir nun geradeaus, berühren wieder die Ortschaft, wechseln von der **Waldstraße** bei der alten Hohl, die zu den ältesten

Spuren menschlicher Besiedlung im Ort gehört, in die **Taunusstraße.** Wir halten uns an einer Straßeneinmündung beim alten Rathaus dann rechts.

Wenige Meter weiter lassen wir Pohl hinter uns und streben auf dem sanft ansteigenden Feldweg dem Pohlerwäldchen zu. Selbst auf den Taunushöhen brennt die Sommersonne schonungslos, weshalb wir uns über die kurze Baumepisode freuen. Gleich darauf begegnen wir an einem Wiesenplatz mit **Schutzhütte Et Heideröslein** ❷ erneut der reichen Geschichte dieser Region. Einst verlief hier die im 11. Jahrhundert entstandene Klosterstraße von Arnstein zu den Klöstern im Rheingau.

In einigen Schleifen führt uns die Straße hinunter nach Bettendorf. Dort erwarten uns an einigen Häusern Infotafeln speziell zur keltischen Kultur. Wir halten uns an der **Nastätter Straße** links, schauen uns das kleine geologische **Freilandmuseum** ❸ an und orientieren uns auf gleicher Höhe links kurz in die Straße **Brandholz,** die wir aber nach 100 Metern rechts

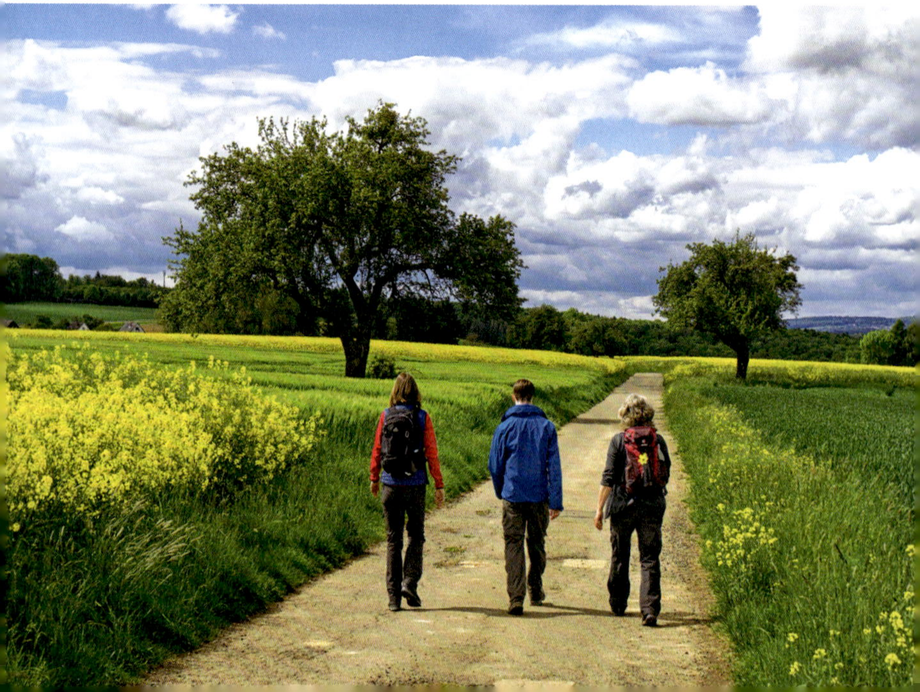

Für die Seele

Vom Römerturm lassen wir unsere Augen über die Taunushöhen schweifen.

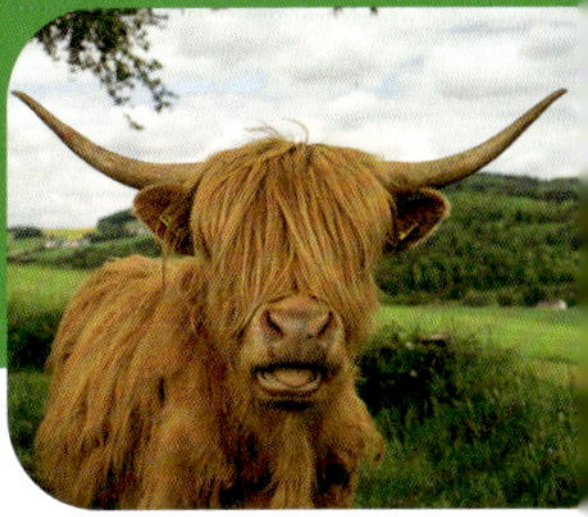

verlassen. Zügig streben wir aus dem Ort und schauen einigen jungen Burschen zu, wie sie einen neuen Weidezaun aufziehen. Fast übersehen wir die erste Station des neuen **Planetenlehrpfads** ❹ mit der Sonne, der uns bis nach Holzhausen mit aufschlussreichen Informationstafeln und Planetenstelen flankiert.

Bald danach heißt uns wieder schattiger Wald willkommen. An einer Kreuzung gehen wir schnurstracks geradeaus und sichten, als sich der Wald lichtet, zu unserer Linken die Schautafel zum **Kleinkastell Pfarrhofen** ❺. Dieses liegt ziemlich versteckt im Wald, doch ein schmaler, ausgetretener Pfad führt uns zu den wenigen, mit Pfostenmarkierungen eingerahmten Mauerresten des Kastells. Es weist nicht die sonst üblichen runden Ecken auf, was auf eine spätere Erbauung des in Stein gehaltenen Kastells hinweisen kann. Von hier kehren wir auf demselben Weg wieder zurück.

Leicht schwingt der herrlich grasbewachsene Weg dann zwischen den mit Weizen goldgelb leuchtenden Feldern auf Holzhausen zu. Wir gehen am **Sportplatz** vorbei. Hier endet der Planetenlehrpfad.

An der **Bäderstraße** halten wir uns links, überqueren diese an geeigneter Stelle und schwenken vor dem **Friedhof** rechts auf einen Feldweg, auf dem wir die Begräbnisstätte umwandern.

Der Einrich bietet sich als sanft geschwungenes Gefilde dar. Wir gewinnen viele Aussichten über die Taunushöhen wie jetzt auf dem Wegstück bis an den Ortsrand von Obertiefenbach.

Offenbar gut aufgehoben fühlen sich die schottischen Hochlandrinder auf den saftig grünen Wiesen im Taunus, selbst keckes Streicheln dulden sie gleichmütig.

Wir wandern leicht aufwärts den Kohlwald entlang bis zur Straße nach Obertiefenbach und überqueren sie nahe beim Wolfshof zu unserer Linken. Der Limes verläuft hier nur wenig entfernt von unserem Wanderweg. Nach einer Informationstafel streifen wir eine auffallende mächtige Hecke mit Pfaffenhütchen, Ebereschen und Salweiden.

Pohl bezog seinen Ortsnamen aus dem Wort „Pfahl", das im Mittelalter geringschätzig für den Limes verwendet wurde. Das Kleinkastell Pohl hatte die Maße von 34 x 43 Metern und war mit Spitzgräben, Erdwällen und Palisaden befestigt – genau so, wie wir das Kastell heute sehen.

Obwohl unser Wanderweg geradlinig und in sanften Auf- und Abschwüngen verläuft, verrinnt die Zeit nur so. Kurz vor Pohl lauert die nächste Rastbank auf uns. Nach einer kurzen Pause schaffen wir vom Startpunkt an der Kirchstraße flott die letzten Meter zum **Limeskastell Pohl 6**.

Dort entrichten wir den fälligen Obolus im Culinarium, dem Speisesaal. Hier packen wir auch gleich die Gelegenheit beim Schopf und lassen uns kulinarisch verwöhnen. Obwohl die viel gerühmte lukanische Bratwurst bereits bis zum letzten Zipfel verzehrt wurde, tun wir uns an den Tageseintöpfen – wahlweise mit Fleisch oder vegetarisch – gütlich.

Wir erklimmen den Palisadenwall und streifen über die stabile Brücke zum Wachtturm außerhalb

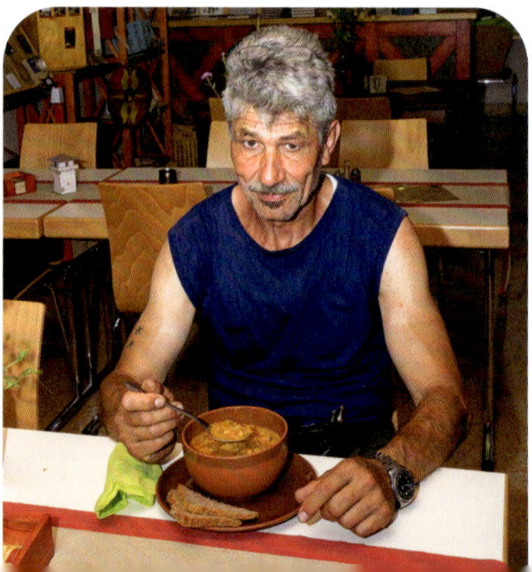

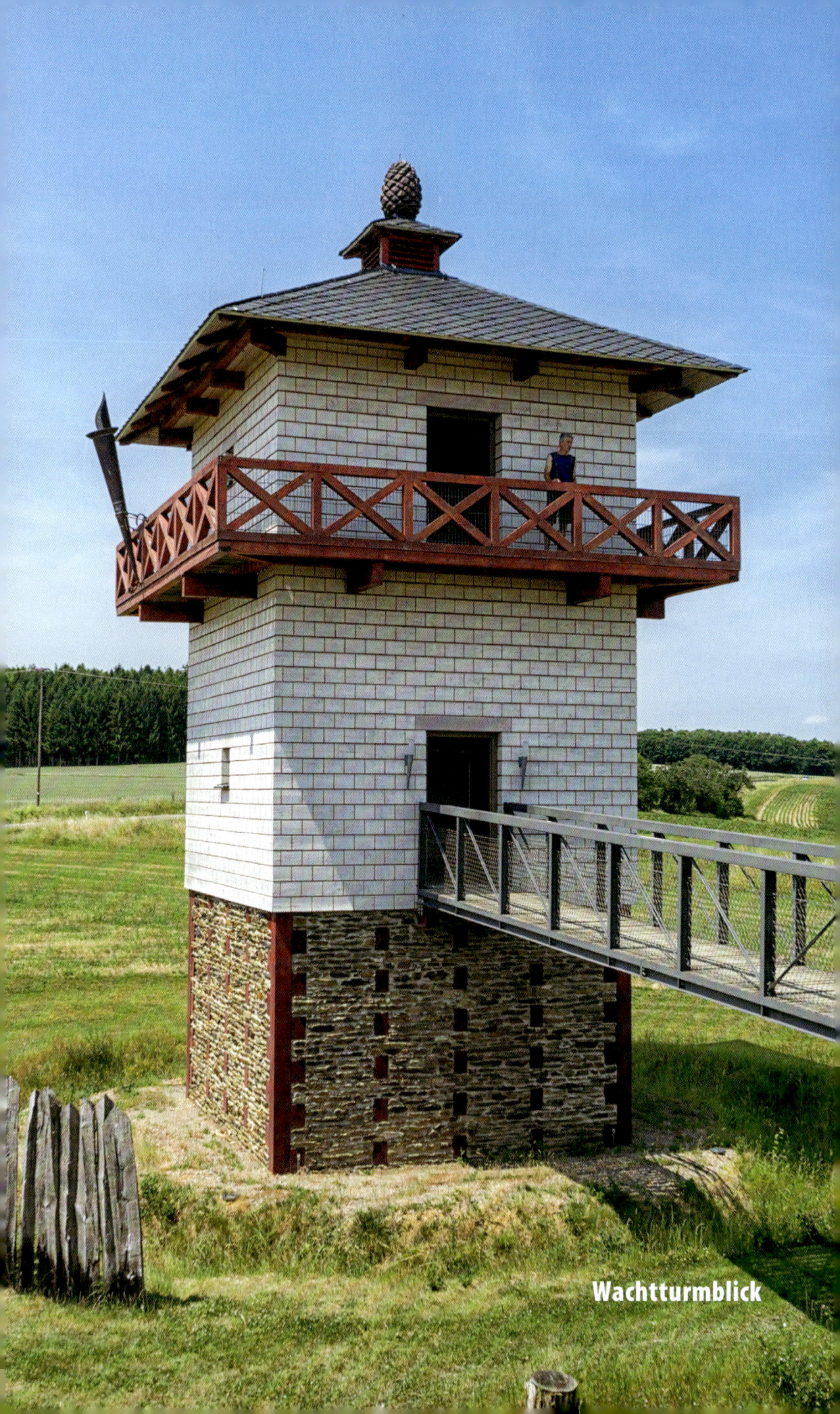

Wachtturmblick

Auszeittour 2

Räume wie das Scriptorium beherbergen wirklichkeitsgetreu hergerichtete Utensilien. Sogar die Außenmauern hat man der römischen Zeit entsprechend gestaltet: Die Mauern wurden verputzt, dann weiß getüncht und mit aufgemalten roten Quaderfugen vervollständigt. Was auf den ersten Blick unecht wirkt, ist vorbildgetreu.

des umgrenzten Holz-Erde-Kastells. Oben vom Turm versuchen wir, uns einen Eindruck davon zu verschaffen, welche Ausblicke sich den Legionären vor rund 2000 Jahren geboten haben.

Der Limes war zwar als Abwehr möglicher Angriffe kaum geeignet, verhinderte aber das einfache Überwinden der Grenzen. Durch den Limes kontrollierten die Römer, wer die Grenze passierte und aus welchem Grund.

Heute jedenfalls schauen wir weit hinaus über den Taunus und erblicken Westerwald und Hunsrück. Als wir dann unten die Räumlichkeiten begutachten und die kargen Betten, ahnen wir, dass der Legionär nicht gerade auf Rosen gebettet war.

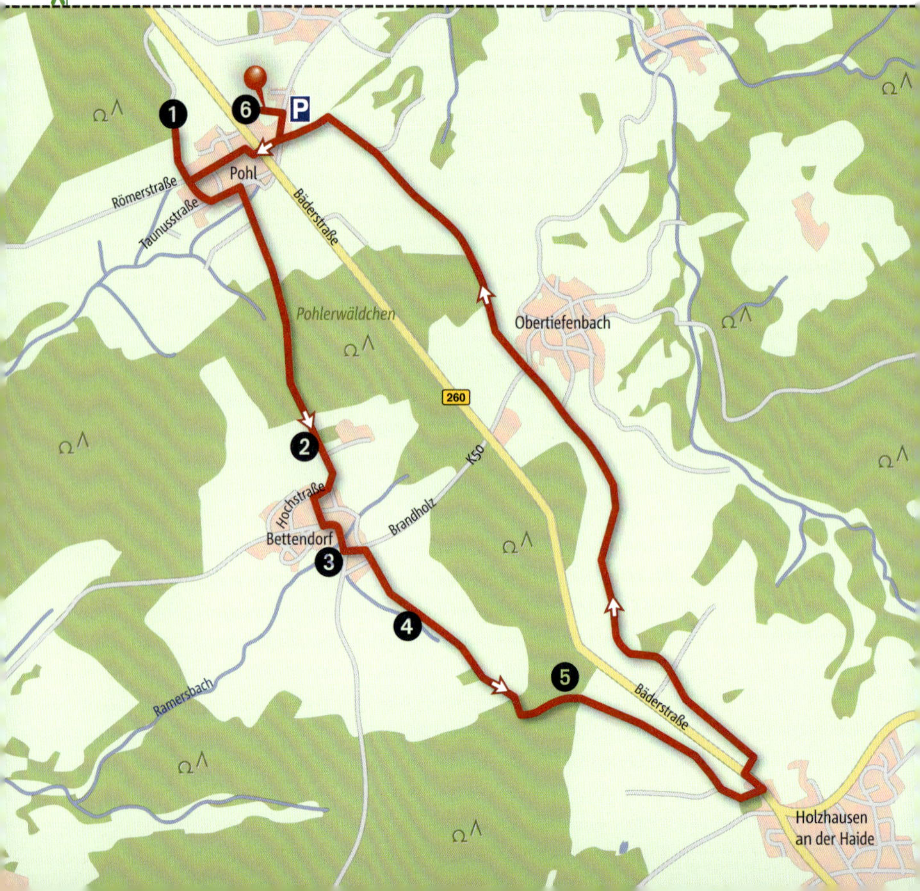

Entspannung ★★★★☆
Genuss ★★☆☆☆
Romantik ★★★☆☆

WIE & WANN:
Überwiegend landwirtschaftliche Wege und Waldwege; beste Wanderzeit Mai bis September

HIN & WEG:
Auto: B 260 bis Pohl, Parkplatz am Limeskastell Pohl, Kirchstraße 18, 56357 Pohl (GPS: 50.251550, 7.865944)
ÖPNV: Bus 550 von Nassau Bf. nach Pohl Limeskastell

ESSEN & ENTSPANNEN:
Im Culinarium im Limeskastell Pohl gibt es neben Getränken und leckerem Kuchen auch kleine Gerichte mit römischem Einschlag.

ENTDECKEN & ERLEBEN:
Limespalisade ❶
Schutzhütte Et Heideröslein ❷
Freilandmuseum ❸
Planetenlehrpfad ❹
Kleinkastell Pfarrhofen ❺
Limeskastell Pohl ❻ Kirchstraße 18, 56357 Pohl, Tel. (0 67 72) 9 68 07 68, www.limeskastell-pohl.de

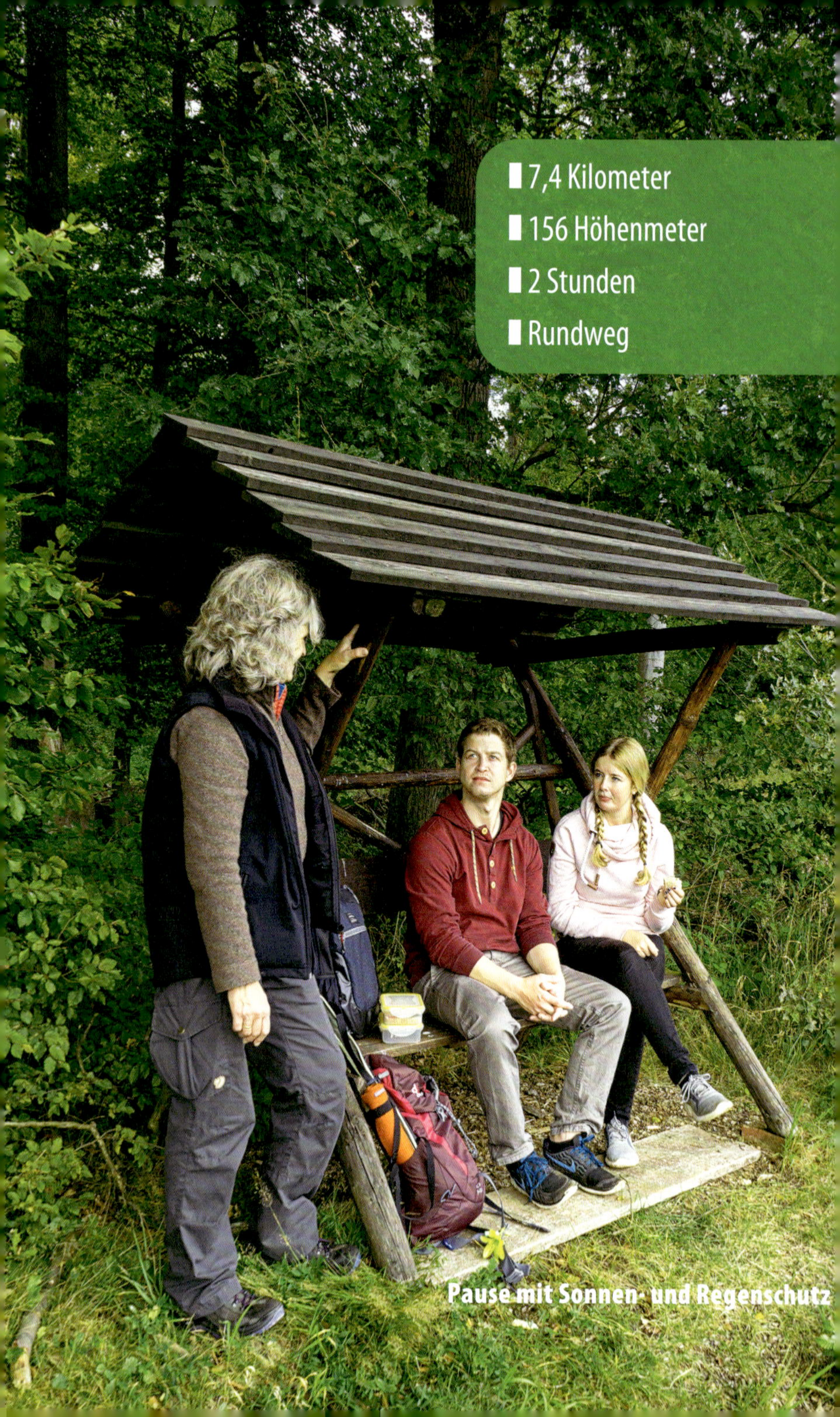

- 7,4 Kilometer
- 156 Höhenmeter
- 2 Stunden
- Rundweg

Pause mit Sonnen- und Regenschutz

Grüne Oase der Stille

Im Palmbachtal

Unsere belebende Wanderung beginnen wir am Parkplatz des Naturparks Rhein-Taunus, der nicht nur umrahmt von vielen Bäumen liegt, sondern nahe bei einer weitläufigen Wiese. Dieses Grünland wird nach der Wanderung noch eine besondere Rolle spielen.

Unser Markierungszeichen blauer Fisch auf weißem Grund wird uns sicher leiten. Zuerst führt es uns auf dem Fahrweg zurück bis zur Weggabelung. Dort wenden wir uns nach rechts und wandern entlang von Laubbäumen und einer Wiese. Nach 100 Metern halten wir uns an einem mit Büschen eingefassten **Fischweiher** links und setzen unsere Wanderung im **Seelbachtal** ① fort. Als ob der Name Programm ist, geht unser Puls gleich hinunter in den Entspannungsmodus. Rascher kann sich unsere Seele kaum erholen, unser Atem gleichmäßig fließen, können unsere Füße nicht den langsamen Rhythmus der friedlichen Natur einfangen, die uns in die Arme nimmt.

Ein entspannender Wanderkilometer liegt hinter uns, als uns eine Sitzbank an weiteren **Fischteichen** ② zum Rasten ermuntern will. Wir aber orientieren uns sofort nach rechts und queren das stille Tal. In den dämmrigen Schatten des Rudolfswalds zieht es uns, und so tauschen wir die sonnige Seite des Tals mit dem schattenreichen Blätterdach von Buchen und Eichen. Zugleich schwingt der Waldweg aufwärts, bringt unseren Atem auf Trab, wenn wir nicht Tempo herausnehmen. Doch was spricht dagegen, jetzt zu entschleunigen und unser Schritttempo anzugleichen, den Atem langsam und gleichmäßig fließen zu lassen?

Von der Wall-Graben-Anlage sind keine Urkunden gesichert. Mündliche Überlieferungen lassen eine karolingische Fliehburg für die Menschen aus den heutigen Wüstungen Nieder- und Oberseelbach vermuten, vielleicht kann sie aber auch als Zufluchtsort in die Zeit des Dreißigjährigen Krieges datiert werden. Eine weitere Theorie schließt einen Ritter Rudolf mit ein. Der soll dem Wald auch seinen Namen gegeben haben.

Zudem empfängt uns nach knapp 500 Metern das **Alte Schloss ③,** das wie von den Menschen vergessen zwischen den Laubbäumen schläft. In der Nähe erwartet uns eine Rastmöglichkeit, die ihre besten Tage ebenso wie das besagte Schloss hinter sich hat, sich zugleich aber fast märchenhaft in die verträumte Stimmung der Stätte fügt.

Etwa 100 Meter nach dem Alten Schloss treffen wir auf einen quer laufenden Waldweg. Mit ihm gemeinsam wandern wir nach links, passieren die Ochsenwiesen und stoßen auf einen weiteren Waldweg. Der nimmt uns nach rechts mit. Noch einige Atemzüge lang gewinnen wir an Höhe, bevor sich der Weg neigt und der offenen Felder- und Wiesenlandschaft zustrebt.

Eine frische Brise umweht unsere Nasen, als der Blick sich öffnet. In der Ferne erkennen wir den Aus-

Beschwingt durch das Seelbachtal

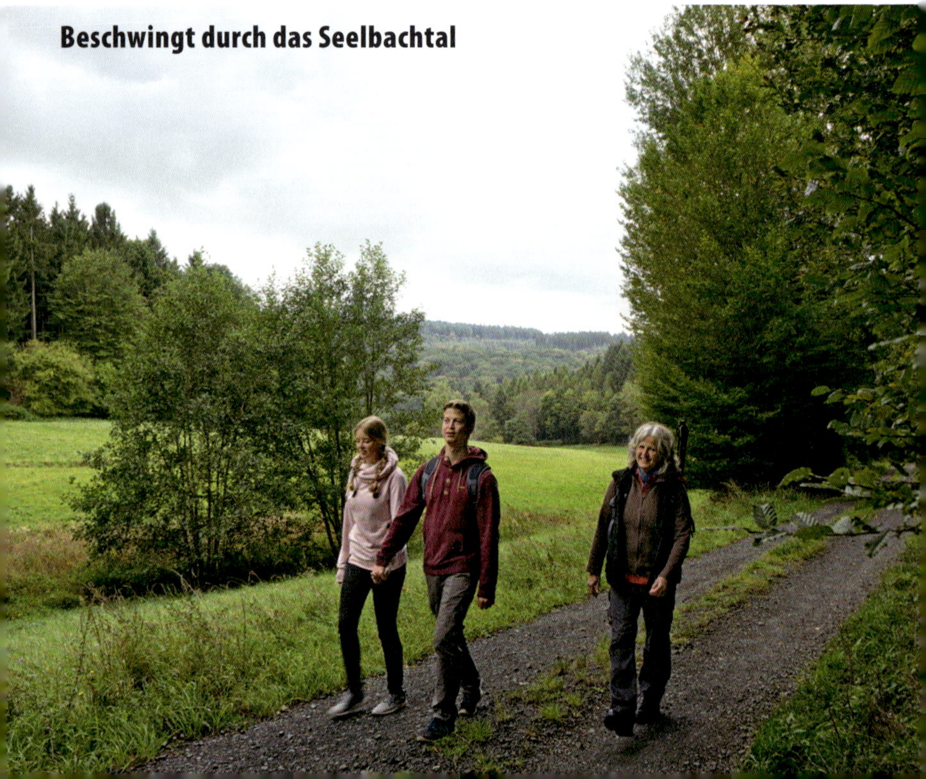

Für die Seele

Die Seele schöpft Kraft in der Stille des Palmbachtals und der Wälder.

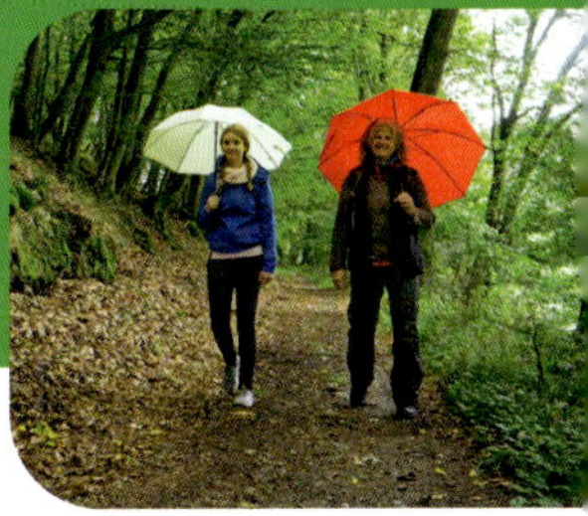

sichtsturm auf dem Großen Feldberg, der kleine Ort Ketternschwalbach breitet sich unter uns aus. Am Waldrand entlang streben wir abwärts, halten uns dann rechts und entdecken eine geschickt platzierte Rastbank.

Leuchtend gelber Raps prägt hier das Landschaftsbild, und gemeinsam mit den Weizenfeldern und Baumflecken entsteht ein farbenfrohes Allerlei.

Der folgende Wanderkilometer führt uns immer an den Bäumen entlang. Birkenwäldchen nennt sich das Waldstück zu unserer rechten Seite, obwohl von Birken keine Spur zu sehen ist.

Wir wandern stattdessen durch eine tiefgrüne Mischung aus Fichten, Buchen und Eichen, bleiben an einer Weggabelung auf der talwärts führenden Route und orientieren uns an einem breiten Forstweg links. Gut 200 Meter weiter öffnet sich vor uns das **Palmbachtal** **4**.

Von nun an laufen wir mal nahe beim Palmbach, dann weiter entfernt, aber immer auf Sichtweite. Die Landstraße machen wir auf der gegenüberliegenden Talseite aus, doch durch den geringen Autoverkehr stört sie uns nicht. Hoch darüber klammern sich die Häuser von Panrod fast in den Hang. Wiesen breiten sich wie sattgrüne Teppiche im Tal aus, und nicht selten spüren wir auf unserem Weg weiches Gras unter den Füßen.

Unser Wanderweg läuft an schroffen Felsen vorbei, die sich am Daisberg den Hang hinaufziehen, die Äste spannen sich wie ein schützendes Dach über uns. 2 Kilometer lang genießen wir die stille Natur um uns herum, bevor wir nach einer letzten Rastbank rechter Hand den Parkplatz erkennen.

Wir sind am Ziel, aber der Tag ist noch nicht zu Ende. Die große **Picknickwiese** ⑤ hat es uns angetan. Wir breiten eine Picknickdecke aus, platzieren darauf unser Geschirr und packen die selbst gemachten Sandwiches, Muffins und den Saft aus. Obwohl die Wanderung nicht anstrengend war, genießen wir die wohltuende Ruhe, als wir mit Heißhunger die Sandwiches und Muffins verzehren und die selbst

Geteilt wird nach dem Essen

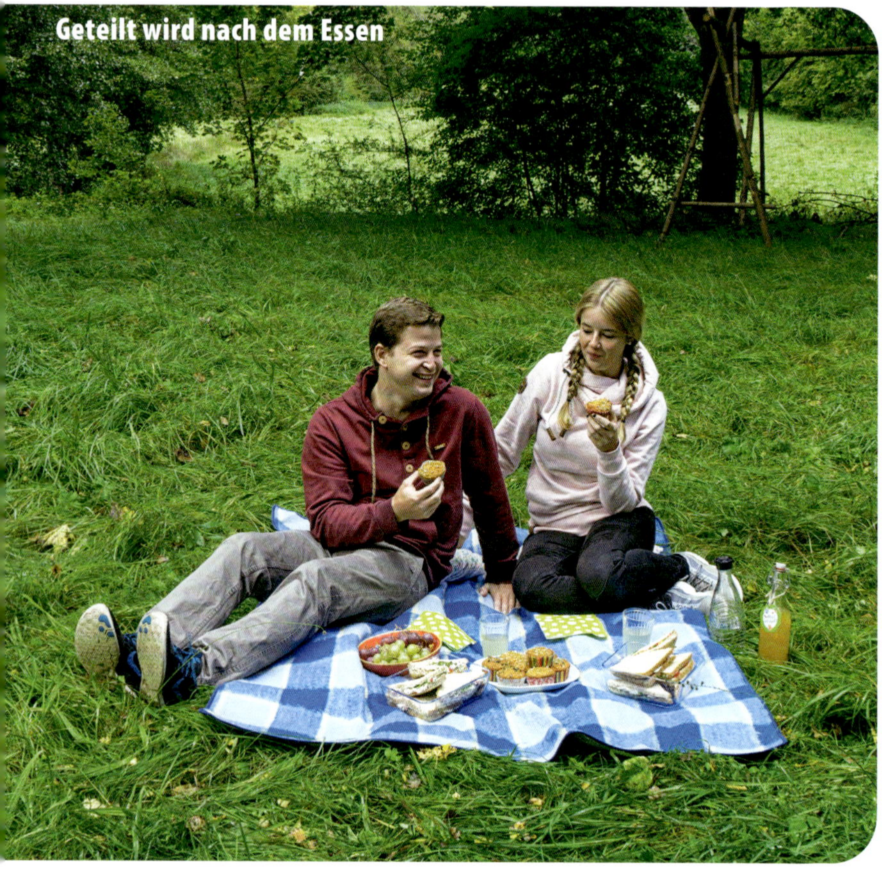

Rezeptvorschläge für das Picknick

Muntermacher-Muffins
2 Eier, 100 ml Sonnenblumenöl und 130 g Rohrohrzucker mit dem Mixer ca. 3 Min. schaumig rühren. 200 g Möhren schälen und reiben, 1 kl. Apfel ebenfalls reiben und zusammen mit 80 g gem. Nüssen unter die Eiermasse rühren. 175 g Dinkelmehl, 2 Teelöffel Backpulver, je 1 Prise Salz und Zimt vermischen und zuletzt unter den Teig rühren.
Muffinbackblech mit Papierförmchen auslegen, den Teig einfüllen und mit Haferflocken, Sonnenblumenkernen oder gehobelten Mandeln bestreuen. Bei 180 °C im vorgeheizten Ofen ca. 30 Min. backen.

Zitronensirup für Zitronenlimonade
Schale von 1 Biozitrone abreiben, 5 Zitronen auspressen. Zitronensaft, Zitronenschale, 200 ml Wasser und 200 g Rohrohrzucker in einem kleinen Topf zum Kochen bringen und ca. 5 Min. köcheln lassen. Etwas abgekühlt durch ein Sieb in eine kleine Flasche umfüllen.
Zusammen mit 2 Flaschen Sprudel einpacken und beim Picknick je nach Geschmack im Mischungsverhältnis ca. 1:10 mischen.

Sandwich mit Thunfischcreme
8 Scheiben Vollkornsandwichbrot bereitlegen. 1 Dose Thunfisch abtropfen lassen und leicht zerpflücken. 1 Tomate, ½ Paprika und 2 Frühlingszwiebeln klein würfeln und auf einem Küchenkrepp abtropfen lassen. ½ Bund glatte Petersilie ebenfalls hacken.
3 EL Salatcreme mit Salz und Pfeffer würzen, den Thunfisch und das Gemüse untermischen.
Die Hälfte der Brotscheiben dünn mit Salatcreme bestreichen und mit einigen Salat- und Rucolablättchen belegen. Auf die andere Hälfte die Thunfischcreme verteilen. Vorsichtig zusammenklappen und leicht andrücken, dann schräg durchschneiden.
Beim Füllen der Sandwiches kann man seiner Fantasie freien Lauf lassen, möglich sind Eiersalat, Tomaten und Mozarella oder ofengeröstetes Antipasti-Gemüse.

gemachte Zitronenlimonade trinken. Nicht immer muss eine Einkehr sein. Manchmal ist es gut, wenn man die Stärkung selbst zubereitet hat. Einige Vorschläge für Rezepte, die uns geschmeckt haben, stellen wir vor.

Eine Sehenswürdigkeit wollen wir im Anschluss aufsuchen. Erst fahren wir vom Parkplatz zur **K 525,** halten uns rechts und gelangen über die Kreisstraße nach Burgschwalbach.

Gleichwohl die Burg zu Schwalbach, wie sie offiziell genannt wird, zur Zeit unserer Wanderung noch renoviert wird, ist sie einen Besuch wert. Die Burg thront erhaben auf einem Felssporn über Burgschwalbach. Der Abschluss der aufwendigen

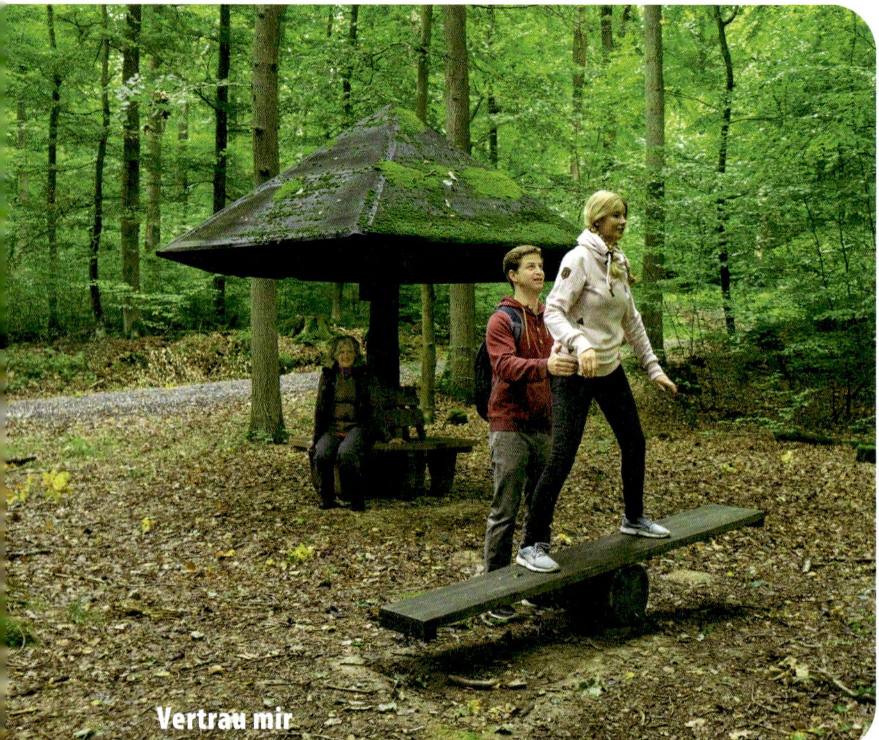
Vertrau mir

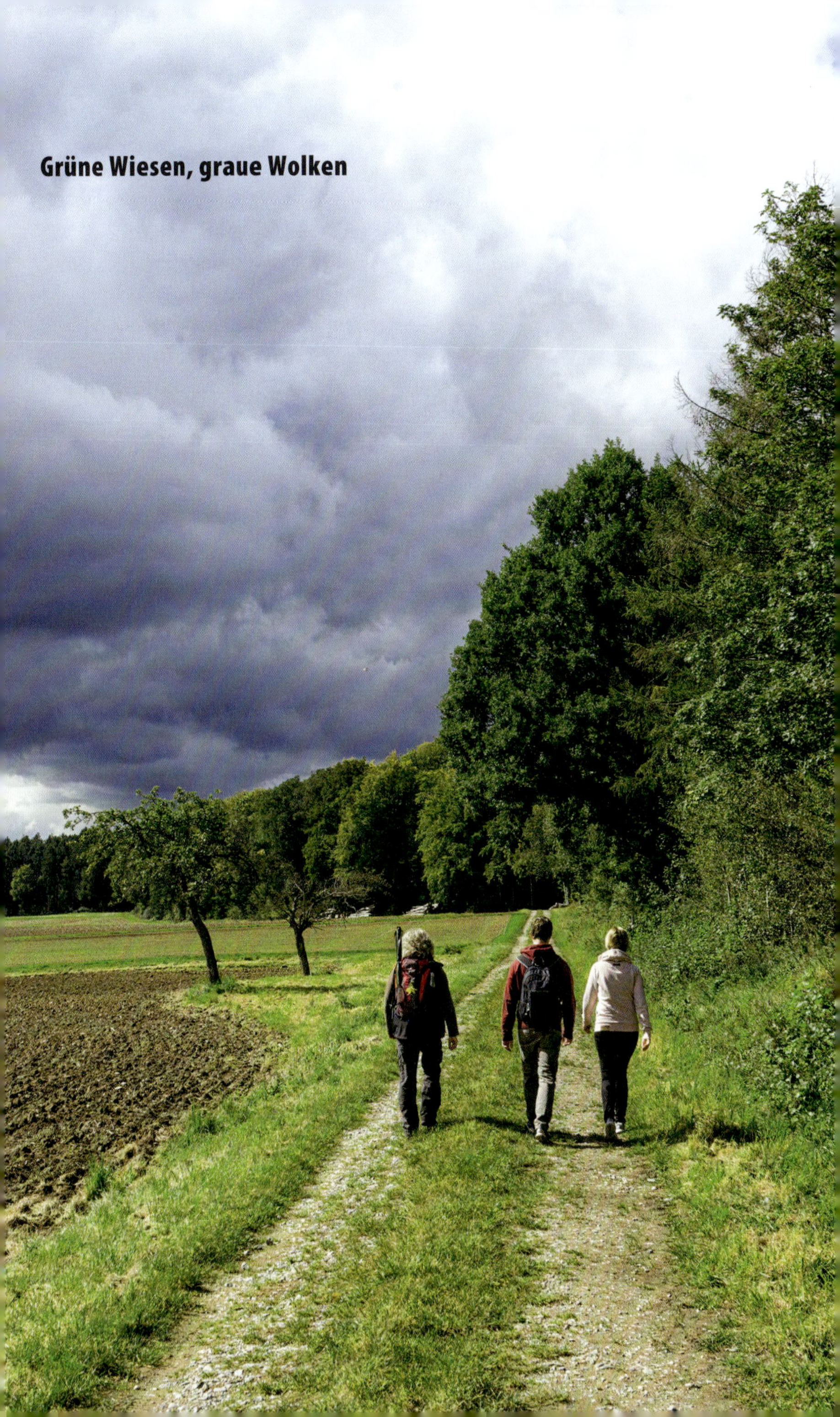
Grüne Wiesen, graue Wolken

Renovierungsarbeiten soll bald erfolgen. Die Gastronomie, die es dort seit den 1970er-Jahren im Palas gibt, soll dann auch wieder zur Einkehr verleiten.

Auch wenn man die **Burg Schwalbach** 6 bis zum Ende der Sanierung nur von außen bewundern kann, ist sie auf jeden Fall sehenswert, gilt sie doch wegen ihrer auffälligen Kernburg als architektonisch besonders interessant. Mit dem Bau ließ der Graf von Katzenelnbogen vermutlich um 1360 beginnen, bis 1720 war sie Amtssitz, um 1800 dann doch eine Ruine. Ungewöhnlich ist die Symmetrie der Kernburg mit Bergfried, zwei Wohnflügeln links und rechts und einem schmalen Saalbau.

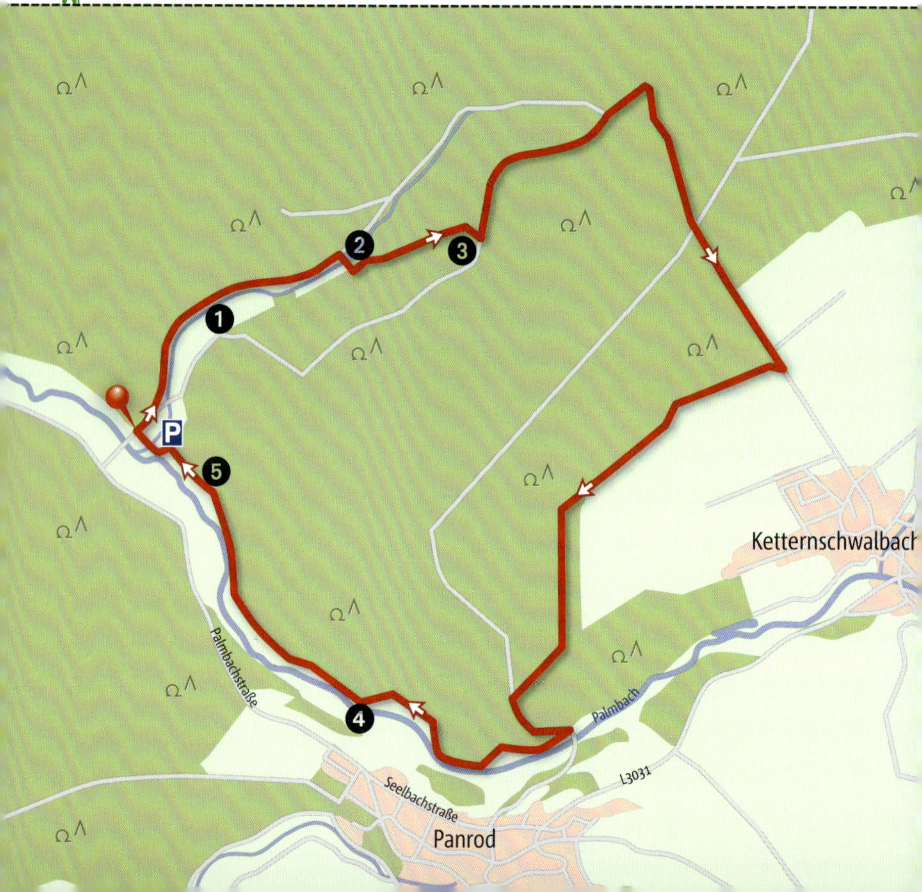

Alles auf einen Blick

Entspannung ✱✱✱✱✱
Genuss ✱✱✱✱
Romantik ✱✱✱

WIE & WANN:
Wald- und Feldwege; beste Wanderzeit von April bis Oktober

HIN & WEG:
Auto: Naturpark Parkplatz Palmbachtal, K 525 zwischen Burgschwalbach und Panrod (GPS 50.268613, 8.118139)
ÖPNV: keine direkte Anbindung an die Strecke

ESSEN & ENTSPANNEN:
Picknick im Palmbachtal

ENTDECKEN & ERLEBEN:
Seelbachtal ❶
Fischteiche ❷
Altes Schloss ❸
Palmbachtal ❹
Picknickwiese ❺
Burg Schwalbach ❻

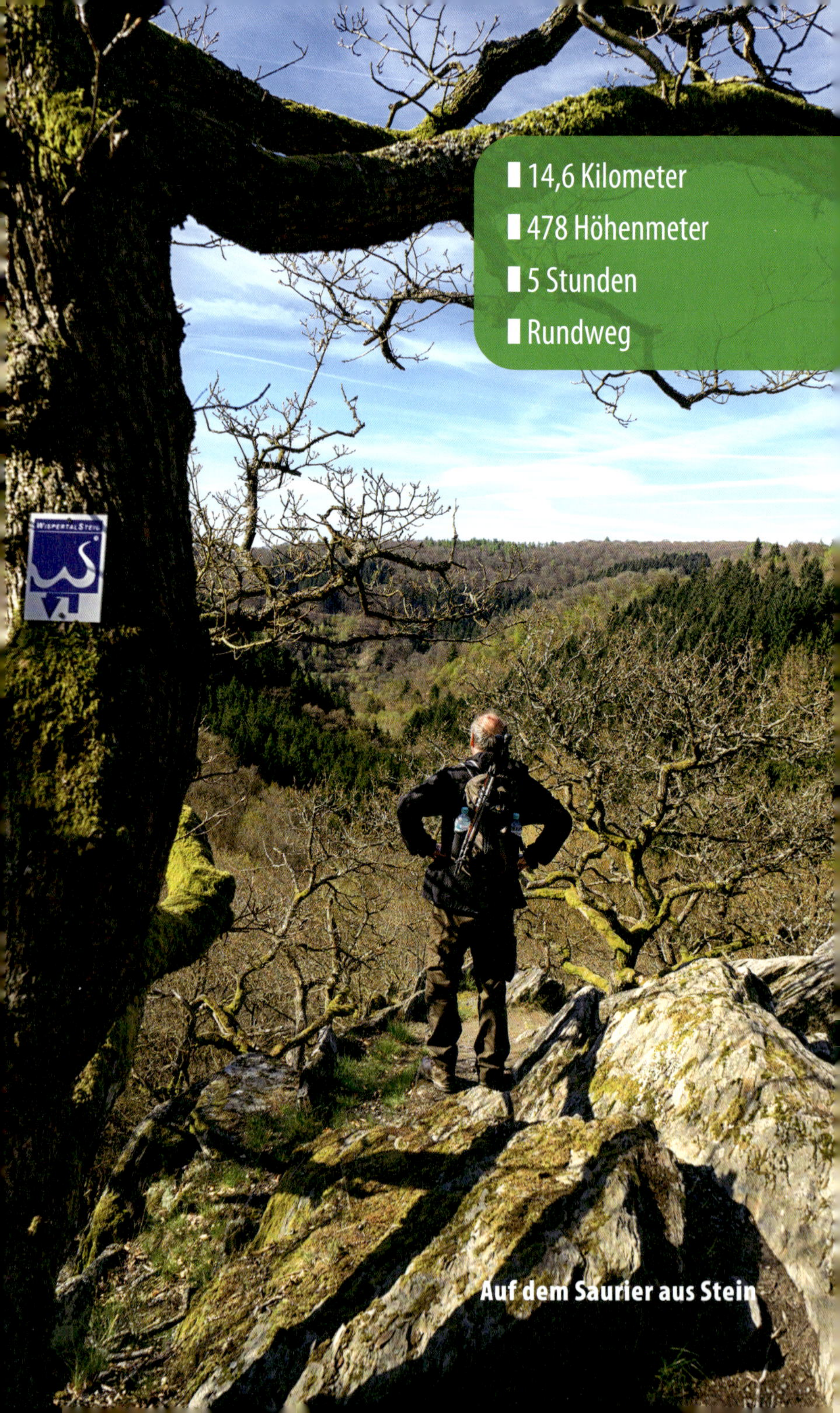

- 14,6 Kilometer
- 478 Höhenmeter
- 5 Stunden
- Rundweg

Auf dem Saurier aus Stein

Sonne satt, Natur pur

Auf dem Wispertalsteig

Wir starten beim Natur-Parkplatz Laukenmühle, wo wir nicht nur die Mühle finden, sondern auch auf dem Felssporn die **Burgruine Lauksburg** ❶.

Wir folgen dem Markierungszeichen des Wispertalsteigs – ein weißes W auf blauem oder weißem Grund – vom Parkplatz gegen den Uhrzeiger in Richtung Norden. Dabei orientieren wir uns an der Wisper, die in einer großen Schleife die Laukenmühle umfließt, und trennen uns danach von ihr. Wir steigen hinein in den Hansenwiesengraben.

Richtig eng wird es nun, der Pfad hangelt sich mal hinauf, dann schwingt er wieder abwärts, immer hautnah an den Felsen entlang, während neben uns der Dorfbach seinem Ziel entgegenspringt. Verlaufen können wir uns hier nicht, denn das enge Tal bietet wenige Möglichkeiten für weitere Wege.

Nach der Pfadpassage empfängt uns ein breiter Waldweg. Dem folgen wir nach rechts, um nach einigen weiteren Wegschwüngen nur ja nicht den kurzen Abstecher zu **Omas Ruh** ❷ zu verpassen. Die Aussichten von der Holzbank ins Tal und zum Hansenberg sind einfach schön.

Nach einer letzten großen Schleife, vorbei an dem „Kleine Loreley" genannten Fels und umrahmt von Wiesen und Weiden, viel Sonnenlicht und einigen ruhenden, grassatten Rindern, hören wir vom nahen Spielplatz jauchzende Kinder.

Von der **Borngasse** weichen wir links auf einen unscheinbaren **Dorfpfad** ab, der uns an der Hauptstraße entlang mitten hinein in den Ort bringt. **Espenschied**

Nachweislich erwähnt wurde die Laukenmühle bereits im Jahr 1377, 13 Jahre danach kam die Rede auf die Burg oberhalb der Mühle. Wenn die Quellen richtig gedeutet werden, diente der Turm zum Schutz der als mainzisches Lehen bezeichneten Laukenmühle. Aber schon 1575 war die Burg verfallen. Vor wenigen Jahren wurde der Wohnturm aufgearbeitet.

hat eine lange Geschichte und wurde 1187 erstmals urkundlich erwähnt. Am **Dorfplatz 3** laden uns einige Bänke zum Ruhen ein. Im Schatten einer mächtigen Kastanie strecken wir für ein paar Augenblicke die Beine aus. Vielleicht gehen wir noch einige Schritte hinein in den Eichenweg bis zur Nummer 6a, um dort eine alte Linde zu bewundern, ein Naturdenkmal.

In Espenschied können wir in eins der beiden Gasthäuser einkehren. Es bieten sich der **Gasthof Dorfschänke Espenschied 4** rechter Hand von unserer Wanderstrecke im Laukenmühler Weg oder das **Gasthaus zur Linde 5** gleich im Kirchweg an. Auf jeden Fall gehen wir den **Kirchweg** hinauf. Die in der Mitte des 18. Jahrhunderts errichtete **Filialkirche St. Nikolaus 6** schauen wir uns von innen an.

Über den Kirchweg gewinnen wir an Höhe und schnuppern erstmals Höhenluft. An einer rustikalen Holzbank gehen wir nach links und queren eine weitläufige Wiese.

Die Aussichten sind nun nach so viel Tal quasi Augenöffner, und bei klarem Wetter sollten wir den Soonwald oder den Fernmeldeturm auf der Hohen

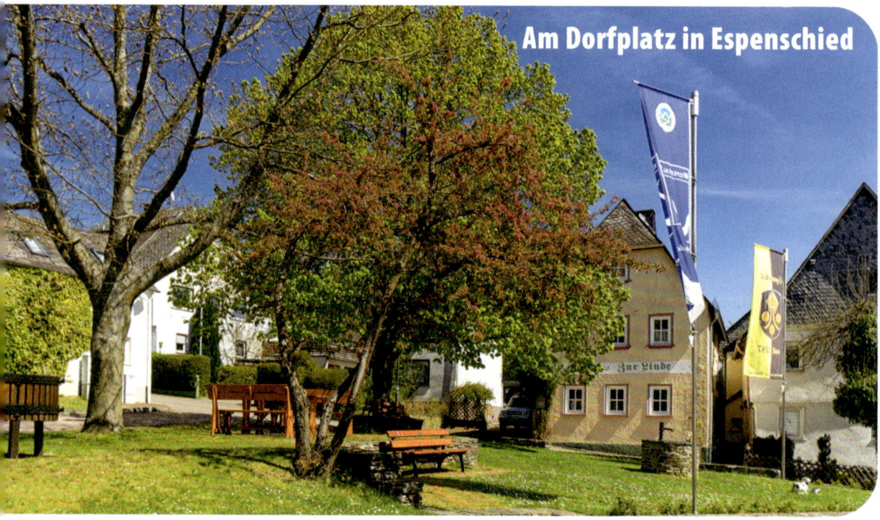

Am Dorfplatz in Espenschied

Für die Seele

Auf dem Saurierfelsen im Wispertaunus lauschige Augenblicke verbringen.

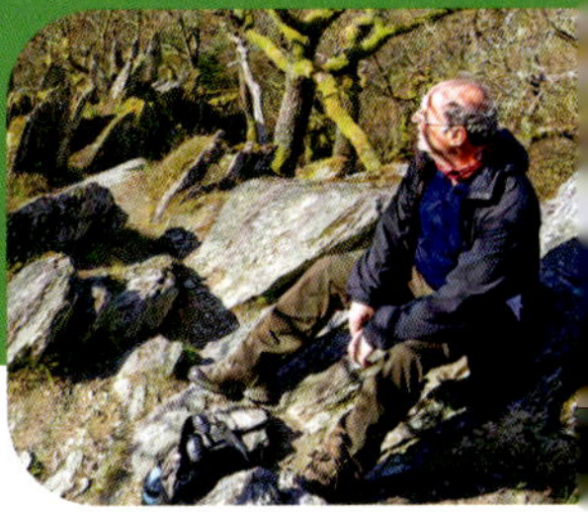

Wurzel sehen. Wir folgen dem Grasweg bis zu einem quer laufenden Feldweg, halten uns links und gleich darauf rechts auf eine eingezäunte Weide. Nach der Viehkoppel tauchen wir in einen stillen Wald ein. Noch im Wald steigen wir links einige Stufen hinauf und gelangen nach wenigen Schritten an einen Feldweg. Bei Rastbänken verweilen wir bei Blicken hinab in die Täler von Sauerborn- und Werkerbach und zur **Burgruine Rheinberg** 7, die 1189/90 erwähnt wird und somit älter ist als die Lauksburg.

Einsam wird es für uns, denn nachdem wir eine stille Passage zwischen Feldern zur einen Seite und Buchen und Eichen zur anderen genießen, zieht uns der Weg nach rechts in den Wald. Tiefer hinein und hinab geht es nun, jedenfalls so lange, bis wir linker Hand einen schmalen Abzweig aufspüren. Am **Köhlerplatz 1** vorbei erreichen wir den nächsten Waldweg, folgen ihm nach links und gelangen bald zu einem markanten Felsen.

Wir steigen dieses steinige Gebilde mit seinen zackigen Felsen hinauf und verharren still, denn was wir sehen, entspricht so ganz seinem Namen: **Saurierfels** 8. Etliche Herzschläge lang setzen wir uns auf einen der mächtigen Steine nieder, atmen die Atmosphäre ein von frischer Luft, von knorrigen Bäumen und urzeitlichem Gestein. Wir beobachten, wie ein Windhauch an den Blättern zupft, und senden unsere Seele auf Wanderschaft an diesem herrlichen Fleck.

Tief hinunter zur Talsohle hangelt sich nun der enge Wanderweg. Im Talgrund halten wir uns links.

Bienen sollen hier am **Sauerbornbach** 9 um uns herumschwärmen, doch heute scheinen sie ihren Nektar andernorts zu sammeln. Ohne summende Honigbauer wandern wir durch die dampfige Luft. Die Talwände stemmen sich steil auf und stehen eng beieinander, und der dichte Bewuchs führt offenbar zu einem außergewöhnlich feuchten Klima.

Wir erreichen den **Werkerbrunnen** 10, steigen die wenigen, aber glitschigen Stufen hinunter und finden uns in einem klammen Gemäuer wieder.

Wir packen am Rastplatz oberhalb der Treppe Brotzeit und Thermoskanne aus. Eine Zwischenmahlzeit zur rechten Zeit schadet nichts, denn nun steht der letzte Aufstieg an.

Dazu wenden wir uns kurz vor dem ehemaligen **Forsthaus Werkerbrunnen** links in den Hang und absolvieren die atemraubende Kraxelei auf anfangs engem Pfad. Zwischendurch erweckt noch der **Köhlerplatz 2** unsere Aufmerksamkeit.

Wir gehen an einem quer laufenden Waldweg am **Sauerbornsberg** geradeaus weiter hinauf und lassen in kleinen Schritten den Wald hinter uns. An sonnenge-

Der Werkerbrunnen ist überdacht und wurde bereits vor mehr als 200 Jahren mit robusten Steinen eingefasst. Heilwasser sei das, was aus dem Boden sickert, mit Kohlensäure und Eisen angereichert und früher in Steingutflaschen ans gesundheitsbewusste Publikum verabreicht.

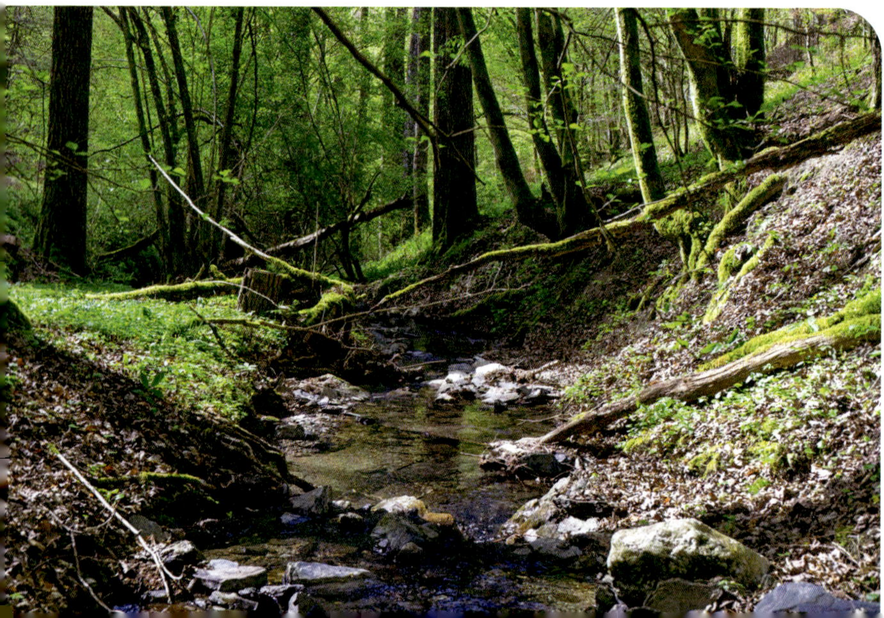

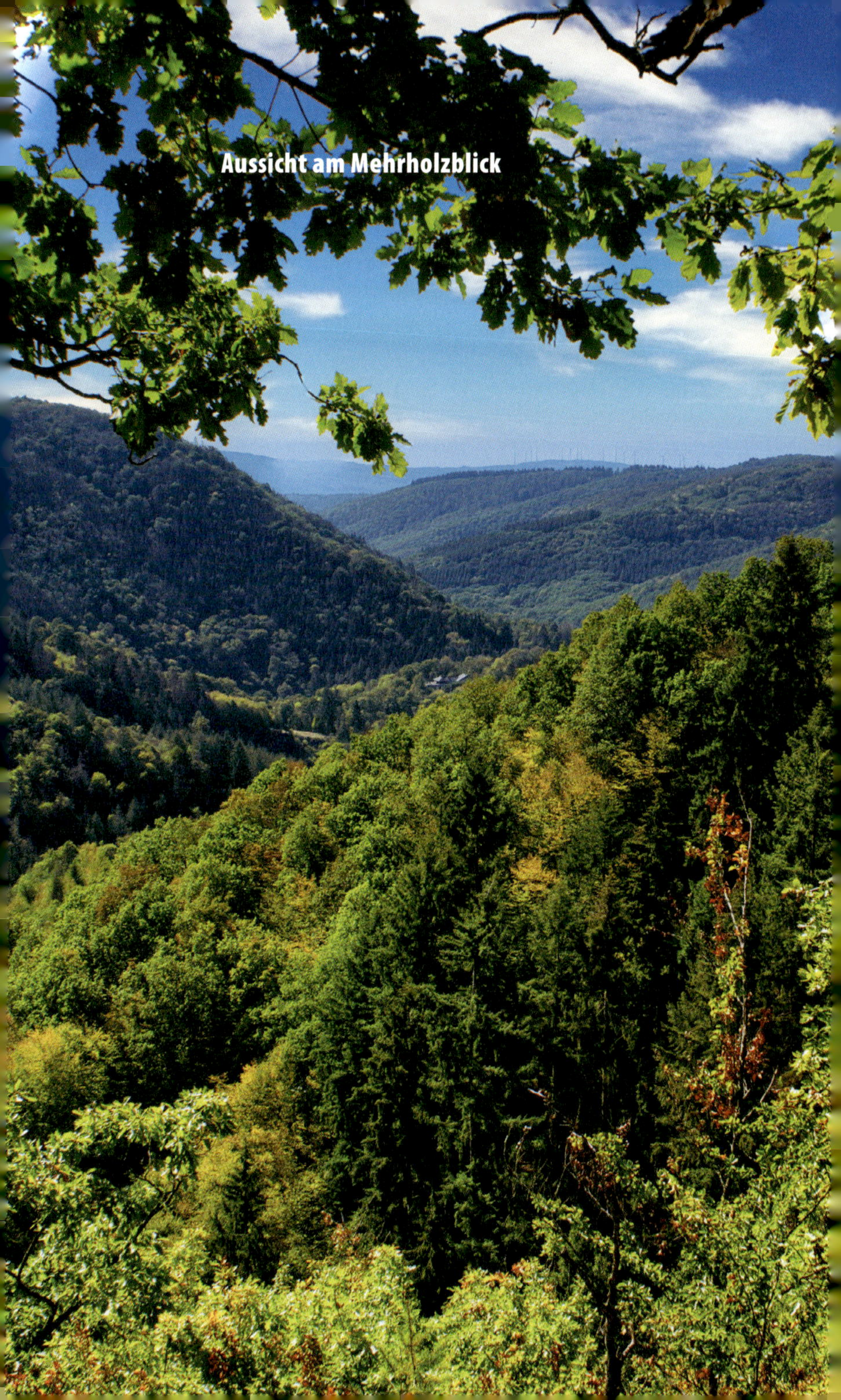

Aussicht am Mehrholzblick

fluteten Feldern vorbei legen wir noch einige letzte Meter bergan zurück. Frischer Wind wischt uns um die Nase. Auf der Höhe kehren wir vom ausgebauten Feldweg nach rechts ab. Unser Wanderweg mäandert nun zwischen Äckern und Wiesen. Wir stoßen auf einen weiteren Feldweg, dem wir nach rechts folgen. Auf weichem Grasweg wechseln wir in den Wald und halten uns an einer Weggabelung rechts. Fast verwunschen wirkt der Laubwald.

Nach dieser schattengetränkten Waldpassage tanken wir bald wieder zwischen den Feldern Sonnenenergie und sehnen uns eine Rastbank herbei. Ein kurzes Stück wandern wir auf dem asphaltierten Weg nach links beim Gestüt Hofgut Heymann, dann huschen wir schon wieder auf einen Feldweg, der uns schnurstracks zum gewünschten Rastplatz führt. Hier kreisen unsere Blicke über die sanft gewellten Höhen des Wispertaunus.

An der nächsten Weggabelung wechseln wir auf einen gut ausgebauten Weg, dem wir uns nach rechts anschließen. Bergab geht es nun an einer Windschutzhecke, an Pferdekoppeln und an Weiden des Gestüts vorbei.

Vor einer Rastbank weichen wir rechts auf einen Feldweg ab. Im weiten Bogen erreichen wir durch beschaulichen Laubwald den nächsten Waldweg, der uns nach rechts mitnimmt. Nach zwei Rastbänken mit toller Aussicht ins Wispertal verlieren wir ordentlich an Höhe, verpassen aber mitten im Abstieg beim Werkerkopf nicht den Wegweiser nach rechts. Ein Pfad lenkt uns zum **Mehrholzblick ⑪,** bei dem uns wieder Rastbänke zum geruhsamen Schauen über das grüne Wispertal verführen.

Der Weg schwingt sich steinig und schmal hinunter, wird dann breiter und leitet uns in Hanglage weiter. Auf dem Wispertalsteig widmen wir uns dem letzten Wegstück. Die Schlusssequenz gewissermaßen, die uns bald steiler herunterzieht, später vorbei am **Blidenplatz ⑫.**

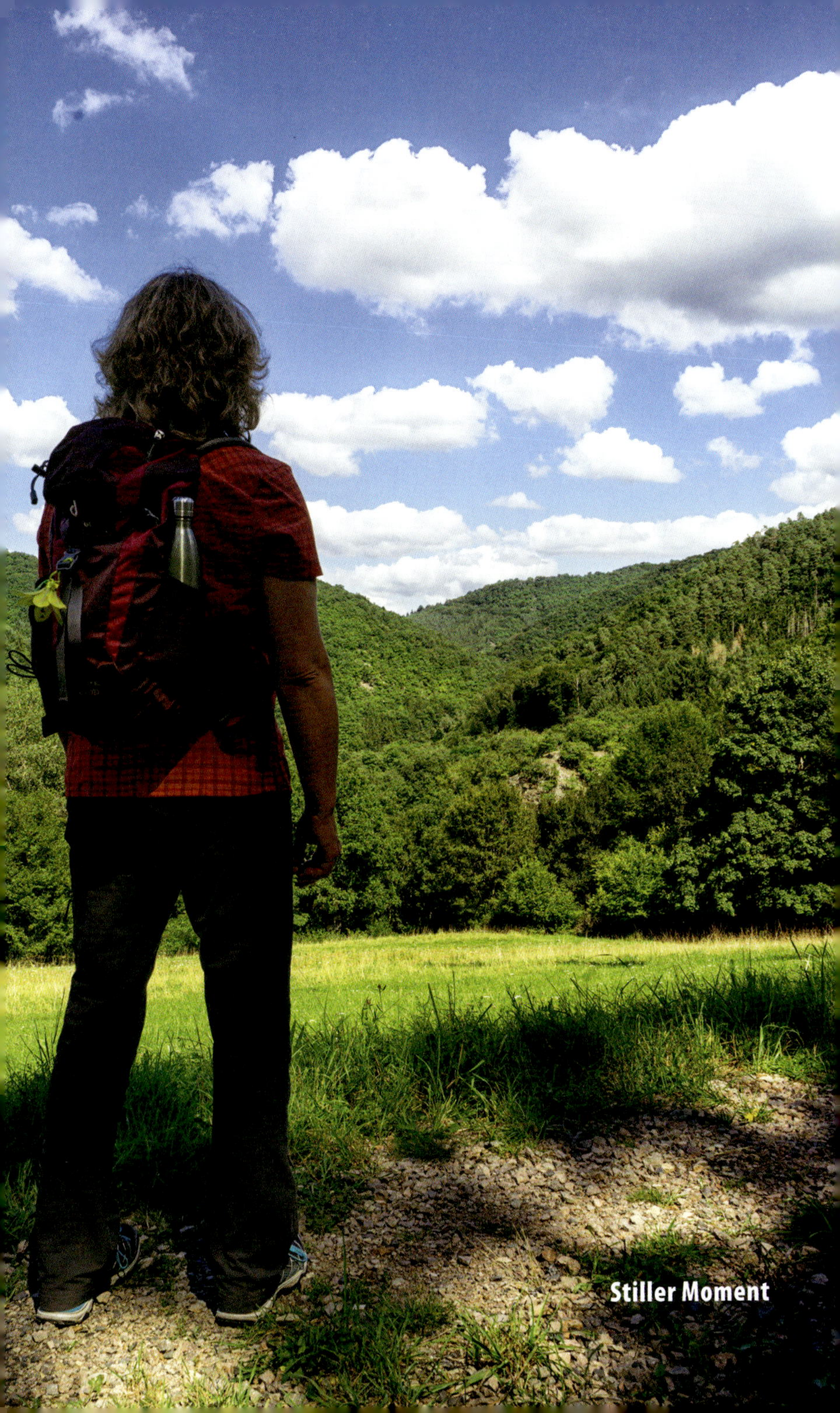

Stiller Moment

Auszeittour 4

Von dort wurde mutmaßlich die Lauksburg beschossen. Gleich darauf zeigt sich mit **Sofias Unruh** ⓭ eine letzte Raststelle mit zwei rustikalen Holzsitzen und einem feinen Ausblick hinunter zur Mühle und zur Burg.

Dann wandern wir vorbei an auffälligen Gebäuderesten und Treppen, die sich die Natur zurückerobert hat. Auf den letzten Metern werden wir mit einem Aspekt unheilvoller deutscher Geschichte konfrontiert, denn hier befanden sich die Unterkünfte der Reichsarbeitsdienstabteilung 5/527 für 400 Männer, die im Straßenbau eingesetzt wurden. In mehreren Kehren erreichen wir, behütet von Kastanienbäumen und durch einen steinernen Torbogen aus der damaligen Zeit, den Talgrund.

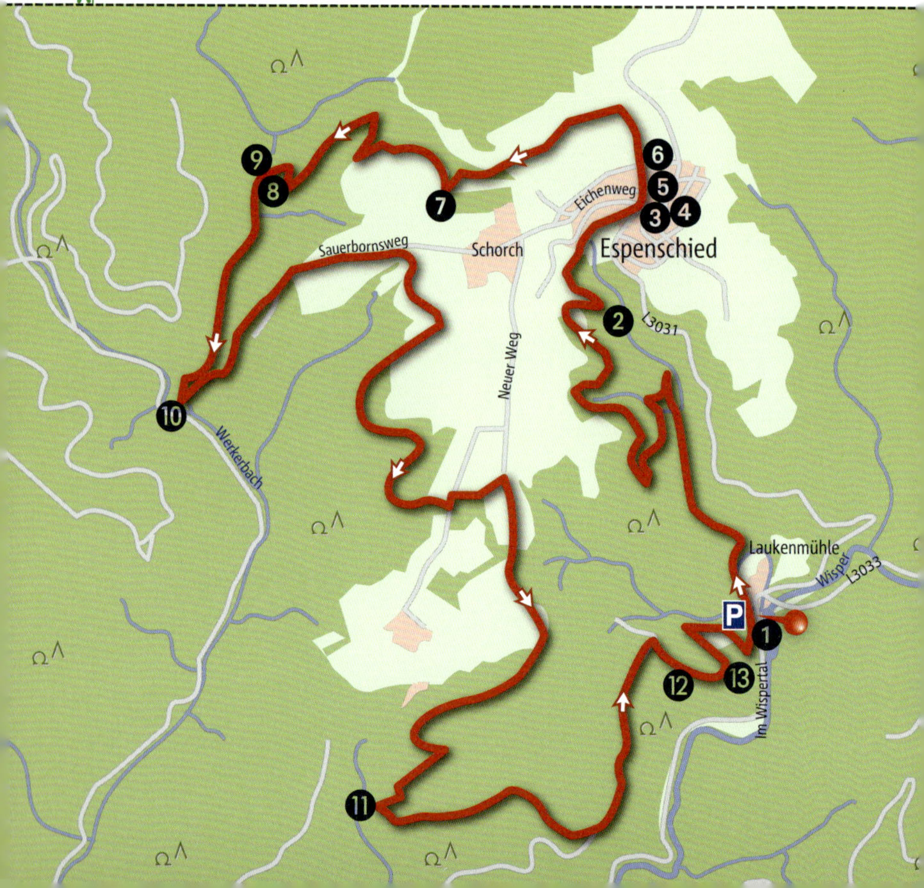

Entspannung ✹✹✹✹✹

Genuss ✹✹✹✹✹

Romantik ✹✹✹✹✹

WIE & WANN:
Pfade, Wald- und landwirtschaftliche Wege, Straßen in der Ortschaft; beste Wanderzeit von April bis Oktober (außer bei Schnee- und Eisglätte)

HIN & WEG:
Auto: B 42 bis Lorch, L 3033 bis Natur-Parkplatz Laukenmühle, Im Wispertal, 65391 Lorch (GPS: 50.099025, 7.910723)
ÖPNV: Naturbus Wispertal 210 Bad Schwalbach nach Lorch, bringt Wanderer zur Haltestelle Laukenmühle, Apr.–Okt. nur Sa., So. u. Feiertage, und Rufbus 191 Lorch-Espenschied, Tel. (0 18 03) 10 11 13, 90 Min. vor Fahrtantritt bestellen

ESSEN & ENTSPANNEN:
Gasthof Dorfschänke Espenschied ❹ Laukenmühler Weg 9, 65391 Lorch-Espenschied, Tel. (0 67 75) 9 69 97 56, www.gasthof-dorfschaenke.de
Gasthaus zur Linde ❺ Kirchweg 3, 65391 Lorch-Espenschied, Tel. (0 67 75) 4 25, www.gasthaus-zur-lin.de

ENTDECKEN & ERLEBEN:
Burgruine Lauksburg ❶
Omas Ruh ❷
Dorfplatz ❸
Filialkirche St. Nikolaus ❻
Burgruine Rheinberg ❼
Saurierfels ❽
Sauerbornbach ❾
Werkerbrunnen ❿
Mehrholzblick ⓫
Blidenplatz ⓬
Sofias Unruh ⓭

Burgen, so weit das Auge reicht

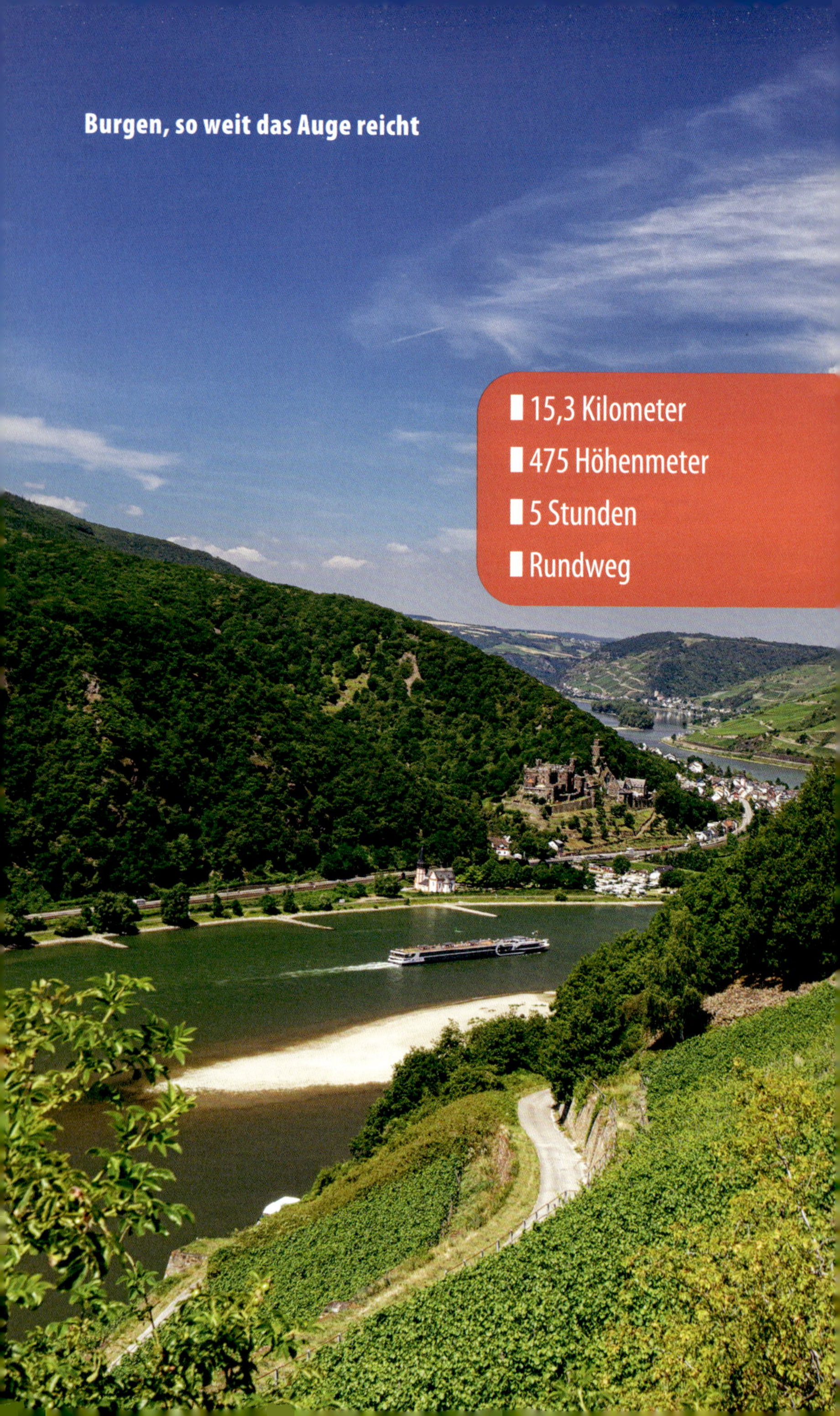

- 15,3 Kilometer
- 475 Höhenmeter
- 5 Stunden
- Rundweg

Bei unserem Startpunkt **An der Ringmauer** sehen wir an einer Weinbergsmauer eine große Wandertafel, an der wir uns vorab orientieren können. An dieser Stelle trägt uns ein schmaler Weg gleich hinauf in die terrassenförmig angelegten Weinberge. Wir werden von nun an dem Markierungszeichen zum Historienweg –

Wein und Wandern

Der Historienweg bei Rüdesheim

dem in Rot geschriebenen „Rüdesheim“ und dem in schwarzen Buchstaben verfassten „Historienweg“ auf weißem Untergrund – folgen. Auf unserem Wanderweg erwarten uns 16 Stationen mit Informationstafeln und interessanten Texten zur Ortsgeschichte und zur Region.

Bald unterqueren wir die Seilbahn, die von Rüdesheim hinauf zum Niederwald führt. An der Infotafel zum „Rottland“, so heißt die älteste Weinbergslage Rüdesheims, beim Metternich'schen Bildstock halten wir uns rechts in den Weinberg hinein, dann links auf einen befestigten Weg. Beim **Dauterhauser Heiligenhäuschen** ❶ halten wir uns weiter geradeaus und wandern nun auf stellenweise mit Gras bewachsenem Weg.

Auf dem **Ramstein** ❷ entdecken wir einen beliebten Rastplatz mit Aussichten in die Rheinebene.

In Hanglage, umrahmt von Weinbergen links und rechts, genießen wir die weiten Aussichten wie die hinauf zur 1814 wieder aufgebauten Wallfahrtskirche Rochuskapelle auf dem Rochusberg jenseits des Rheins über Bingen.

Markant sind die Trockenmauern, die uns auf Schritt und Tritt ins Auge fallen und in denen eine bunte Vielfalt an Pflanzen gedeiht und Eidechsen leben, die sich bei Sonnenschein auf den erwärmten Steinen wohlfühlen.

Unter uns gurgelt im Binger Loch das Rheinwasser über die Quarzitfelsen. Das stellte in früheren Jahrhunderten eine Gefahrenstelle für die Schiffe dar, weil nur eine rund 12 Meter breite Fahrrinne am rechten Stromufer schiffbar war.

Gleichzeitig drängt sich der **Mäuseturm** **3** mitten im Rhein in unser Blickfeld, nur wenige Minuten danach die **Burgruine Ehrenfels** **4**, die sich im Hang zu unseren Füßen präsentiert.

Die vermutlich 1208 erbaute Ehrenfels war Teil eines Sperrriegels des Mainzer Erzstifts zur Zollerhebung. 1689 wurde sie im Pfälzischen Erbfolgekrieg gesprengt.

Am **Ehrenfelsblick** **5** entdecken wir einen Weinkeller in Gestalt eines fest installierten Schranks des Weinguts Altenkirch aus Aulhausen mit einer Auswahl an Weinen. Den schönen Rheinblick gönnen wir uns kostenlos, eine Flasche vom wohltemperierten Wein werden wir zu späterer Gelegenheit gegen den ausgewiesenen Obolus mitnehmen. Wer vor Ort einen Schoppen trinken will, findet Gläser vor.

Nach dem Ehrenfelsblick wandern wir in der Gemarkung Assmannshausen, die vornehmlich vom Spätburgunder lebt, der in der bekannten Weinbergslage Höllenberg reine Sonnenenergie tankt.

Spätestens jetzt rückt die Burgruine Rheinstein ins rechte Licht, links von dieser lugt das Schweizer-

Der Mäuseturm wurde nach vorherrschender Auffassung nach 1208 erbaut. Der Name Mäuseturm leitet sich von Maut ab und unterstreicht die Bedeutung des Turms als Zollstation und Wachgebäude über die Engstelle beim Binger Loch. Wie die Burgruine Ehrenfels brannte der Mäuseturm 1689 nieder, bevor er 1856/58 im neugotischen Stil renoviert wurde. Die Sage vom Mäuseturm handelt vom hartherzigen Mainzer Erzbischof Hatto I. Der wurde, weil er die hungernde Bevölkerung schlecht behandelte, zur Strafe von Nagern im Mäuseturm aufgefressen.

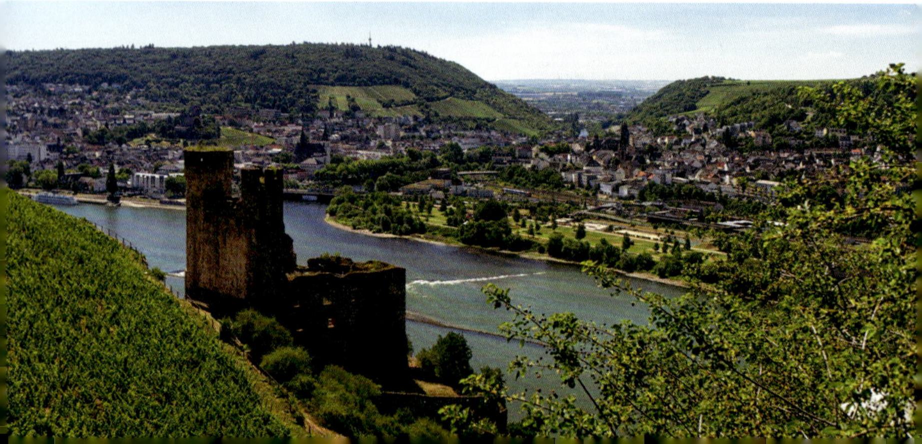

haus zwischen den Bäumen hervor, ein Ausflugslokal aus dem 19. Jahrhundert, das im Baustil dem damaligen Zeitgeist der Rheinromantik folgte.

Bald umkurvt unser Wanderweg im großen Bogen einen Taleinschnitt. Dann wenden wir uns, dabei sanft den Berg hinabgehend, noch vor der Seilbahn

Für die Seele

Weite Aussichten in den Weinbergen wechseln sich mit der Stille im Niederwald ab.

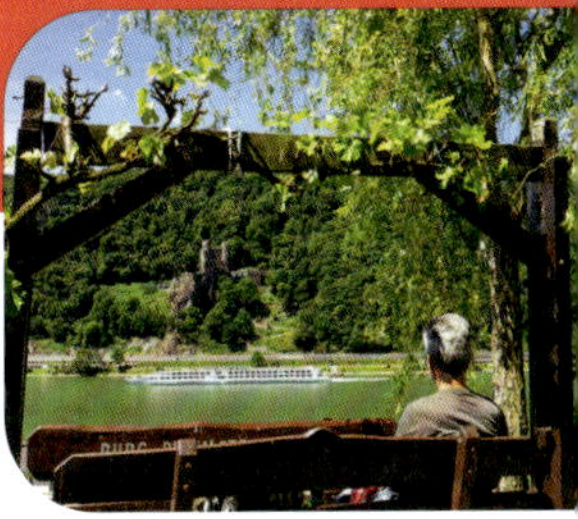

beim **Bohrenweg** auf einen schmalen Treppenabgang in die Ortsmitte.

Der Pfad führt uns geradewegs zur Pfarrkirche zum Heiligen Kreuz aus dem 14. Jahrhundert. Wir halten uns links an der Kirche und verlassen nun über die **Lorcher Straße** nach rund 1 Kilometer den Ort. Hier absolvieren wir auch das am wenigsten romantische Stück Weg entlang der Eisenbahnstrecke, das uns heute unter die Füße kommt.

Vom letzten Haus an gewinnen wir auf dem **Silberbergweg** in scheinbar unzähligen Serpentinen schnell an Höhe. Zwischendurch verschnaufen wir auf einer **Rastbank** **6** unter Rebenpflanzen, garniert mit schönem Blick zur Burgruine Rheinstein auf der anderen Flussseite. Wer sich jetzt nicht zeitig aufrappelt, wird wohl gar nicht mehr aufstehen wollen. Also los, sagen wir uns, meistern unter Schwitzen und Schauen jede einzelne der Kehren im Höllenberg, die uns immer wieder einen anderen Blick auf das Rheintal bietet.

Im steil aufragenden und mit hohem Schieferanteil bestückten Höllenberg wird seit dem 13. Jahrhundert Rotwein angebaut, die Lage gilt als eine der besten in Deutschland. Der Name leitet sich von Halde ab, mit Hölle hat er trotz der heute teuflisch hohen Temperaturen nichts zu tun.

Fast auf der Höhe und nach dem **Zwei-Burgen-Blick 7** als weiterem Aussichtspunkt zweigt unser Weg nach links ab; gut 1,2 Kilometer weit wird er jetzt auch mit dem Rheinsteig laufen. Und der pausiert wie wir gleich am Rastplatz **Rotweinlaube 8.** Dort erwartet uns der zweite **Weinkeller 9** vom Weingut Altenkirch, und diesmal greifen wir zu, auch wenn wir die Flasche „Assmannshäuser Höllenberg" erst daheim öffnen werden.

Wenige Meter nach der Rotweinlaube verengt sich der bis dahin breite Weinbergsweg. Felsig wird es, bei Nässe sicher rutschig, aber eine Seilversicherung hilft uns über die ärgste Klippe hinweg. Bevor wir nach rechts weiter den Hang hinauf und aus dem Waldstück herausgehen, sollten wir noch einen fast versteckten Ausblick nahe der Hangkante nicht übersehen. Natürlich nähern wir uns der Stelle mit gehöriger Vorsicht, belohnen uns aber selbst mit einer famosen Rheinsicht. Auf der Anhöhe erreichen wir eine Weggabelung, an der wir uns rechts halten.

Wer Puste genug hat, fügt noch einen rund 400 Meter langen Abstecher nach links zum **Bacharach-blick 10** ein. Von der Rastbank schwirren unsere Augen fast rastlos von einem Höhepunkt zum anderen, mit Sooneck, Fürstenberg, Heimburg und Stahleck sehen wir heute gleich vier Burgen, nur die Burg Reichenstein verbirgt sich im dichten Blätterwald vor unseren Blicken.

Von der Weggabelung aus wandern wir ebenerdig entlang an Weizenfeldern und Hainen, sehen auf den Wiesen bereits rotbäckige Äpfel im Sonnenlicht glänzen, passieren einen Bauernhof mit Ziegen und Schafen und später, als wir uns an einer weiteren Weggabelung der Straße nach links anschließen, das

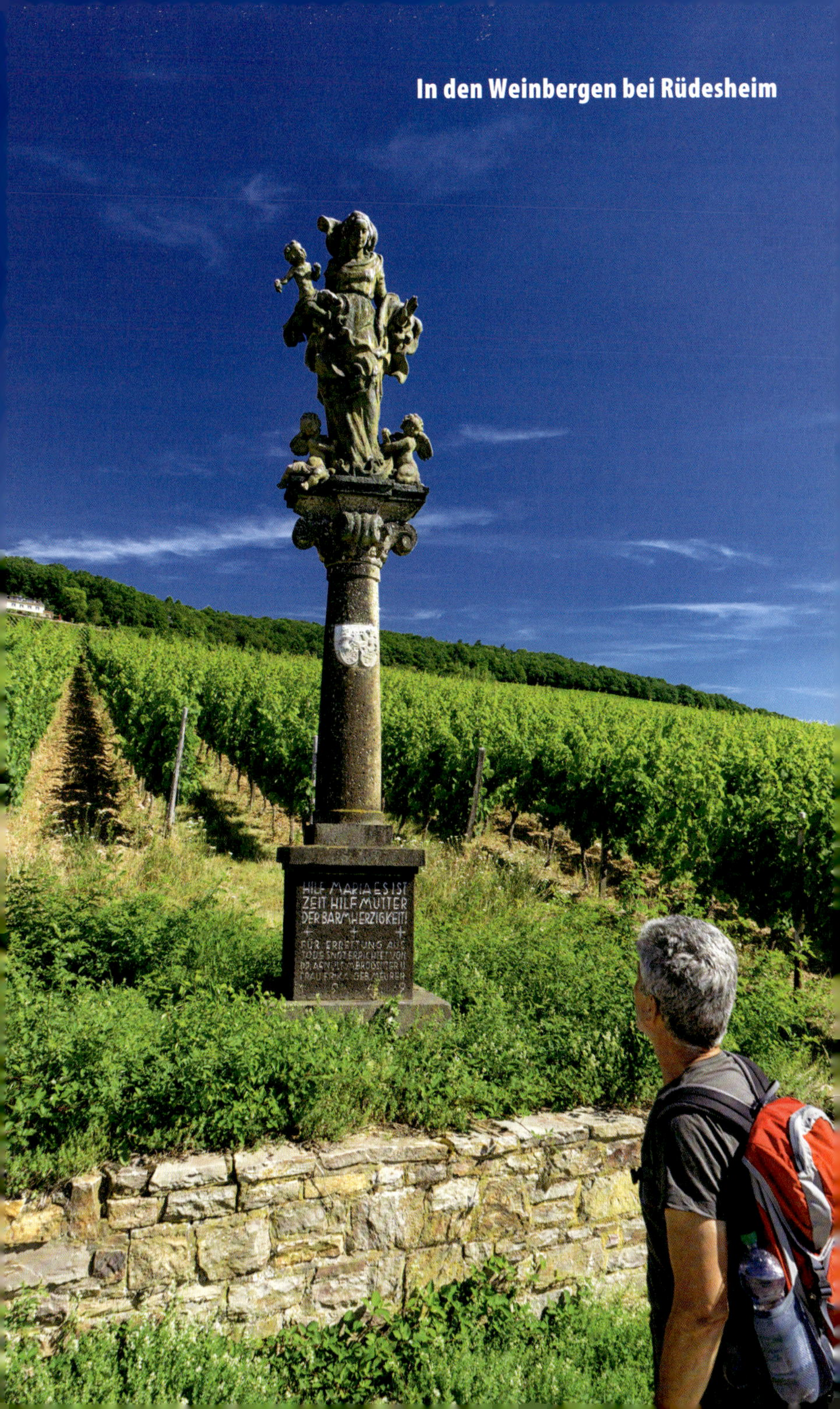

In den Weinbergen bei Rüdesheim

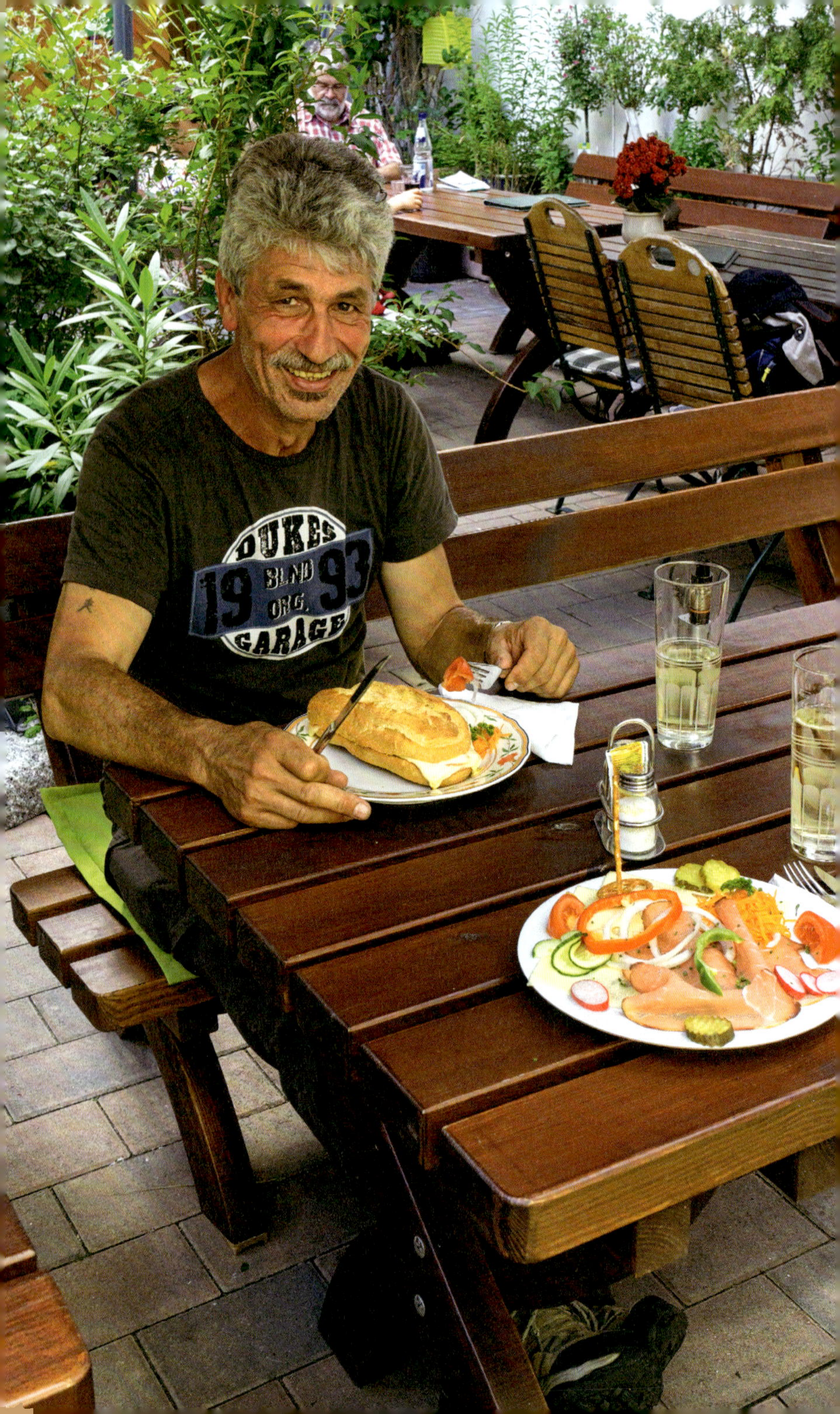
DUKES
19 93
BLND
ORG.
GARAGE

Weingut König. Von dort sind es nur noch wenige Schritte über die Straße Mühlberg nach Aulhausen.

Aulhausen liegt idyllisch eingebettet im Tal des Eichbachs. Wir schlendern die Hauptstraße links hinauf, erfrischen uns bei einigen schönen Fachwerkhäusern am historischen Pumpbrunnen und nutzen die Gelegenheit, unseren aus dem Weinkeller bei der Rotweinlaube eingesackten Wein vor Ort beim Winzer Altenkirch in der Hauptstraße 45 zu begleichen.

Gleich dort beim Weingut müssen wir rechts in die Straße **An der Schule,** dann ein paar Schritte später rechts in den Röderweg. Nach gut zehn Metern aber führt uns der Rüdesheimer Weg geradewegs links in den Wald hinein.

Der **Landschaftspark Niederwald ⑪,** in dessen Randausläufern wir das folgende Wegstück zurücklegen, gilt als eine der frühesten romantischen Parkanlagen Deutschlands. Entstanden ist er nach 1764, Holzbauten im Sinne der Rheinromantik wurden errichtet oder auch die künstliche Ruine Rossel.

Nach einem Schlenker führt der Weg uns nahe am **Ebental ⑫** entlang, gespickt sind die sanften Hügel mit Feldern und Wiesen, bevor wir an einem Wanderparkplatz die **L 3034** überqueren.

Hunderte von Hügelgräbern liegen in diesem Areal. Später rahmen Wochenendhäuser und Gärten unseren Weg ein, der sich nach einer Wegekreuzung, an der wir uns nach links orientieren, steiler hinabsenkt. Wir nähern uns Rüdesheim.

An der Ulm erreichen wir einen quer laufenden Weinbergsweg. An dieser Stelle öffnet sich nun auch die Sicht, Rüdesheim breitet sich vor uns aus, die Rochuskapelle jenseits des Rheins streckt sich wieder gen Himmel, die grün schimmernden Weinberge fächern sich auf und laufen nahe beim Rheinufer aus.

Wir halten uns rechts und gelangen nach 200 Metern zu einer Baumallee. Dort gehen wir links den

Panoramatour 5

Brahmsweg hinunter bis zum ehemaligen **Viadukt ⑬** der Zahnradbahn. Wir schreiten hindurch und erwischen noch einen wunderschön gelegenen **Rastplatz unter einer Linde ⑭.** Wie im Wind fliegen dann unsere Füße auf dem Kuhweg dem Ziel entgegen; ein schöner Hohlweg, der uns geradewegs zum Parkplatz führt. Anschließend kehren wir natürlich noch ein. Dazu gehen wir von der **Germaniastraße** in die **Oberstraße,** später links in die **Steingasse** zum Gutsausschank vom **Weingut Philipp ⑮.** Im urgemütlichen Hof lassen wir bei Winzerweck und Wurstsalat unsere mit wunderbaren Erlebnissen gespickte Wandertour Revue passieren.

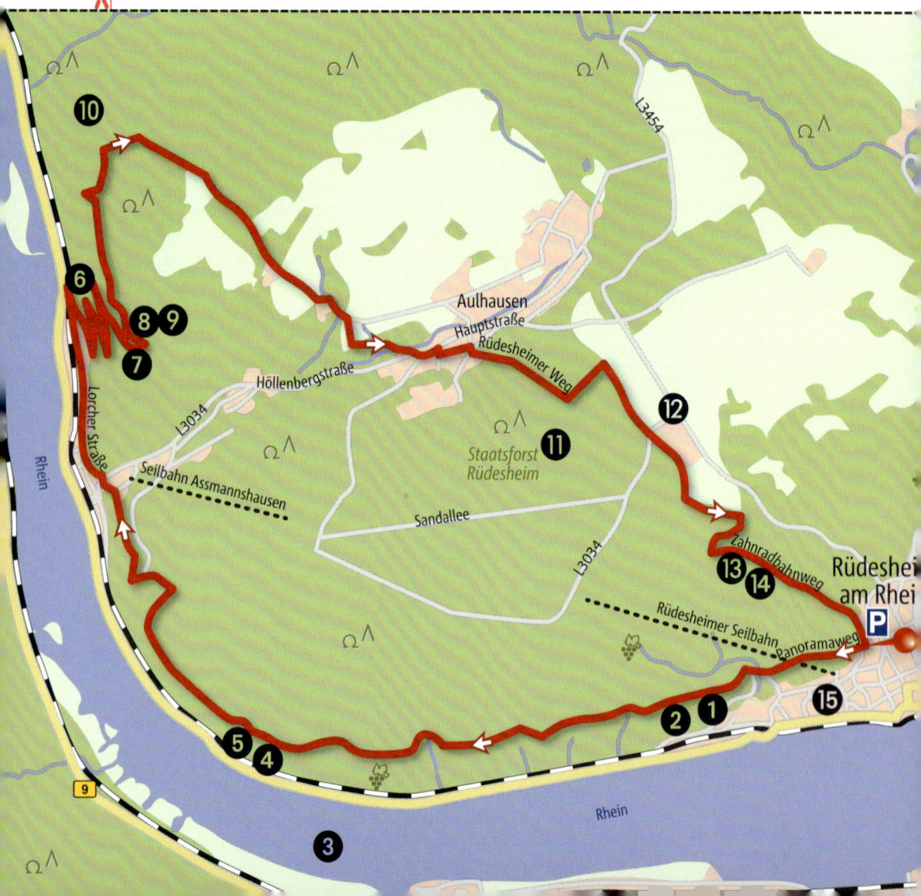

Alles auf einen Blick

WIE & WANN:
Weinbergs- und Waldwege, landwirtschaftliche Wege, Straßen in den Ortschaften; beste Wanderzeit von April bis Oktober (besonders zur Reife- und Erntezeit der Trauben im September und Oktober)

Entspannung ✱✱✱✱✱
Genuss ✱✱✱✱✱
Romantik ✱✱✱✱✱

HIN & WEG:
Auto: P 2 An der Ringmauer, gebührenpflichtig, 1,50 Euro/Stunde, Tageshöchstgebühr 12 Euro (GPS: 49.981202, 7.923618)
ÖPNV: Rheingau-Linie zwischen Frankfurt Hbf. u. Koblenz Hbf. hält mindestens stündlich in Rüdesheim; vom Bf. über die Oberstraße in die Straße Am Feldtor, dort Einstieg in die Wanderung

ESSEN & ENTSPANNEN:
Gutsausschank Weingut Herbert Philipp ⓯ Steingasse 13, 65385 Rüdesheim, Tel. (0 67 22) 32 20 u. 4 86 11, www.wein-philipp.de

ENTDECKEN & ERLEBEN:
Dauterhauser Heiligenhäuschen ❶
Ramstein ❷ Mäuseturm ❸
Burgruine Ehrenfels ❹ Ehrenfelsblick ❺
Rastbank ❻ Zwei-Burgen-Blick ❼
Rotweinlaube ❽ Weinkeller ❾
Bacharachblick ❿
Landschaftspark Niederwald ⓫
Ebental ⓬ Viadukt ⓭
Rastplatz unter einer Linde ⓮

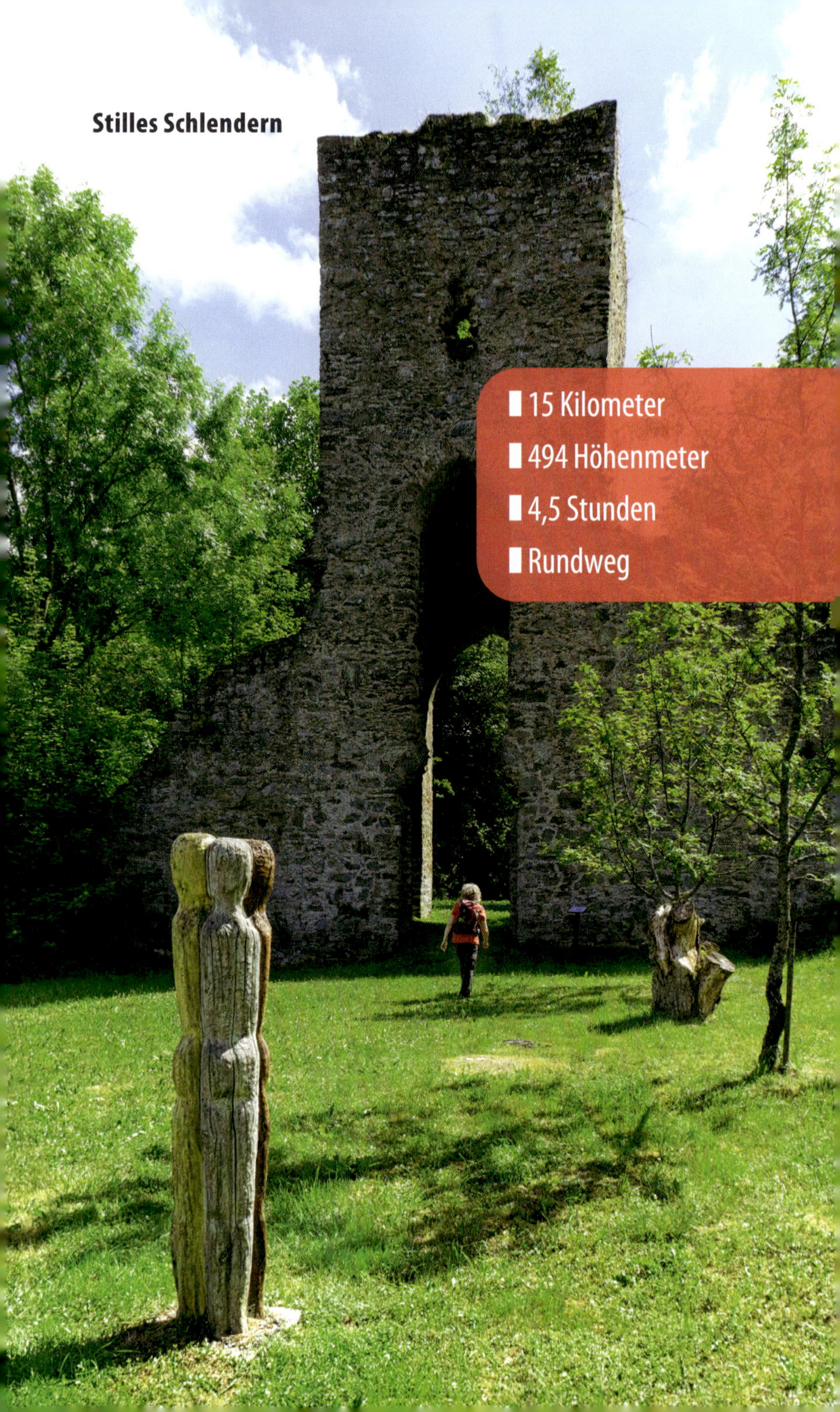

- 15 Kilometer
- 494 Höhenmeter
- 4,5 Stunden
- Rundweg

Tiefe Waldruhe erwartet uns heute rund um den Höllenwald und am Pferdskopf, und eine inspirierende Stimmung an der Landsteiner Kirchenruine. Doch zuerst starten wir an der geschäftigen Landstraße bei der Erbismühle. Früher diente sie als beliebtes Ausflugslokal. Wir wenden uns von dort die **Weilstraße/L 3025** in

Romantische Ruinen

Im Usinger Land

Richtung Neuhammer hinunter ab, überqueren diese umsichtig und gehen am Parkplatz entlang bis auf Höhe einiger Wohngebäude. Hier verlassen wir die rastlose Umgebung, wandern rechts abwärts zur Weil und queren diese über einen Eisensteg. Leicht hinauf erreichen wir eine Wegekreuzung, halten uns an der Rastbank links und entdecken hier zum ersten Mal unser Markierungszeichen, das schwarze Kreuz auf weißem Grund, dem wir eine ausgiebige Strecke lang folgen werden.

Beim Friedhof lassen wir den Parkplatz links liegen, gelangen zur **B 275,** achten ein zweites Mal auf den regen Straßenverkehr, queren sie und schlüpfen auf der anderen Seite sofort in einen dichten Laubwald. Zum ersten Mal atmen wir frische Waldluft ein, während unsere Füße dem stetig ansteigenden, gut ausgebauten Waldweg folgen. Endlich lassen wir den Autolärm hinter uns. Nach einem guten Kilometer, der uns eine Bergkuppe hinauf- und wieder hinunterbringt, öffnet sich der Wald.

Unsere Augen streifen durch das **Niedgesbachtal** mit seinen sanften Hängen. An einer Weggabelung, von der aus wir uns weiter auf das 200 Seelen zählende und 1230/31 anlässlich der Schenkung an den Deutschen Orden erstmals urkundlich erwähnte Dörfchen Finsternthal zubewegen, lädt uns eine Bank zum Erholen ein. Von der anderen Berghöhe schaut der Pferdskopf auf uns hinab, und über den Baumwipfeln lugt der Aussichtsturm hervor.

Wir erreichen an kleinen Streuobstwiesen und saftig-grünen Wiesen und Weiden entlang Finsternthal. Dann passieren wir den hübsch herausgeputzten **Dorfplatz 1** mit dem in den 1990er-Jahren aus gusseisernen Platten aus dem Bestand des Hessenparks erschaffenen Brunnen, dem Rathaus und dem unter Denkmalschutz stehenden ehemaligen Deutschen Hof aus dem Jahr 1865.

Die **Schmitter Straße** geht es hinauf. An einer Weggabelung halten wir uns links, um schon bald die letzten Häuser hinter uns zu lassen. Nahe bei unserem Waldweg springt der Niedgesbach munter zu Tale. Wir gewinnen bald an Höhe und tauchen in

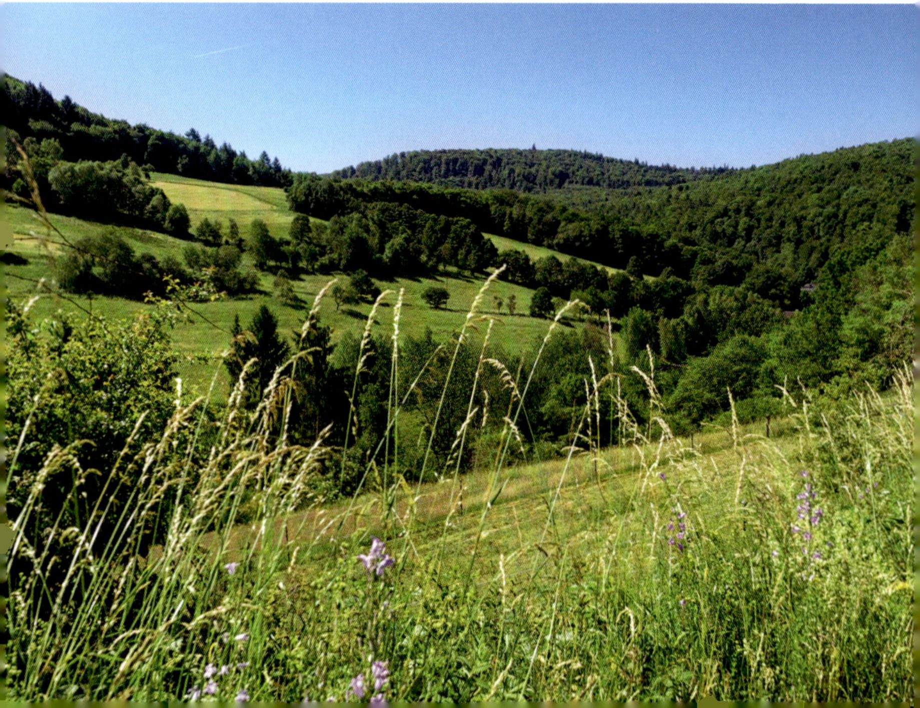

den stillen Höllenwald ein. Vogelgezwitscher ist eine Zeit lang unser einziger Begleiter. Intensiver Waldduft umschmeichelt unsere Sinne, die Ruhe verleitet uns zum Tagträumen, denn unsere Wanderschuhe finden wegen der gut ausgebauten Strecke wie von alleine ihren Weg bis zu einer Wegespinne.

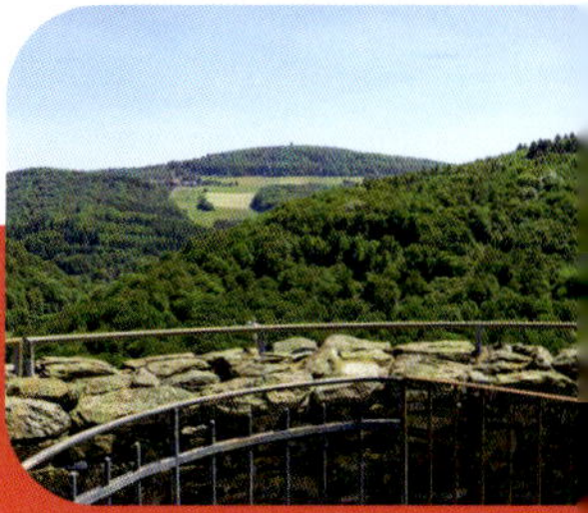

Für die Seele

An der Landsteiner Kirchenruine spüren wir der Zeit nach, wie sie verrinnt.

Hier an der **Schutzhütte Weißer Stein** 2 begegnen wir zum ersten Mal dem Schinderhannessteig, dessen braun-grünem Logo auf weißem Grund wir bis zur Landsteiner Kirchenruine folgen. Dazu wenden wir uns an der Schutzhütte nach links. Fast mühelos wandern wir ohne großes Auf und Ab an stellenweise jungem Baumbestand vorbei, der uns leider viel zu selten Blicke ins Usinger Land gewährt.

Das ändert sich, nachdem wir rund 100 Meter nach einer Schutzhütte vom Hauptweg abschwenken und 500 Meter hinan zum Aussichtsturm auf dem gut 662 Meter hohen **Pferdskopf** 3 ziehen. Der kurze Anstieg wird noch getoppt, denn neben drei Rastgarnituren lockt der Aufstieg auf den 34 Meter hohen Aussichtsturm.

Bereits 1895 wurde eine 18 Meter hohe Stahlkonstruktion errichtet, die in den 1960er-Jahren durch den hölzernen Turm ersetzt wurde.

Welch eine Kraxelei die unendlich vielen Stufen hinauf – und welch eine Aussicht. Rundum gleitet unser Blick, und anhand der Ortstäfelchen wissen wir auch, dass wir nicht nur das Weiltal oder den Großen Feldberg sehen, sondern bis zum Soonwald oder zur Montabaurer Höhe, zum Kellerwald und zum Vogelsberg oder zur Rhön blicken, gute Sicht so wie am heutigen Tag und vielleicht ein Fernglas vorausgesetzt. Der Wind pfeift uns hier oben kräftig um die Ohren, sodass wir trotz der phänomenalen Aussicht wieder hinabsteigen und unsere Vorräte auf einem Tisch ausbreiten.

Zwischen den Rastbänken dürfen wir einen Pfad nicht übersehen, der uns nicht nur auf Tuchfühlung mit Sträuchern und Bäumen bringt, sondern über zwei quer laufende Waldwege hinaus auf verwurzeltem Untergrund zu einem Feldweg. Wir halten uns rechts, erreichen einen Wanderparkplatz und schlendern gemütlich auf der Straße Am Pferdskopf bergabwärts nach Treisberg. An der **Hunoldstaler Straße** orientieren wir uns links, betrachten dabei die auf der Ecke platzierte ehemalige Schule, die 1846 als Rathaus erbaut wurde.

Im gemütlichen Biergarten bestellen wir uns einen Salat mit Wildschinken. Das Wild stammt aus den eigenen Jagdrevieren. Gut gesättigt setzen wir unsere Wanderung fort und halten uns an der Weggabelung rechts. Wir sind froh, dass wir mit unseren zum Platzen gefüllten Bäuchen nun ein gutes Stück bergab zwischen Wiesen und Weiden mit Schafen wandern. Danach genießen wir den weiten Blick bis zur Burgruine Altweilnau, später umschließt uns wieder schattiger Wald. Nach rund 400 Metern dürfen wir einen unscheinbaren Pfad zu unserer Linken nicht übersehen. Der führt uns auf steinigem Untergrund nahe bei einem kleinen Bach abwärts. Später erreichen wir den Talgrund und gehen nun wieder auf befestigtem Waldweg am Forsthaus Landstein vorbei zur **Landsteiner Straße.** Einige Schritte laufen wir am Straßenrand entlang, bevor vor uns die Kirchenruine Landstein inmitten der grünen Wiese auftaucht.

An dieser Stelle endet der Schinderhannessteig, von nun an folgen wir dem Schinderhannespfad mit dem Markierungszeichen des sagenumwobenen Räubers und zwei Pistolen auf schwarzem Untergrund.

Die **Landsteiner Kirchenruine** ❹ gehörte einst zu einer kleinen Ortschaft am Niedgesbach, die um 1515 zum Wallfahrtsort aufblühte. Doch schon 1556 ist eine Teilwüstung belegt, die Wallfahrtskirche „Unserer lieben Frau zu Landstein" wurde beseitigt. Nur die Mauerstücke des Westturms mit zwei Nebenräumen recken sich empor, umrahmt von grünen Wiesen. Die vom Bildhauer Knut Beyer geschaffene Holzskulptur „Stammbaum – Baumstamm" regt uns, wie eine Informationstafel weise erklärt, auch zur Besinnung an.

Wir schreiten durch den Torbogen der ehemaligen Kirche. Obwohl die Zeit, als die Wallfahrtskirche noch viele Pilger anlockte, weit entfernt für uns erscheint, spüren wir die Würde, die der Ort verbreitet.

Aus dem Jahr 1500 stammt die bis 1957 betriebene Mühle nahebei, die danach als Restaurant diente. Wir passieren das derzeit geschlossene Restaurant Landsteiner Mühle, laufen über die Weil und halten

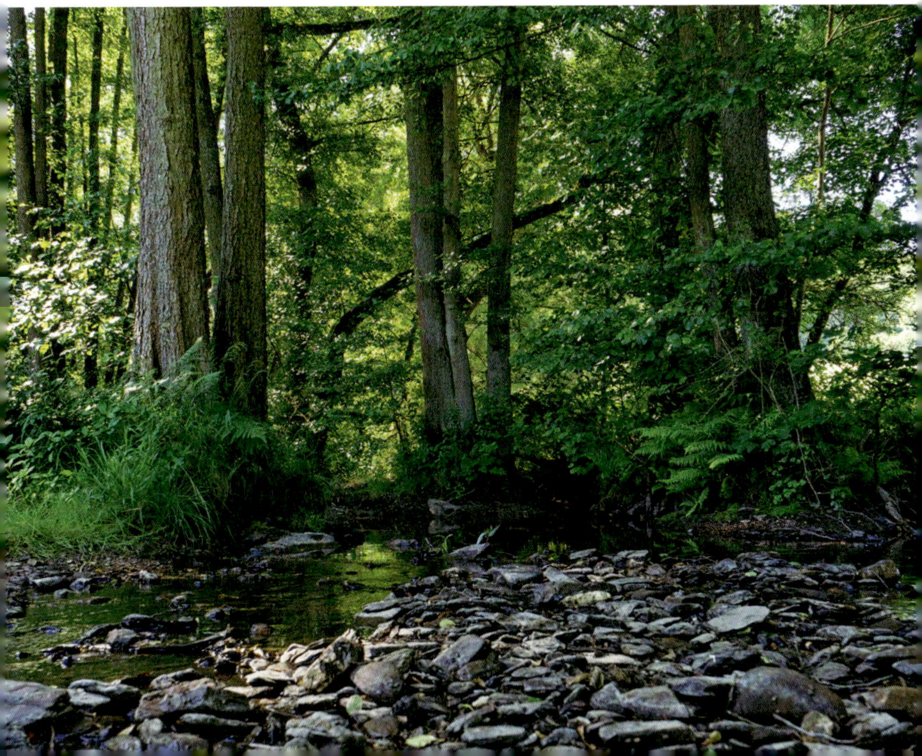

Aufstieg zur Burg Altweilnau

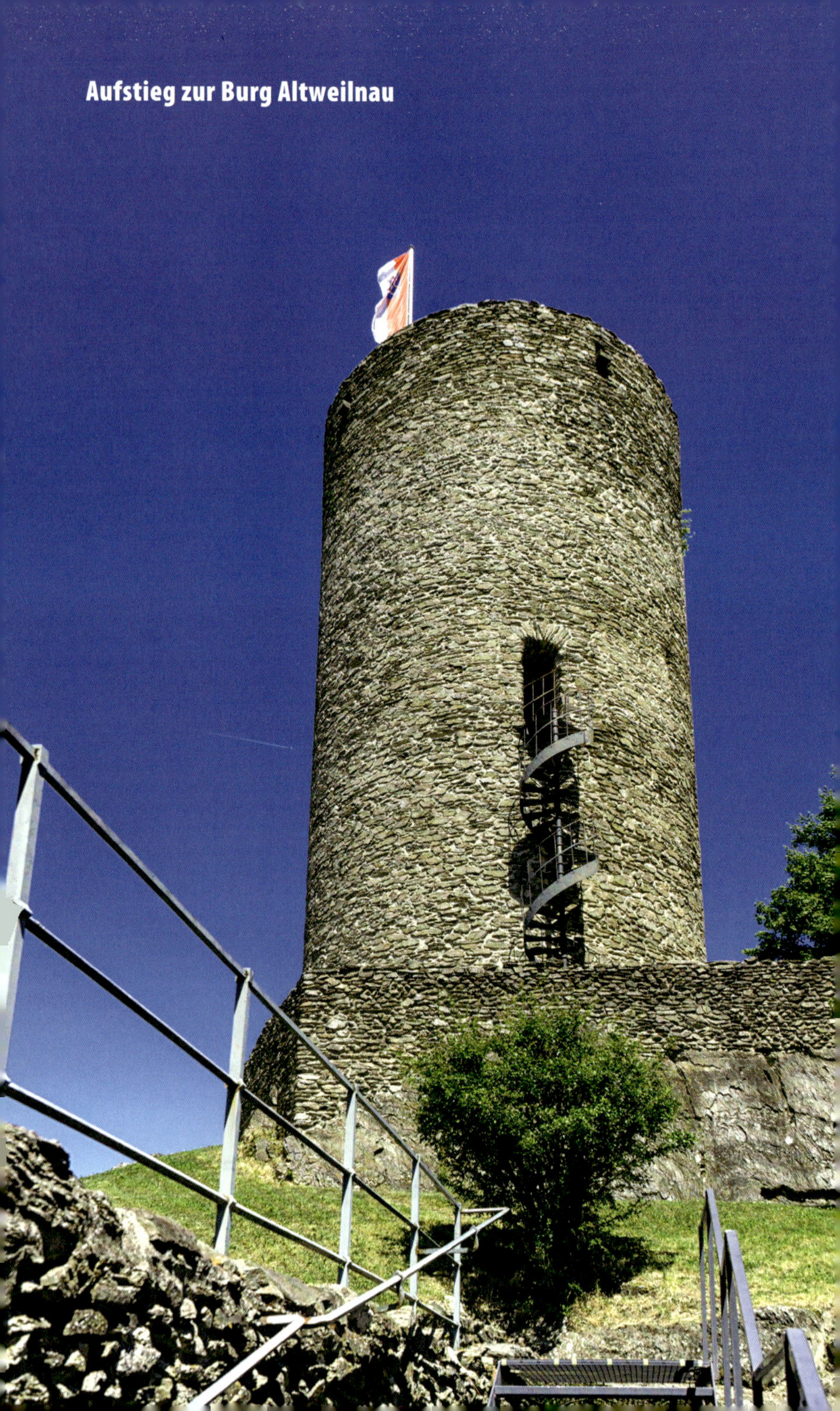

uns rechts. Die viel befahrene **B 275** überqueren wir umsichtig auf Höhe eines auf der anderen Seite gelegenen Parkplatzes, entdecken eine Wandertafel und steigen gleich hier auf einem unscheinbaren Pfad in den Hang hinein.

Auf gewundenem Weg zieht es uns zügig hinauf. Wir queren einen Waldweg und laufen weiter an mit Geländern gesicherten und mit Treppenstufen versehenen Wegstücken zu einem Waldweg, der uns nach links mitnimmt. Rund 100 Meter danach legen wir einen Abstecher ein, denn die **Albertsruhe** 5 mit ihrem 100 Stufen messenden Aufstieg lockt. Wir erklimmen die Anhöhe und genießen von einer Aussichtskanzel den Blick zum Pferdskopf. Ein Pfad windet sich dann über die Anhöhe, zieht auf der anderen Seite des Bergkamms an einer Schutzhütte vorbei abwärts, sodass wir über weitere Treppenstufen wieder den breiten Waldweg erreichen.

Wir halten uns rechts an schroffen Schieferfelsen vorbei und erreichen nach einem weiteren Kilometer Altweilnau. Wir passieren den Rastplatz an der Straße **Königsholz,** orientieren uns in der **Weilnauer Straße** rechts, nehmen den Fußgängerüberweg und verlassen die genannte Straße in einer Rechtskurve, um nun dem **Erbismühler Weg** zu folgen. Doch halt, bevor wir die letzten Meter hinunter zur besagten Mühle bewältigen, wartet die **Burgruine Altweilnau** 6 auf uns, die schon seit einiger Zeit zu unserer Linken aufragt. Dazu halten wir uns an der Bronzeskulptur der Bettelfrau gleich beim Rathaus links. Wir passieren das mächtige Stadttor aus dem Jahr 1340, zu dem sich im Mittelalter noch sechs weitere Türme gesellten, und gelangen über einige Stufen zum Burggelände.

Von der Burg sind nur noch einige Mauerstücke erhalten sowie der eindrucksvolle Rundturm. Dafür laden Sitzbänke und ein Holzsofa zu einer letzten Rast ein.

Bereits im Jahr 1208 wurde der Ort als Wilnawe erwähnt, 1336 wurden sogar die Stadtrechte erteilt – für neun Tage, denn die nassauischen Nachbarn sorgten für die Aufhebung. Um das Jahr 1203 thronte eine Burg auf einer Felsnase über Altweilnau, die sicher bis 1563 bewohnt war. Der 1340 erbaute runde, knapp 18 Meter hohe Torturm ist weithin sichtbar und kann von 8 bis 20 Uhr (1. Apr.–31. Okt.) über eine Stahlwendeltreppe erobert werden.

Panoramatour 6

Den engen Aufstieg meistern wir am besten ohne sperrigen Rucksack, genießen die Aussichten über das Weiltal, zum Nassauer Schloss Neuweilnau und nach Treisberg sowie zum Pferdskopf.

Nach dem Abstieg packen wir unsere Wegzehrung aus und halten ein letztes Mal inne auf einer der Rastbänke unterhalb des Turms. Danach steigen wir hinunter zum Erbismühler Weg. Mit dem Schinderhannespfad lassen wir die letzten Wohnhäuser hinter uns, gehen dann rechts zur **Bornwiesenstraße** und folgen dieser zügig bergab bis zum Parkplatz.

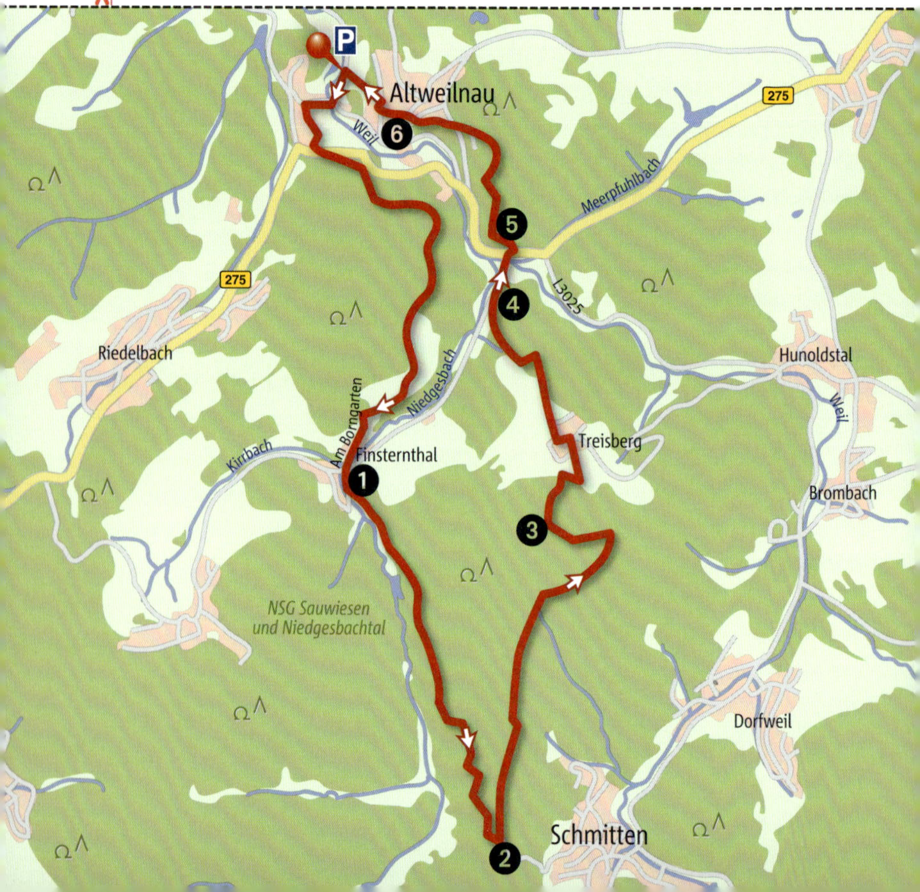

Alles auf einen Blick

WIE & WANN:
Waldwege, landwirtschaftliche Wege und Pfade, Straßen in den Ortschaften; beste Wanderzeit von April bis Oktober

Entspannung ✱✱✱✱✱

Genuss ✱✱✱✱✱

Romantik ✱✱✱✱✱

HIN & WEG:
Auto: Parkplatz gegenüber vom Gasthof Erbismühle (zz. geschl.), Erbismühle 1, 61276 Altweilnau (GPS: 50.319181, 8.414014)
ÖPNV: von Frankfurt Hbf. S 5 nach Bad Homburg Bf., weiter mit Bus 50 nach Altweilnau Landstein oder Altweilnau Erbismühle, dort Einstieg in die Wanderung

ESSEN & ENTSPANNEN:
Bitte an Rucksackverpflegung denken!

ENTDECKEN & ERLEBEN:
Dorfplatz ❶
Schutzhütte Weißer Stein ❷
Pferdskopf ❸
Landsteiner Kirchenruine ❹
Albertsruhe ❺
Burgruine Altweilnau ❻

Aussichten auf dem Neroberg

- 13,2 Kilometer
- 185 Höhenmeter
- 4 Stunden
- Rundweg

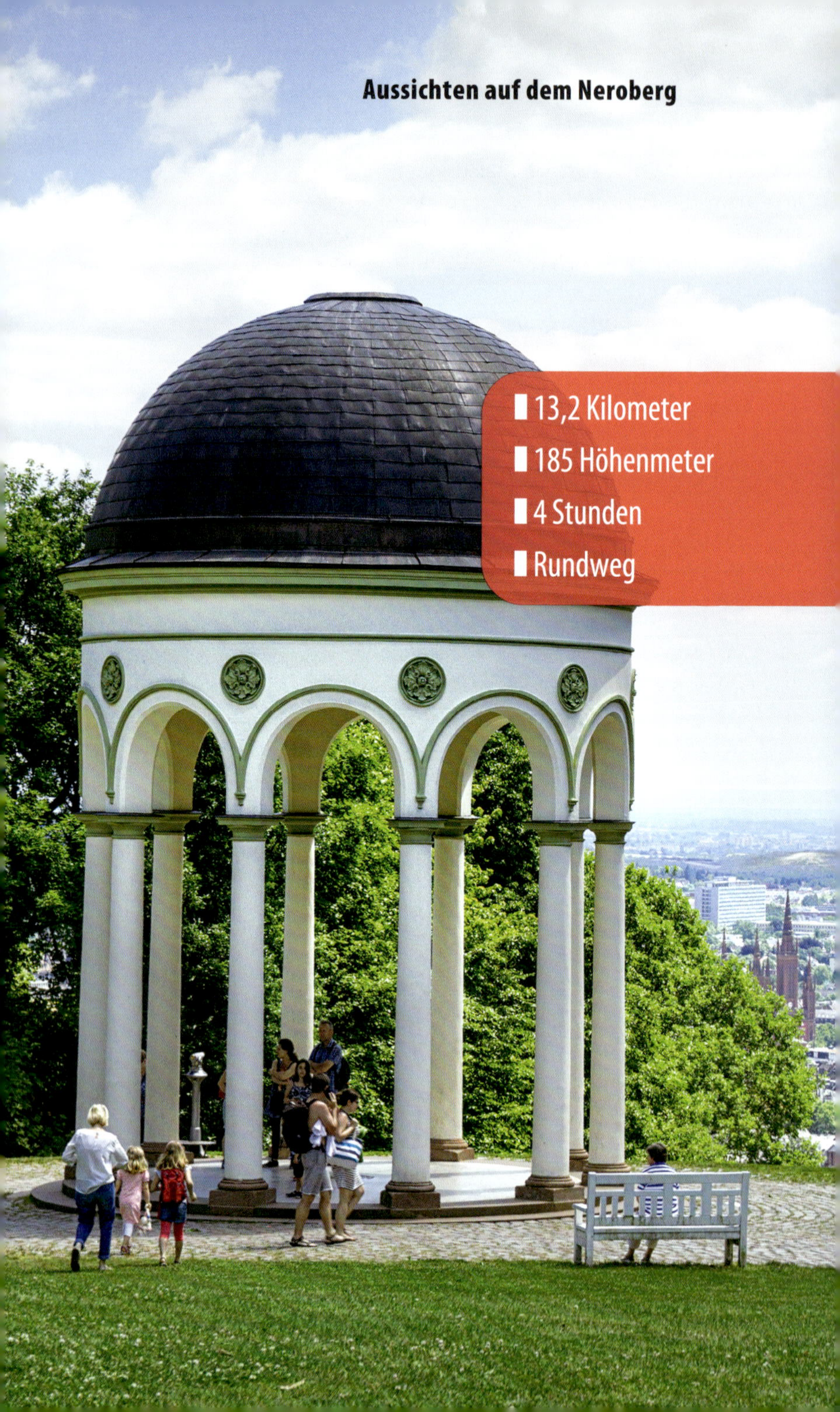

Unsere Wanderung durch das Goldsteintal und über den Neroberg beginnen wir bei der Tourist-Information. Wir folgen dabei dem rot umrandeten Markierungszeichen DVV-Wanderweg mit grüner und roter Schrift. Von hier gehen wir durch die Straße **Marktplatz** an der Marktkirche vorbei über die **Herrnmühlgasse** zur

Der Stadtberg

Goldsteintal und Neroberg

Burgstraße, dort rechts zur **Wilhelmstraße.** Hier wenden wir uns nach links und spazieren durch die **Theaterkolonnade** ❶ auf der gegenüberliegenden Straßenseite. Die Kolonnade entstand 1838/39 und schuf die Verbindung zwischen dem alten Kurhaus und dem Kaiser-Friedrich-Platz.

Wir erreichen den Kurpark, streifen am See entlang und treffen auf die **Josef-von-Lauff-Straße,** die wir überqueren. Gleich darauf tauchen wir über den **Chaisenweg** in die **Parkanlagen** ❷ entlang des Salzbachs ein.

Die Fichtenstraße queren wir bald, gönnen uns nochmals Grünanlagen und idyllische Weiher und fügen dann **An der Dietenmühle** einige Schritte nach links ein. Doch gleich darauf zieht es uns ein letztes Mal nahe beim Salzbach in eine parkähnliche Landschaft.

Auf dem Promenadenweg passieren wir einige Wohnhäuser, bevor sich der Weg gemächlich bis zur katholischen **Kirche Herz Jesu** hebt. Hier überqueren wir die **Schuppstraße,** schlüpfen auf der anderen Seite auf einen schmalen Weg und bald geradeaus über die **Irmengardstraße** zur **Burg Sonnenberg** ❸. Die Herren von Sonnenberg wurden schon 1126 genannt, doch bereits im Jahr 1611 war ihre Burg verfallen. Besonders markant ist der hoch aufragende Bergfried. Da das Burgmuseum nur selten geöffnet ist, gehen wir über **Am Schlossberg** am Burgareal vorüber.

Durch bewaldetes Stadtgebiet schlängelt sich unser Weg nun am Hang entlang. Wir nähern uns bald wieder dem Salzbach, überqueren ihn und erreichen die **Ostpreußenstraße.** Dort halten wir uns links, passieren die 1709 erbaute ehemalige Stickelmühle im Ort Rambach. Hier orientieren wir uns auch gleich rechts in das Goldsteintal und wandern an einem vom Goldsteinbach gespeisten kleinen See vorbei.

Zehn hohe und fünf niedrige Parcours warten auf die Kletterer, 84 Elemente auf 6000 Quadratmetern, womit der Kletterwald zu den größten in Deutschland zählt.

Beinahe 2 Kilometer lang währt das Wonnegefühl des abgeschiedenen **Naturschutzgebiets Goldsteintal** 4, das noch durch einen prallvoll mit blühenden Seerosen gefüllten Teich bereichert wird. Bei der ehemaligen Gaststätte Schützenhaus endet die Episode viel zu früh, wie wir finden. Das folgende asphaltierte Wegstück führt uns nun kräftiger bergan. Auf der Anhöhe erreichen wir eine quer laufende Straße, an der wir uns links halten.

Doch diesmal können wir unsere Füße rechts der Straße auf weichen Waldboden setzen, und weil die

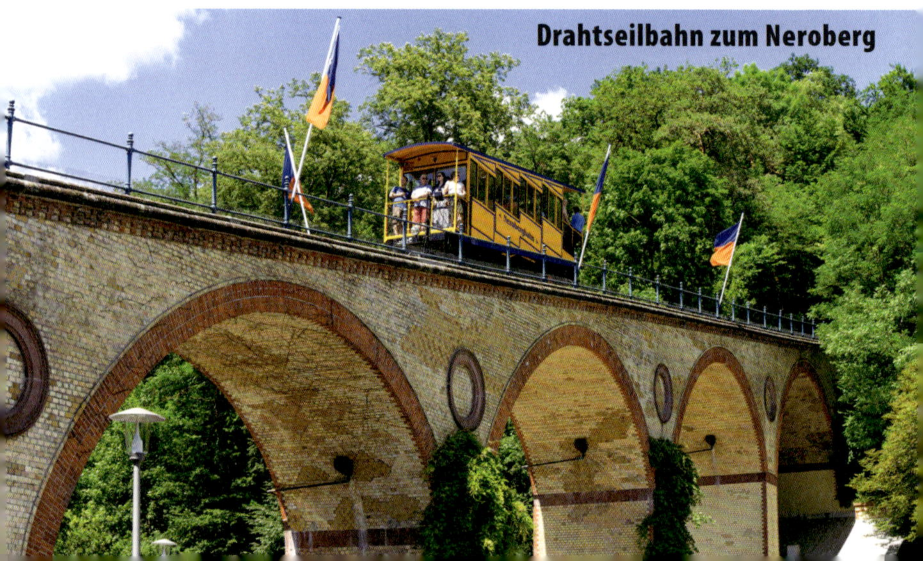
Drahtseilbahn zum Neroberg

Straße nicht viel befahren ist, gerät dieses Stückchen Weg zu einem grün bewaldeten Vergnügen.

Nach 500 Metern dürfen wir den Abzweig nach rechts nicht übersehen, der uns bald zu einer Wegespinne führt. Hier nehmen wir den zweiten Abzweig von links und flanieren durch den Wald. Ohne gro-

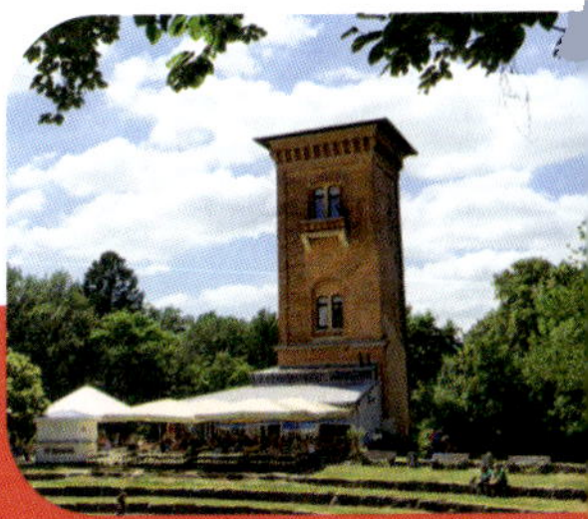

Für die Seele

Im Goldsteintal beruhigt sich unsere Seelenlage vom wuseligen Leben in der Großstadt.

ßes Auf und Ab zieht uns der Weg zum Neroberg. Beim **Kletterwald** 5 halten wir inne und gucken den geschickt oder vorsichtig zwischen den Bäumen wieselnden Klettermaxen zu. Vom Kletterwald geht es schnurgerade zum **Bergpark** 6 am Neroberg.

Zuerst wandern wir zur **Erlebnismulde** 7. Rechts sehen wir das **Restaurant Der Turm** 8. Er ist nach einem Brand 1989 das einzige Überbleibsel des alten Neroberghotels. Von der Terrasse beim Turm können wir bei einem kühlen Getränk dem bunten Treiben auf Wiesbadens Hausberg zuschauen.

1851 wurde der Bergpark angelegt. Zu jener Zeit entstand auch der **Nerobergtempel** 9. Von hier genießen wir die fantastische Aussicht auf Wiesbaden.

Wenige Schritte von diesem Monopteros entfernt erwartet uns von der **Löwenterrasse** 10 noch eine Aussicht zum Sattsehen. Die prachtvollen Villen beim Nerotal, Wiesbaden und Rheinhessen präsentieren sich uns wie auf einem Silbertablett, und gleich unter uns malen die Weinstöcke den Neroberg sanftgrün.

Auf einem ausgeschilderten Weg spazieren wir anschließend am Opel-Bad vorbei zur russisch-

Von der 245 Meter messenden Anhöhe dehnt sich der 4,1 Hektar große Weinberg aus. Ausschließlich Riesling wird angebaut, fruchtig und würzig soll er schmecken, mit pikanter Säure.

orthodoxen Kirche; diesen Weg gehen wir danach wieder zurück bis zur Nerobergbahn.

Das **Opel-Bad** ⑪ mit seiner spektakulären Aussicht über Wiesbaden wurde 1934 eröffnet.

Die **russisch-orthodoxe Kirche** ⑫ präsentiert sich mit fünf vergoldeten Zwiebelkuppeln. Sie wurde von 1847 bis 1855 von Herzog Adolf von Nassau erbaut. Wir betreten die Kreuzkuppelkirche über ihren Westeingang und bewundern die Marmorausstattung und die Ikonostase, eine mit Ikonen geschmückte dreitürige Wand.

Zurück beim Nerobergtempel haben wir die Wahl. Entweder fahren wir mit der Nerobergbahn rund 440 Meter bei bis zu 28 Prozent Steigung den Berg hinunter. Die mit Wasserballast betriebene **Drahtseilbahn** ⑬ führt seit 1888 von der Talstation über ihr markantes Viadukt auf den Neroberg.

Oder wir entscheiden uns für die unbequeme Art des Abstiegs und nehmen den Fußweg rechts von der Nerobergbahn, der uns in vielen Schleifen gleich neben der Bahnstrecke ins Nerotal führt.

Egal, ob wir mit der Nerobahn hinabfahren oder zu Fuß gehen, die **Nerotalanlagen** ⑭ verfehlen wir mit beiden Varianten nicht. Unser Weg schlängelt sich durch den Park, der 1897/98 nach dem Vorbild englischer Landschaftsgärten angelegt wurde. Kleine Brücken überspannen die Weiher, links und rechts säumen herrschaftliche Villen die Nerotalanlagen.

Wir verlassen den Park über die Straße **Nerotal,** gehen geradeaus in die **Taunusstraße** und weiter bis zur **Saalgasse,** in die wir nach rechts einbiegen. Nur wenige Schritte darauf flanieren wir links über den **Kochbrunnenplatz** ⑮ mit der bekannten Thermalquelle im 1887/88 erbauten **Kochbrunnenpavillon** und mit Blick auf die hessische Staatskanzlei. Wir erreichen den **Kranzplatz,** halten uns geradeaus in die **Langgasse** und wenden uns links in die **Marktstraße.** Rechter Hand entdecken wir das seit 1859 bestehende **Café Maldaner** ⑯,

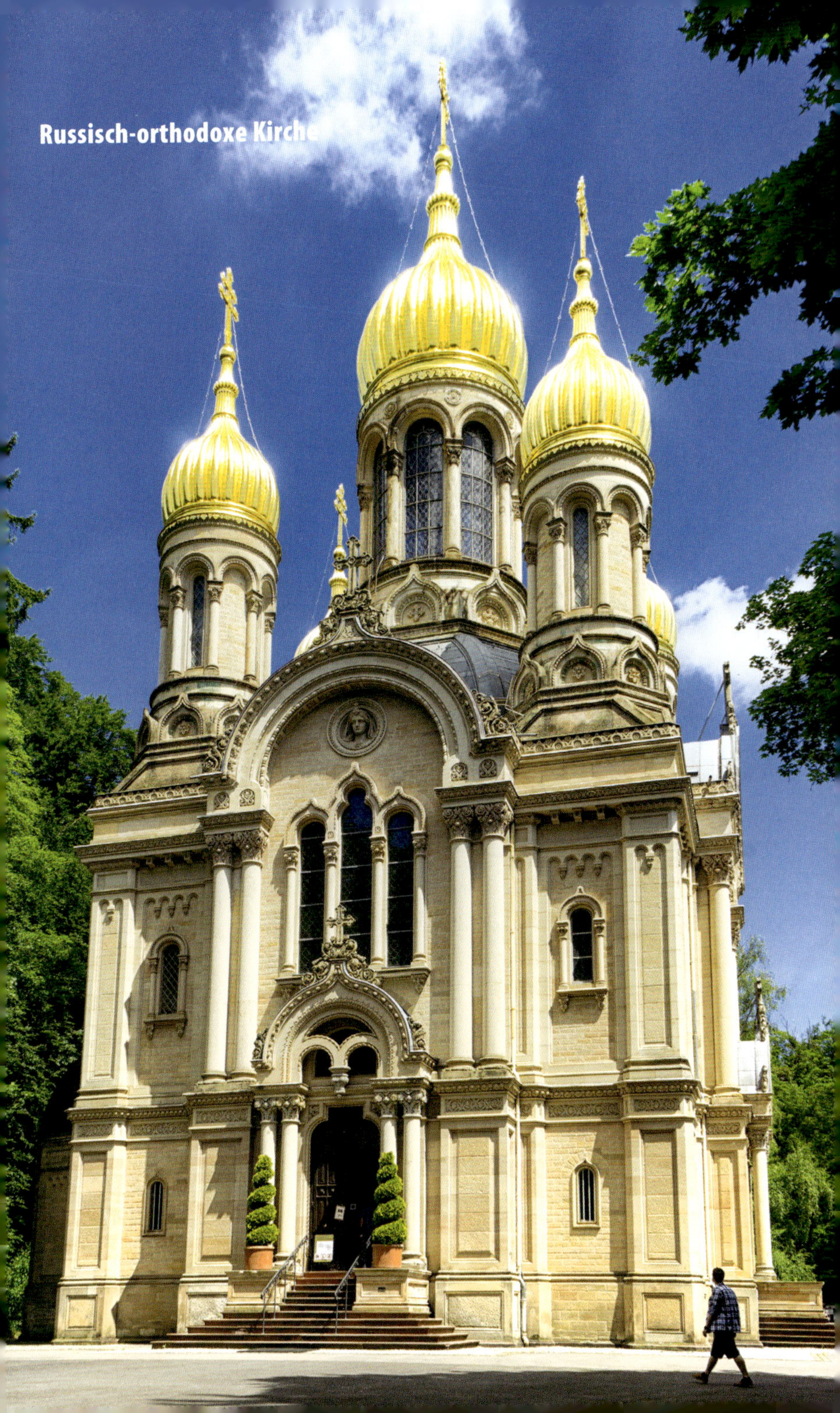
Russisch-orthodoxe Kirche

in dem wir unseren Tag genüsslich mit einer Tasse Kaffee und einem Stück Kuchen krönen. Das Ambiente mit den originalgetreu hergerichteten Stuckdecken gleicht einem Wiener Kaffeehaus.

Zufrieden schaffen wir auch noch die letzten Meter zum **Schlossplatz 17**, dem historischen Mittelpunkt Wiesbadens mit dem ehemaligen Stadtschloss, dem alten und dem neuen Rathaus und der **Marktkirche 18**. Im Mittelpunkt sehen wir den Marktbrunnen aus dem Jahr 1753. Dann gehen wir an der Marktkirche rechts vorbei und über den Marktplatz in die gleichnamige Straße. Nun sind wir am Ziel, denn dort befindet sich die Tourist-Information.

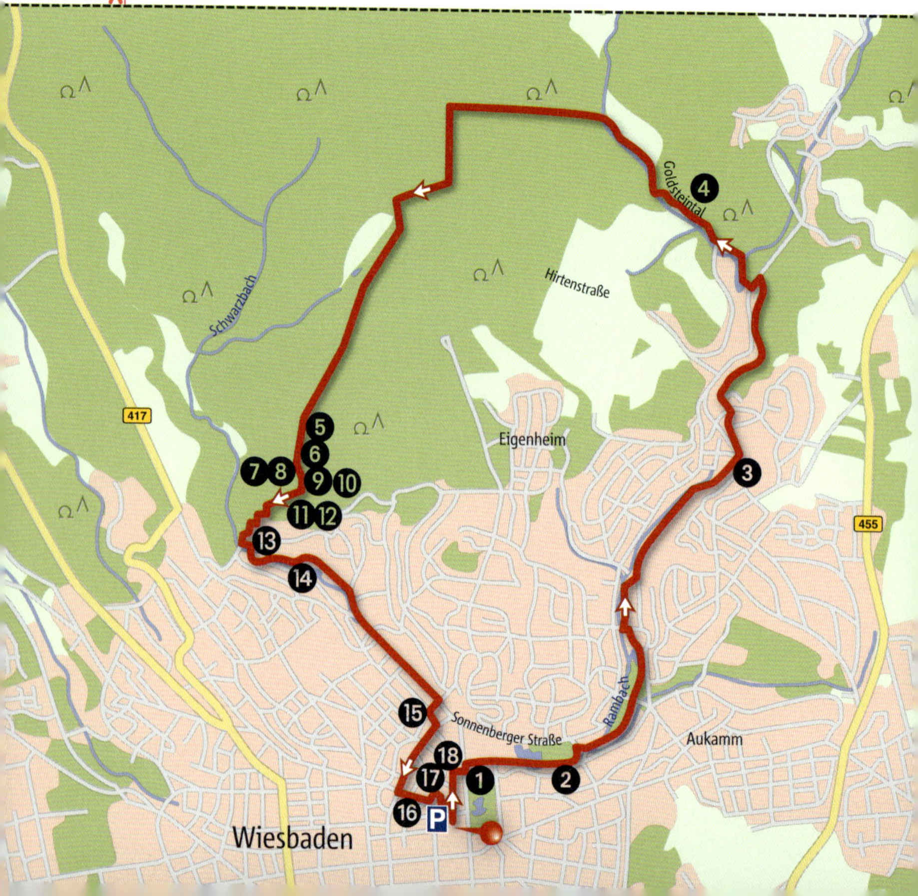

Alles auf einen Blick

WIE & WANN:
Wald- und Parkwege, Straßen in der Stadt; beste Wanderzeit von April bis Oktober

Entspannung ✱✱✱✱✱
Genuss ✱✱✱✱✱
Romantik ✱✱✱✱✱

HIN & WEG:
Auto: Parkhaus Karstadt, Neugasse 4, 65183 Wiesbaden, Tageshöchstsatz 25 Euro (GPS: 50.081139, 8.239647)
ÖPNV: von Wiesbaden Hbf. über die Bahnhofstraße zur Friedrichstraße, rechts weiter zur De-Laspée-Straße bis zur Tourist-Information

ESSEN & ENTSPANNEN:
Restaurant Der Turm ❽ Neroberg, 65193 Wiesbaden, Tel. (06 11) 9 59 09 87, www.wagner-gastronomie.de/der-turm
Café Maldaner ⓰ Marktstraße 34, 65183 Wiesbaden, Tel. (06 11) 30 52 14, www.maldaner1859.de

ENTDECKEN & ERLEBEN:
Theaterkolonnade ❶
Parkanlagen ❷ **Burg Sonnenberg** ❸
Naturschutzgebiet Goldsteintal ❹
Kletterwald ❺ **Bergpark** ❻ **Erlebnismulde** ❼
Nerobergtempel ❾ **Löwenterrasse** ❿
Opel-Bad ⓫ **Russisch-orthodoxe Kirche** ⓬
Drahtseilbahn ⓭ **Nerotalanlagen** ⓮
Kochbrunnenplatz ⓯
Schlossplatz ⓱ **Marktkirche** ⓲

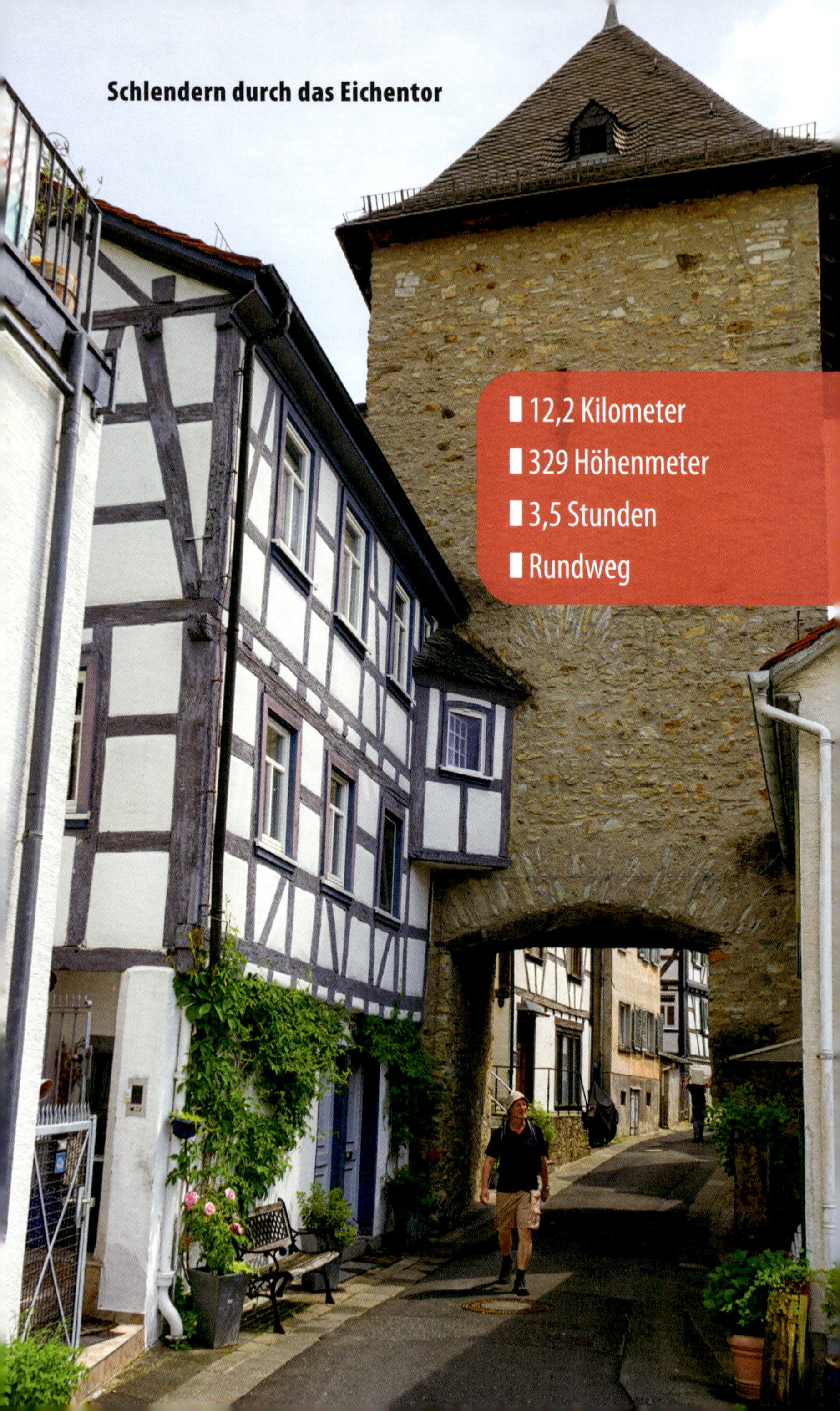
Schlendern durch das Eichentor
12,2 Kilometer
329 Höhenmeter
3,5 Stunden
Rundweg

Wir überlegen uns, ob wir Burg Königstein vor der Wanderung oder danach einen Besuch abstatten. Abhängig ist dies natürlich auch von den Öffnungszeiten. Unsere Rundwanderung zu den drei Burgen beginnen wir **Im Burgweg** unterhalb der Burg. Wir orientieren uns am Markierungszeichen des Drei-Burgen-Wegs

Drei-Burgen-Weg

Burgen bei Königstein und Kronberg

mit der Silhouette eines Bergfrieds und den Worten Königstein-Falkenstein-Kronberg auf weißem Untergrund. Im Burgweg gehen wir hinunter in die **Hintere Schlossgasse,** wenden uns dann rechts abwärts in die **Hauptstraße** und flanieren diese Einkaufsstraße hinab bis zum **Kapuzinerplatz.** Dort halten wir uns links in die **Georg-Pingler-Straße.**

Die folgenden 500 Meter führen uns von der Innenstadt hinaus bis an die **B 8.** Das letzte Stück bis zur Sozialstation, an der wir uns rechts halten und die Bundesstraße an einem Fußgängerüberweg queren, wird vom Verkehrslärm geprägt. Doch als der Weg nach der Straßenquerung in einer Grünanlage langsam an Höhe gewinnt, verliert das Gedröhn die Oberhand. Den Höhenbach überqueren wir, folgen dem **Klärchenweg** am Naturschutzgebiet Burghain-Falkenstein entlang zur **Graf-Stolberg-Straße** und verlassen endgültig, als wir uns dort nach links wenden, das Stadtgebiet.

Bis zur Burg Falkenstein gewinnen wir ordentlich an Höhe. Der grüne Mischwald, durch den wir auf dem Waldweg wandern, spendet uns Schatten.

Sonne holen wir uns wieder ab, als wir mitten im Anstieg für einen Abstecher dem Schild **Hildablick** ❶ zum besagten Ausblick folgen. Von der Aussichtskanzel aus schauen wir hinüber zur eindrucksvoll über Königstein thronenden Burg und die westlichen Taunusberge. An dieser Stelle stand früher der Hildatempel.

Unser Weg windet sich an schroffen Felsklippen entlang den Berg hinauf. Wir erblicken den 1896 erbauten **Dettweiler Tempel** ❷ rechts auf der Höhe und ziehen den zweiten Ausblick des Tages an Land, diesmal nach Süden gerichtet in die Metropolregion Rhein-Main und zu unserem nächsten Ziel, der Burg Falkenstein.

Vom Dettweiler Tempel wandern wir durch einen Hohlweg, der früher den Graben zur **Burg Nürings** ❸ darstellte. Eigentlich müssten wir also vom Vier-Burgen-Weg sprechen, denn von Burg Nürings entdecken wir rechts der Mauern von Falkenstein immerhin ein letztes Turmfundament. Der Turmrest wird allgemein in die Zeit vor 1108 datiert, womöglich könnte die Burg aber auch später entstanden sein. In Verbindung mit dem Bau von Burg Falkenstein wurde sie abgebrochen.

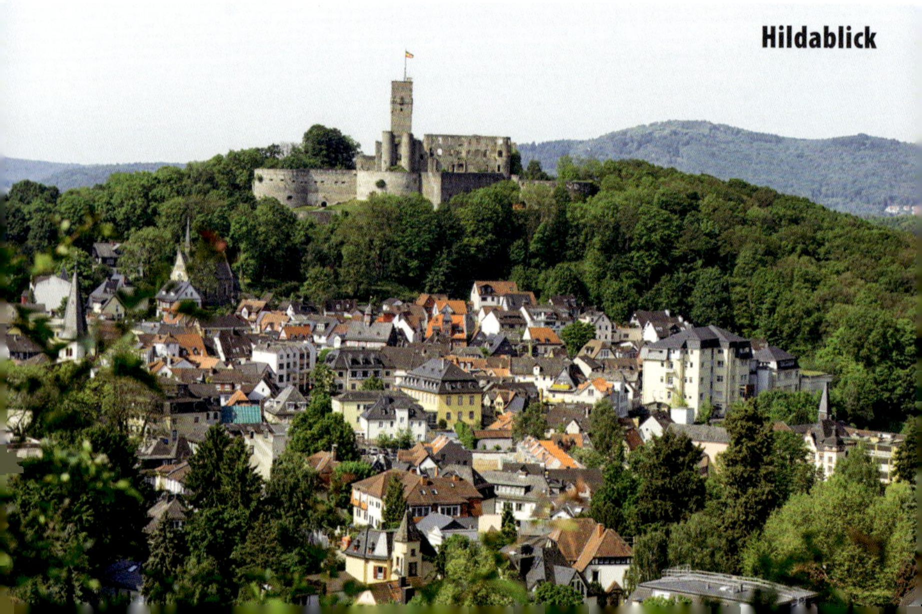

Hildablick

Die **Burg Falkenstein** 4 betreten wir durch ihr Westtor. Der Bergfried ist nur selten offen, aber die weiten Aussichten von den Burganlagen über die Region genügen uns vollauf.

Über den Günther-Bohler-Weg erreichen wir den Ort Falkenstein, gehen dann über Am Steingar-

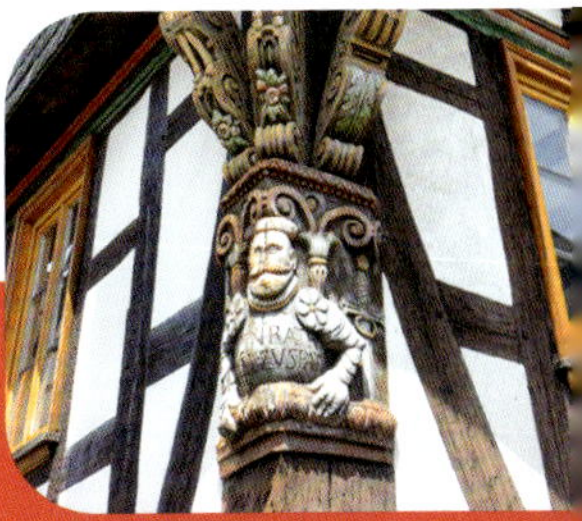

Für die Seele

Verwunschene Pfade, idyllische Fernsichten und mittelalterliche Gemäuer regen unsere Fantasie an.

ten rechts in den Reichenbachweg, wieder rechts in die Straße Alt-Falkenstein und dann links in den Debusweg. Der führt uns vorbei an der 1914 eingeweihten Martin-Luther-Kirche. Von hier wenden wir uns vom Debusweg ab auf den Jakob-Seibel-Weg. Umgeben von Eichen und Buchen nähern wir uns den **Kocherfelsen** 5, die wir über einige Treppenstufen und auf gewundenem Weg erreichen. Ein lauschiger, durch die wilden Felsen gar abenteuerlicher Ort, dem wir viel zu schnell entschwinden. Zuvor erwischen wir vom Aussichtspunkt **Goethe-Blick** 6 noch eine letzte Sicht auf Burg Falkenstein, dann erreichen wir den **Servitutsweg.**

Am Falkensteiner Friedhof entlang gelangen wir in den **Grenzweg.** Gut 600 Meter weit leitet uns der Waldweg, bevor wir an einer Kreuzung nach rechts abbiegen. Wenige Schritte danach halten wir uns am **jüdischen Friedhof** 7 links.

Durch einen vielfältigen Wald gelangen wir zum **Viktoria-Tempel** 8, einem zu Ehren von Kaiserin Victoria im Jahr 1897 errichteten Metallpavillon. Aus 400 Metern Höhe präsentiert sich uns ein weiteres

Burg Falkenstein liegt herausgehoben auf der Anhöhe des Falkensteiner Hains. Sicher erwähnt wurde sie 1364. Vermutlich bereits 1688 wurde Falkenstein im Pfälzischen Erbfolgekrieg aufgegeben, nach einigen Herrschaftswechseln gelangte die Burg dann 1866 in den Besitz der Herren von Nassau. Auf einem Felsbuckel sehen wir den Bergfried. Der viereckige Unterbau ist 12 Meter hoch, ein runder Aufsatz, gemeinhin als Butterfassturm benannt, überragt die Plattform.

Mal die Metropolregion Rhein-Main in Stecknadelgröße, und mit Burg Kronberg schweift unser Blick zum nächsten Ziel.

Zuerst geht es vom Bürgel schnurstracks abwärts. Das Bürgel ist eine bis zu 446 Meter hohe Erhebung des Altkönigs. Schroffe Felsbrocken säumen unseren Weg. An einem von ihnen dürfen wir unser Wegezeichen nicht übersehen, das uns nach rechts lotst. Durch malerischen Laubwald tragen die Füße uns tiefer hinunter, und das Vogelgezwitscher wird bald untermalt von Straßengeräuschen. Nach gut 400 Metern halten wir uns an einer Wegekreuzung links und gelangen bald auf dem Forstlehrpfad mit vielen Hainbuchen in die **Viktoriastraße,** der wir bergab folgen.

Wir unterqueren die **B 455** und wissen somit auch, woher der Verkehrslärm stammt. Der nimmt aber ab, als wir durch ein mondänes Wohngebiet und vorbei am Golfplatz bei der ehemaligen kaiserlichen Residenz Schloss Friedhofshof wandern.

An einem Kreisverkehr halten wir uns links, überqueren nach rund 150 Metern die Viktoriastraße und gehen dann über den **Freseniusweg** und den verschlungenen **Burgweg** zur **Königsteiner Straße.**

200 Meter nach links zieht uns nun der Weg. Hier fügen wir einen Abstecher durch die **Obere Höllgasse** zur **Burg Kronberg 9** ein. Auf einer dreieckigen Bergkuppe sehen wir die Mittelburg und die Oberburg. Das Ensemble betreten wir durch einen Torbau gleich bei einer Burgkapelle aus dem frühen 14. Jahrhundert.

Wenn wir wieder vom Burgberg abgestiegen sind, gehen wir die **Königsteiner Straße** weiter bis zur Ecke **Eichenstraße.** Dieser folgen wir dann rechts hinab. Zuvor aber betrachten wir noch das bezaubernde Ambiente der Altstadt mit der 1440/50 erbauten Johanniskirche oder der Streitkirche, in der das Museum Kronberger Malerkolonie seine Heimat gefunden hat.

Danach gehen wir die **Eichenstraße** abwärts, passieren das **Eichentor 10**, das einzige erhaltene Stadttor

1220 bis 1230 soll die ursprüngliche Burg errichtet worden sein, gebaut von einer Familie, die zuvor in einem kleinen Wasserschloss bei Eschborn ihr Dasein fristete. Weil die Familie wuchs und ein Ritter oder ein Adliger seine Sprösslinge bei Platzenge nicht irgendwohin zur Miete ausquartiert, bauten die Herren an und erweiterten die Burg. Platz genug schien gewesen zu sein. Doch das Rittergeschlecht starb aus, und so landete das Burgenpäckchen letztlich in den guten Händen einer Stiftung, die sich seit 1994 um den Erhalt bemüht.

aus der Zeit nach 1330, und wenden uns alsbald vom Stadtgebiet über den **Philosophenweg** ⑪ zu unserer Linken ab.

Wir erreichen den Eingangsbereich vom **Opel-Zoo** ⑫. Wir gehen nun links mit unserem Markierungszeichen im Bogen über den Scheibenbuschweg außen am Gelände des Opel-Zoos entlang. Wir gelangen auf die andere Seite des Zoos nahe bei der **B 455.** An dieser entlang gehen wir durch ein kleines Waldstück, bis wir die ersten Häuser von Königstein erreichen.

Wir überqueren die **Sodener Straße** am **Königsteiner Kreisel** und folgen der **Frankfurter Straße** stadteinwärts. Sie führt uns zur **Hauptstraße** und an den **Kapuzinerplatz.** Dort wenden wir uns links durch eine schmale Gasse hinein in den **Kurpark** und von dort auf verschlungenen Parkwegen bis zu unserem Zielpunkt bei Burg Königstein, die wir nun besichtigen.

Auf dem 27 Hektar großen Gelände leben 1600 Tiere aus mehr als 200 Arten.

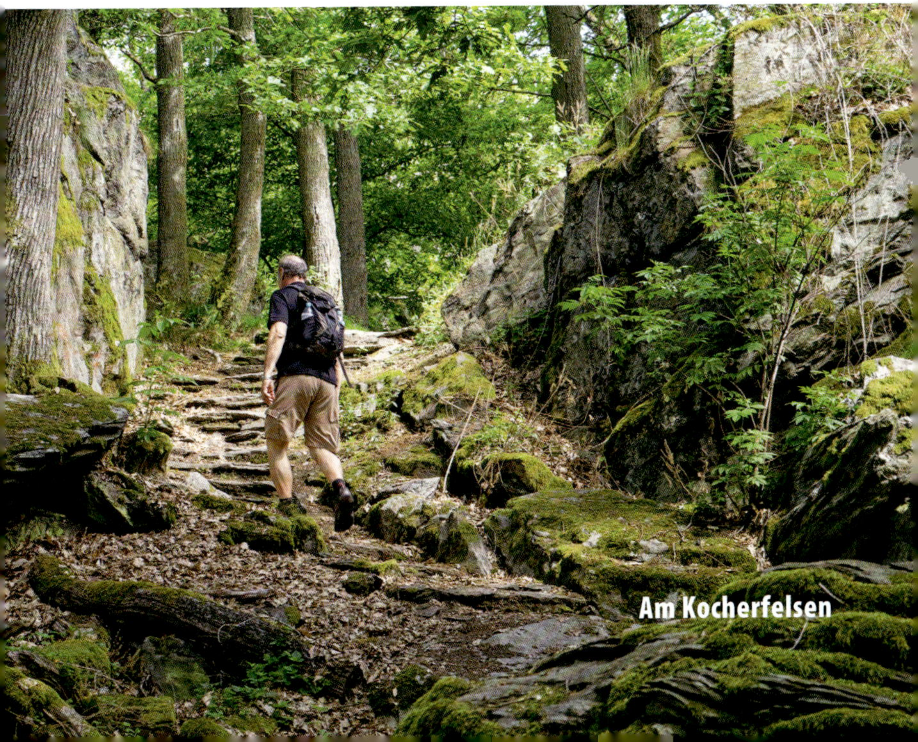

Am Kocherfelsen

Panoramatour 8

Eine Sage erzählt von einer Jungfrau, die auf dem Berg erschien. Wem auch immer war dies Anlass genug, die Burg auf dem Berg und eine Kapelle im Tal zu errichten. Königstein ist die größte Burgruine im Taunus, deren Bausubstanz auf Bauphasen vom 12. bis ins 17. Jahrhundert schließen lässt. Ende des 18. Jahrhunderts diente sie als Landesfestung und Gefängnis. 1796 wurde sie gesprengt.

Auf dem Weg dorthin entdecken wir noch als Einkehrmöglichkeit das **Restaurant Villa Borgnis Kurhaus im Park** ⑬ mit schönen Sitzplätzen im Grünen auf der Kurhausterrasse. Nach dem Auf und Ab der Wanderung schaffen wir die letzten Meter hinauf zur **Burg Königstein** ⑭ auch noch. Vom **Bergfried** genießen wir die für heute wirklich letzte schöne Aussicht über die Region.

Und weil wir noch Zeit übrig haben, machen wir einen abschließenden Spaziergang durch die Altstadt von Königstein. Beispielsweise von der Ecke **Hintere Schlossgasse/Hauptstraße** hinauf in die Kugelherrnstraße mit dem Alten Rathaus oder in die benachbarte **Karlstraße** mit historischen Fachwerkhäusern.

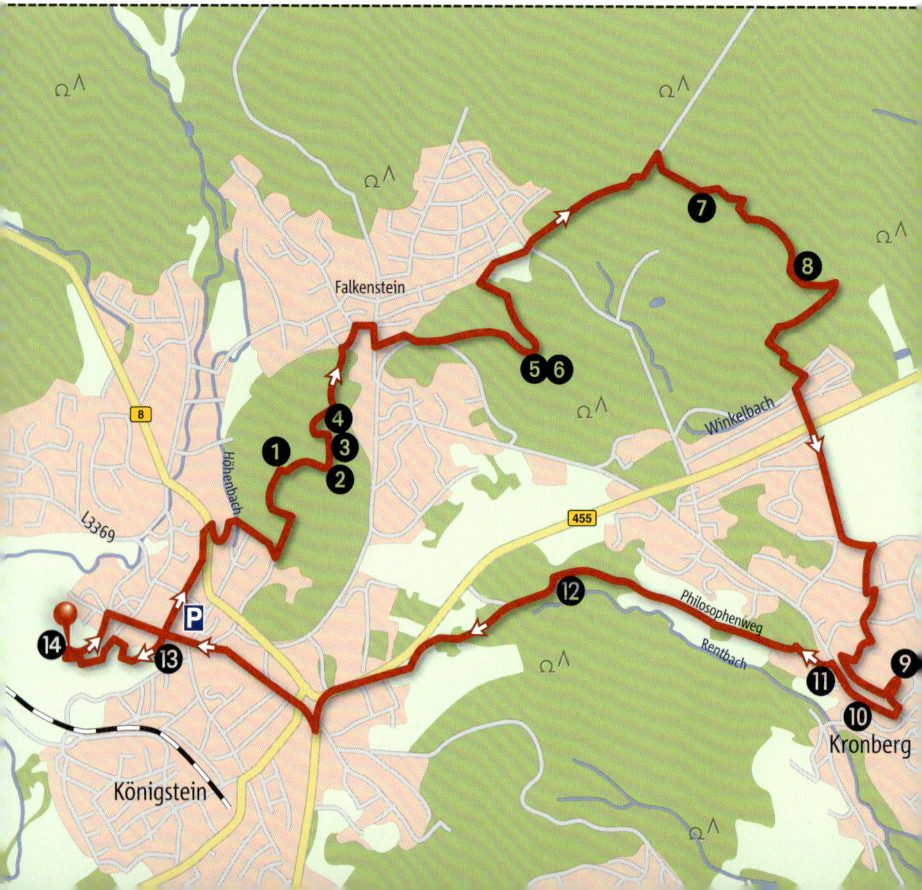

Alles auf einen Blick

WIE & WANN:
Einige Pfade, Waldwege, Straßen in den Städten; beste Wanderzeit von April bis Oktober

Entspannung ★★★☆☆
Genuss ★★★☆☆
Romantik ★★★★☆

HIN & WEG:
Auto: Parkhaus/Tiefgarage Klosterstraße 15/REWE, 61462 Königstein im Taunus, gebührenpflichtig, Tageshöchstgebühr 15 Euro (GPS: 50.183105, 8.468854)
ÖPNV: Bahn Frankfurt Hbf. nach Königstein

ESSEN & ENTSPANNEN:
Restaurant Villa Borgnis Kurhaus im Park ⓭ Hauptstraße 21c, 61462 Königstein, Tel. (0 61 74) 93 36 30, www.villaborgnis.de

ENTDECKEN & ERLEBEN:
Hildablick ❶ **Dettweiler Tempel ❷** **Burg Nürings ❸**
Burg Falkenstein ❹
Kocherfelsen ❺ **Goethe-Blick ❻**
Jüdischer Friedhof ❼ **Viktoria-Tempel ❽**
Burg Kronberg ❾ Schloßstraße 10, 61476 Kronberg, Tel. (0 61 73) 77 88
Eichentor ❿ **Philosophenweg ⓫** **Opel-Zoo ⓬**
Burg Königstein ⓮ Burgweg, 61462 Königstein, Tel. (0 61 74) 20 22 51

Burgenblick auf dem Großen Feldberg

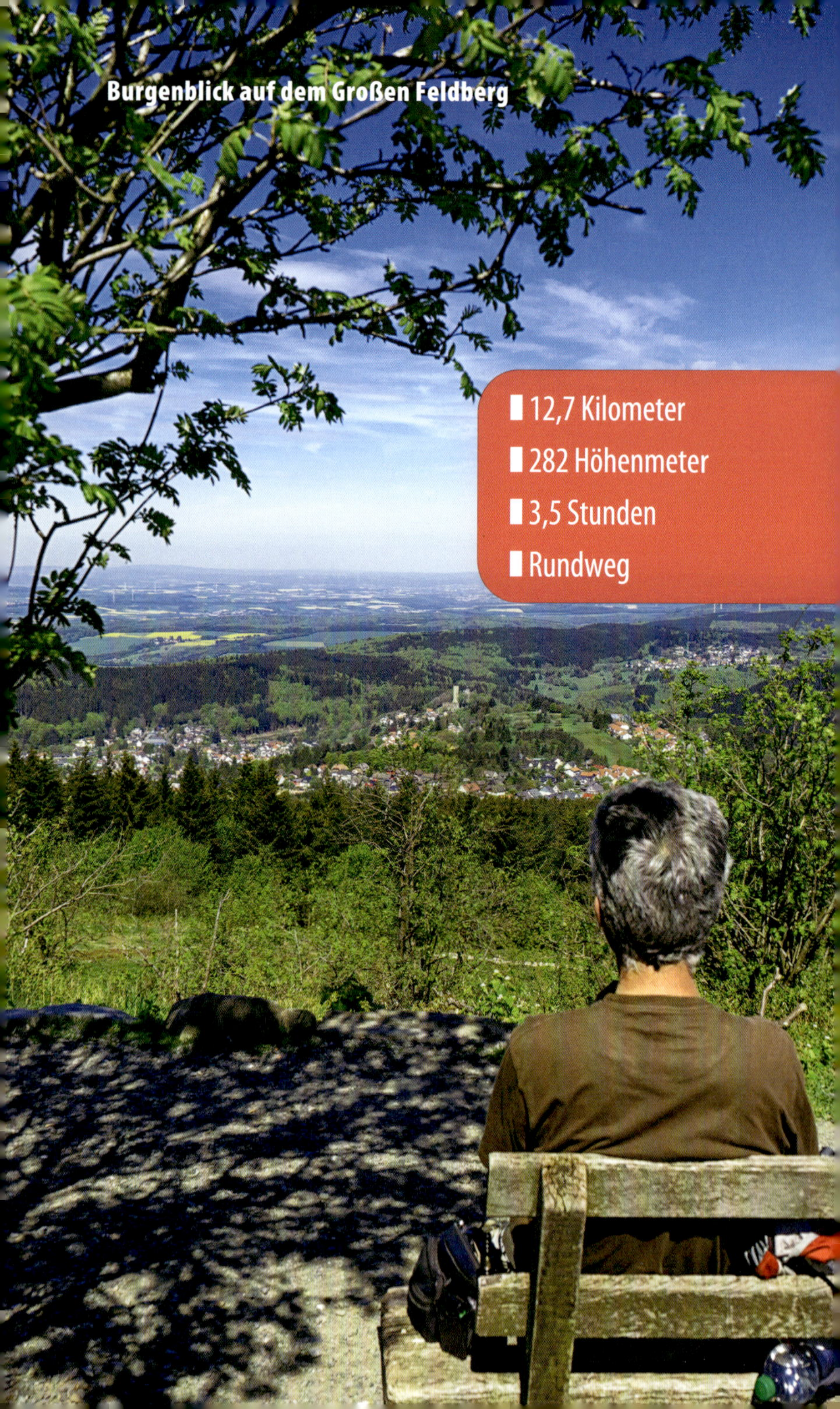

- 12,7 Kilometer
- 282 Höhenmeter
- 3,5 Stunden
- Rundweg

Wir starten an einem Wochentag im Frühsommer und finden deshalb den Parkplatz am Pfahlgraben verwaist vor. Die ersten Schritte führen uns vom Wanderportal zurück zur **L 3024,** die unter dem Namen Hochtaunusstraße weitaus bekannter ist. Wir überqueren die zuweilen viel befahrene Straße umsichtig und tauchen auf der

Der Feldberg ruft – und alle kommen! Wer Ruhe sucht, sollte nicht an Sonntagen, Feiertagen oder zur Ferienzeit auf den Großen Feldberg wandern.

Der Taunusgipfel

Auf dem Großen Feldberg

anderen Seite gleich wieder in den Wald ein. Bis zum Feldberg folgen wir dem Markierungszeichen Heilklima-Weg **PG 3** mit rotem Punkt auf weißem Untergrund. Zum Wegenetz des Heilklimaparks Hochtaunus mit seinem reizarmen Mittelgebirgsklima finden wir übrigens am Wanderparkplatz eine Hinweistafel und eine Übersichtskarte.

Linker Hand entdecken wir die Konturen des Limes. Wenn wir hinter einem vom Weg gut sichtbaren Wasserbehälter den Limes erklimmen, entdecken wir sogar die Überreste des römischen Wachtturms 3/50.

Ab und an hören wir ein Keuchen hinter uns, wenn ein Mountainbikefahrer in die Pedale tritt und an uns vorbeistampft. Die meisten Biker sind aber nicht viel schneller als wir, weil der Waldweg sich zwischenzeitlich herrlich verwurzelt und schmal zeigt, um dann nach einem Parkplatz, den wir streifen, wieder breiter weiterzulaufen. Tief atmen wir dabei die kühle, frische Luft ein.

Der Limes wurde beginnend mit der Reichslimeskommission im späten 19. Jahrhundert in Abschnitte unterteilt und nummeriert. Dieser Limesturm also zählt zum 3. Abschnitt und hat die fortlaufende Nummer 50.

Der Schlussanstieg kündigt sich an, und der hat es in sich. Gemeinsam mit einem atemlosen Biker bewältigen wir die letzten Meter bergauf zum **Großen**

Bereits 1043 wird der Quarzitfelsen unter dem Namen „Bettchen der Brunhilde“ erwähnt. Ebenso rätselhaft wie dieser Name sind viele der Sagen und Märchen, die sich um den markanten Felsen ranken. Vermutlich lässt sich der mystische Name aber auf das ursprüngliche „Hohe Felsen“ zurückführen.

Feldberg 1. Dann öffnet sich das Feldbergplateau vor unseren Augen.

Wir wandern rechts auf dem von niedrigen Holzzäunen flankierten Weg bis zum **Brunhildisfelsen 2**. An diesem Ort genießen wir die famose Fernsicht über die Taunushöhen hinweg. Weit unten entdecken wir die Burgruine Reifenberg.

Wir klettern auf den von unzähligen Menschen glatt geschliffenen Brunhildisfelsen.

Der uralte Felsen dient uns als Platz zum Sitzen, während wir die Blicke über das Usinger Land schweifen lassen. Trotz des regen Treibens auf dem Feldbergplateau und trotz des strammen Windes nimmt uns die Atmosphäre wie so viele Menschen vor uns gefangen.

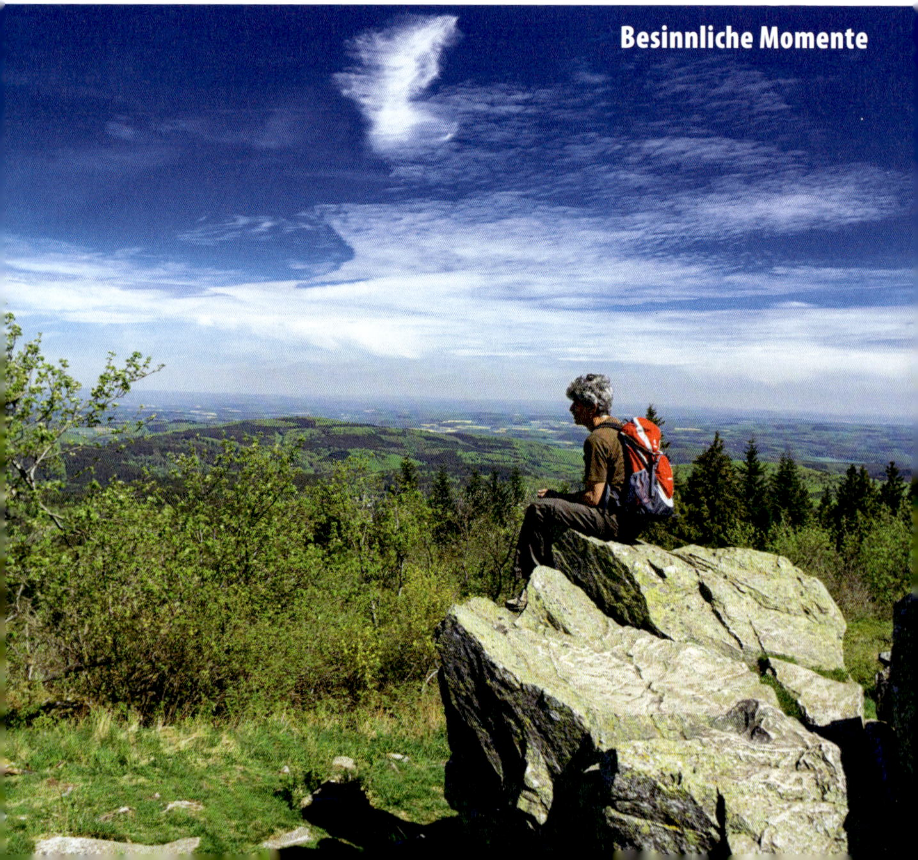

Besinnliche Momente

Vom Brunhildisfelsen gehen wir rund 200 Meter. Wir gelangen zu einer Weggabelung, an der wir uns später, dann gemeinsam mit dem Europäischen Fernwanderweg **E1** und seinem Markierungszeichen weißes Andreaskreuz auf schwarzem Grund, nach rechts den Hang vom 881 Meter hohen Feldberg hinab halten.

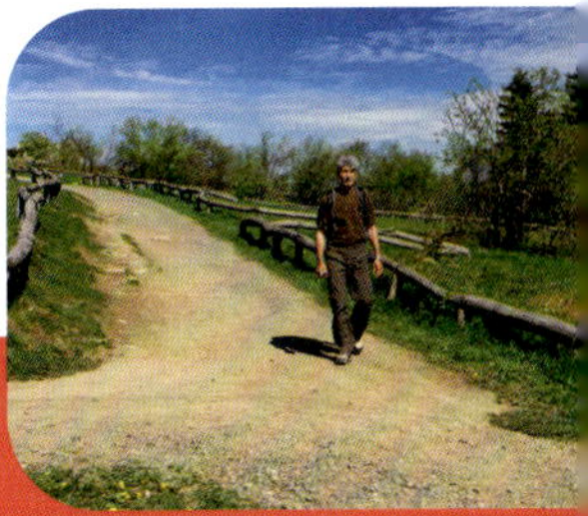

Für die Seele

Weit schweifen unsere Blicke vom Brunhildisfelsen über die Taunushöhen, und wir genießen die Stille im Römerkastell.

Zuerst aber wollen wir noch mehr sehen. Dazu wandern wir weiter bis zum Restaurant **Feldberghaus 3**. Von der Außenterrasse genießen wir die Sicht bis ins Rhein-Main-Gebiet, auch wenn nicht alle Bäume mitspielen und die Aussicht behindern. Wir gönnen uns von der hessentypischen Speisekarte kurzerhand das „Hessenbrett“ mit Schmalz und Käse und stillen unseren Durst. Dabei klingen auch der hessische Eintopf „Lumpen und Flöh“ oder der „Hessische Wurstsalat mit Bauernbrot“ attraktiv.

Egal, wir sind gesättigt und bereit, nun auf den **Aussichtsturm** zu steigen, dessen Eingang wir wenige Schritte vom Restaurant finden. Für einen kleinen Obolus wird uns der Zugang gewährt. Oben auf dem rund 40 Meter hohen Turm schützt uns eine Glasfront, die Rundumsicht zeigt uns die Metropolregion Rhein-Main, den Westerwald, Hunsrück, Eifel – ach, alle Landschaften im weiten Umkreis.

Unterhalb der Terrasse des Restaurants entdecken wir beim Essen den **Falkenhof Großer Feldberg 4**. Dorthin gehen wir nun, entrichten den Eintrittspreis und bestaunen die rund 20 Greifvögel wie Sakerfalke

Der Turm wurde erstmals im Jahr 1902 errichtet, brannte aber nach einem Flugzeugabsturz 1943 vollständig ab und wurde erst sechs Jahre später wieder hochgezogen. Mit mehr als 50 Metern noch höher ist übrigens der 1937 gebaute Fernmeldeturm, der nur ein paar Meter neben dem Aussichtsturm erbaut wurde.

oder Harris, die uns von ganz Nahem mustern. Einige der Greifvögel sitzen nämlich außerhalb der Volieren; im Sommer finden täglich um 14 Uhr Freiflüge statt. Nach unserem kurzen Rundgang gehen wir zur Weggabelung zurück.

Wir orientieren uns nun am Fernwanderweg **E 1**, mit dem wir gemeinsam am Einstieg zur Downhillstrecke – keine Sorge, die führt in die andere Richtung – vorbeiwandern bis zu einer Wegekreuzung. Dort dann links, nun in der Hangflanke auf dem **Brunhildispfad** auf einer zeitweilig wurzeligen, steinigen Strecke, die uns über einen quer laufenden Waldweg trägt. Tiefer zieht es uns den Hang hinab. Wieder queren wir einen Waldweg, um mit **E 1** bis zur Weilquelle abzusteigen.

Ihren Namen erhielt die Weil vermutlich durch die Nähe zum Feldbergkastell, leitet sich das Wort doch von Villa (Dorf) ab. **Von der Weilquelle** **5** wandern wir im Bogen hinunter zum Kastell.

Obwohl der Limes bereits früher errichtet wurde, bauten die Römer erst 150 n. Chr. das **Kastell Kleiner Feldberg** **6** in der Nähe der Weilquelle. Trotz der kargen Region entwickelte sich ein reges Leben um das Kastell, denn die Legionäre galten zu Recht als zahlungskräftig. Ein Vicus, also ein Dorf, mit Kleinhandwerk entstand, offene Weidewirtschaft und Forstwirtschaft wurden betrieben, und es wurde gejagt.

Die Kastellruine zählt zu den am besten erhaltenen Bauten am gesamten Limes, und mit seiner Lage auf 700 Metern ist es das am höchsten gelegene Römerkastell. Das Kastell existierte bis um die Mitte des 3. Jahrhunderts.

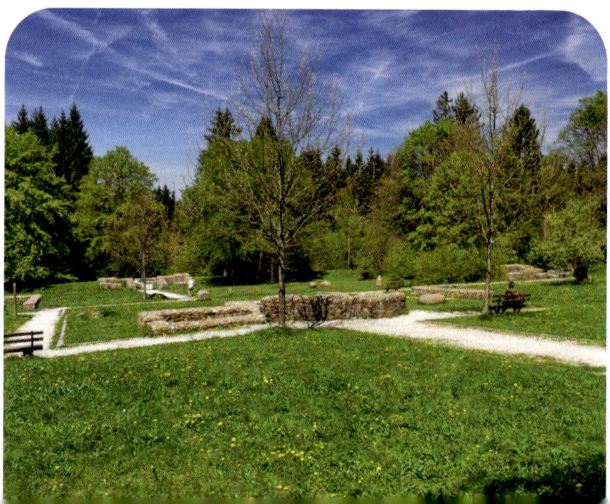

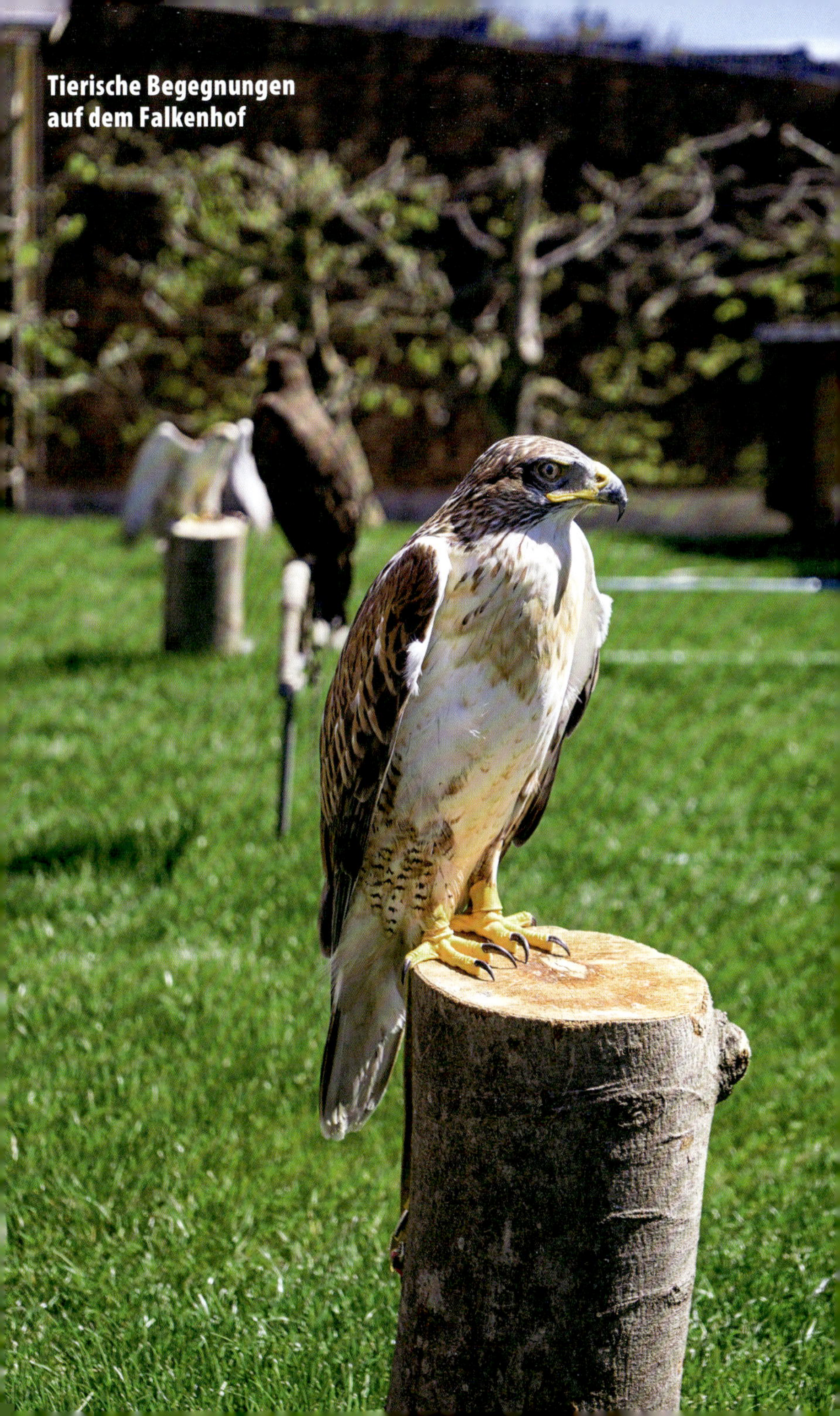

Tierische Begegnungen
auf dem Falkenhof

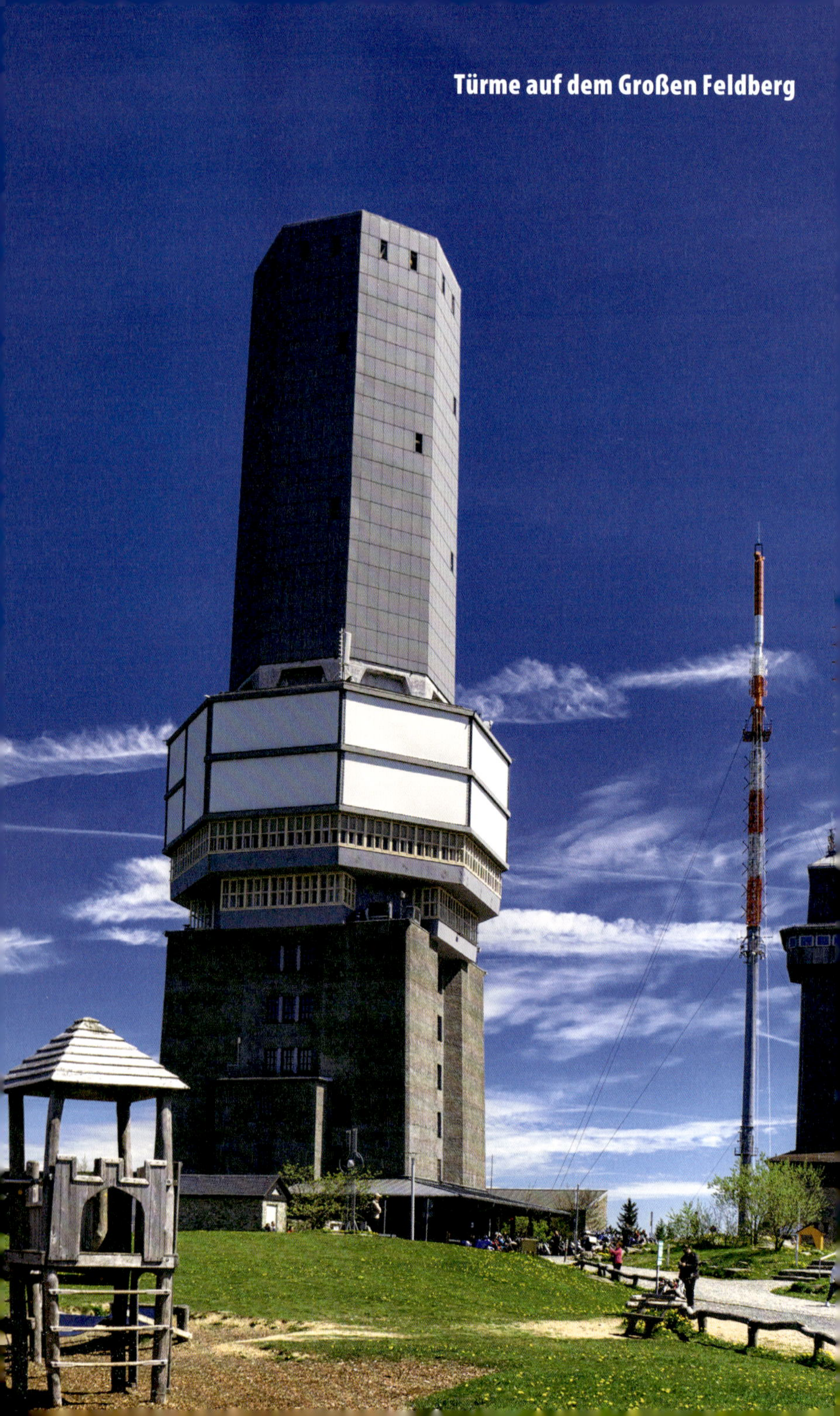

Türme auf dem Großen Feldberg

Außerhalb der Kastellmauern entdecken wir zudem das Kastellbad mit Kaltwasserbassins und Becken für lauwarmes und warmes Wasser.

Nach der Besichtigung wandern wir rund 1 Kilometer durch den Wald bis zum Roten Kreuz. Nach dem Parkplatz queren wir sehr umsichtig die **L 3024,** orientieren uns an der Rückseite des Restaurants zum Roten Kreuz in den Wald und folgen nun bis zum Fuchstanz dem Markierungszeichen des roten Eichhörnchens auf weißem Grund auf dem **Bornstedtweg.**

In einem weiten Bogen umläuft unser Wanderweg den 825 Meter hohen Kleinen Feldberg mit seinem 1913 errichteten Observatorium; seit 1998 findet sich dort auch die Hans-Ludwig-Neumann-Sternwarte.

Unser Weg ist breit ausgebaut. Das ist gut, denn so können wir uns einfach treiben lassen in Richtung Fuchstanz, unsere Gedanken fließen wie der Wind, der ab und an die Fichten durchschüttelt. Die Sonnenstrahlen streichen durch die Baumlücken und zaubern Schattenspiele auf den Weg. Nur selten begegnen wir anderen Wanderern, Biker sind auf der Strecke auch rar.

An einer Weggabelung, an der es nun scharf rechts den Berg hinabgeht, befindet sich abseits im Wald eine speziell eingerichtete Downhillstrecke.

Geschäftiger geht es am **Fuchstanz** **7** zu. Bereits um 400 v. Chr. besiedelten Kelten den nahe gelegenen Altkönig, mit 798 Metern der dritte im Bunde der hohen Gipfel auf dem Taunuskamm. Ein Ringwall auf dem Altkönig zeugt noch heute von der Anwesenheit der Kelten. Der Fuchstanz wurde dazu als Pass genutzt, später auch von den Römern. Und die Feldbergstraße, eine gepflasterte Verbindungsstraße, führte ganz in der Nähe von Nida kommend zum Feldbergkastell. 1882 erbaute dann der Taunusklub e.V. eine Schutzhütte auf dem Fuchstanz, aus der sich das beliebte und nur über Waldwege erreichbare Ausflugsziel entwickelte.

Panoramatour 9

Wir aber lassen die beiden Gaststätten rechts liegen und nehmen gemeinsam mit unserem neuen Markierungszeichen, dem roten Fuchs auf weißem Grund, der uns nun bis zum Ziel begleiten wird, den scharfen Abzweig nach links.

Tillmannsweg nennt sich diese Wegstrecke. Abzweigende Wege ignorieren wir dabei, denn wir schlendern auf dem gleichmäßig in der Hangflanke laufenden Weg seelenruhig dahin. Wir ziehen noch an der bemerkenswerten Zirbelkieferschneise vorbei, bemerkenswert deshalb, weil die Heimat der Zirbelkiefer eigentlich die Alpen und die Karpaten sind.

Dann erreichen wir unseren Zielpunkt, den Parkplatz am Pfahlgraben.

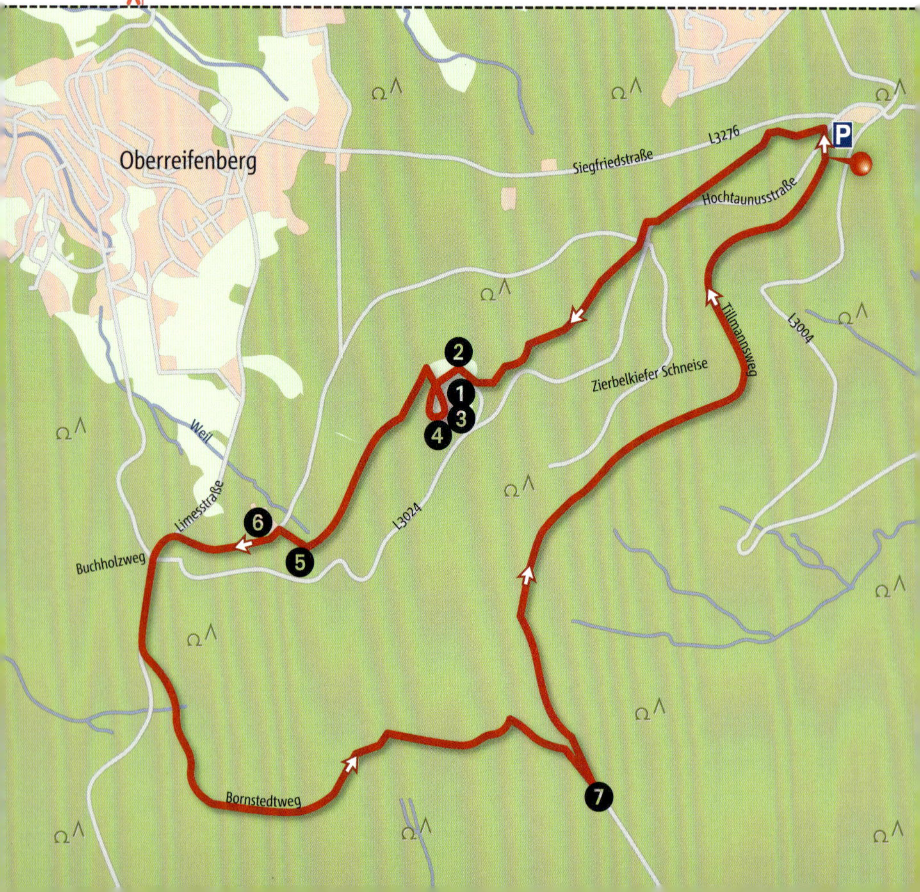

Alles auf einen Blick

WIE & WANN:
Waldwege; beste Wanderzeit von April bis Oktober (außer bei Schnee- und Eisglätte)

Entspannung ✸✸✸✸✸
Genuss ✸✸✸✸✸
Romantik ✸✸✸✸✸

HIN & WEG:
Auto: Wanderparkplatz Pfahlgraben, L 3024, beim Abzweig zur L 3276, nahe beim Hotel Sandplacken (GPS: 50.243012, 8.484179)
ÖPNV: Bus Feldberglinie 57 von Oberursel oder Königstein zum Großen Feldberg, Einstieg in die Wanderrunde dann auf dem Großen Feldberg

ESSEN & ENTSPANNEN:
Feldberghaus ❸ Großer Feldberg 5, 61389 Schmitten, www.feldberghaus.com

ENTDECKEN & ERLEBEN:
Großer Feldberg ❶
Brunhildisfelsen ❷
Falkenhof Großer Feldberg ❹ Christian Wick, Großer Feldberg 7, 61389 Schmitten, Tel. (0 61 74) 75 45, www.falkenhof-feldberg.de
Weilquelle ❺
Kastell Kleiner Feldberg ❻
Fuchstanz ❼

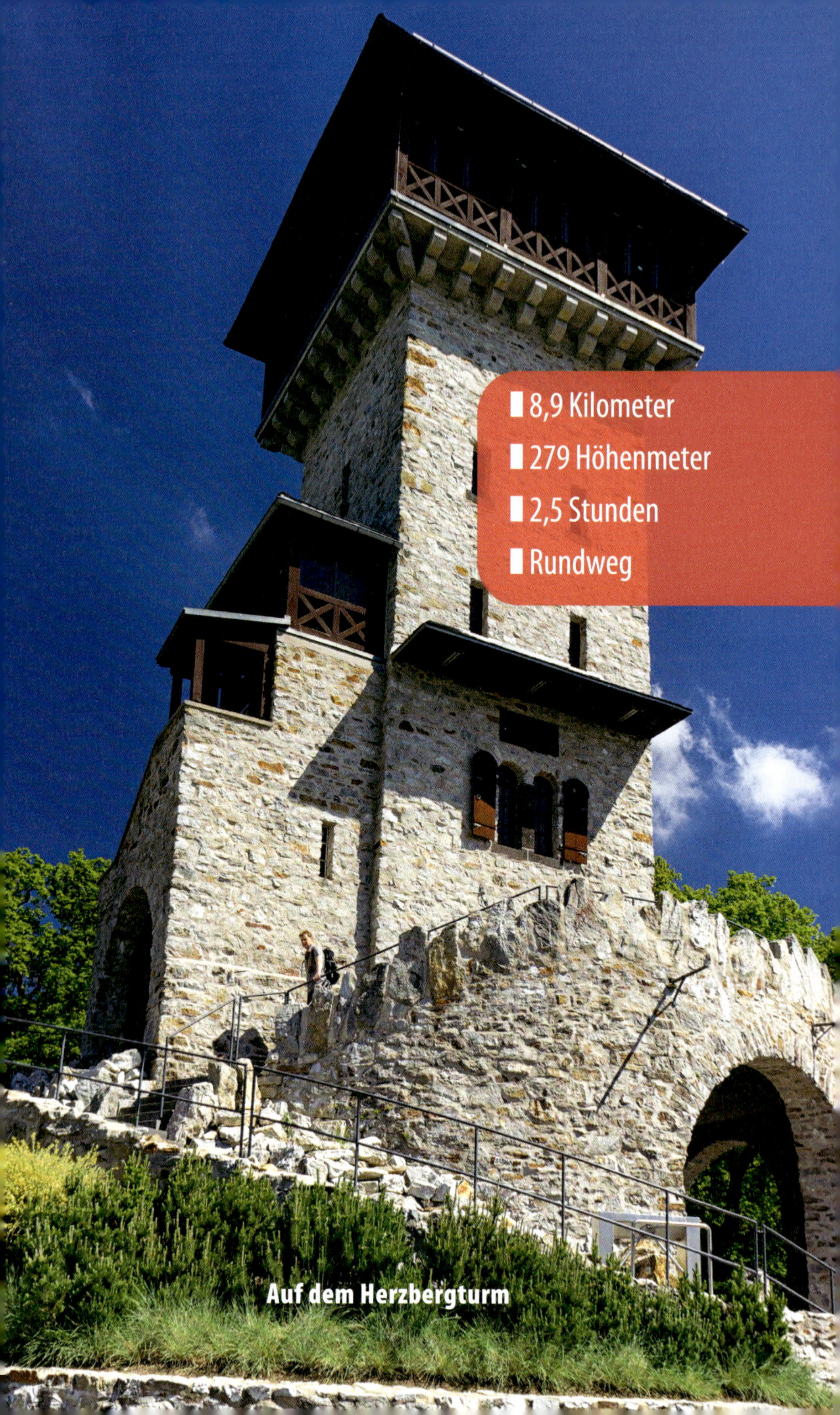

- 8,9 Kilometer
- 279 Höhenmeter
- 2,5 Stunden
- Rundweg

Auf dem Herzbergturm

Unsere Wanderung starten wir vor den Toren der Saalburg. Von hier gehen wir die Zufahrtsstraße rund 100 Meter zurück in Richtung **B 456,** halten uns an der ersten Weggabelung aber rechts und befinden uns auch schon auf dem Limeserlebnispfad mit dem Markierungszeichen schwarzer Turm auf weißem Grund.

Ein Turm fürs Herz

Rund um die Saalburg

Der Limeserlebnispfad läuft hier wegegleich mit dem Limeswanderweg.

Wir wandern an den 1906 im romantisierenden Stil rekonstruierten römischen Wohnhäusern vorbei, halten uns dann links in Richtung Sandplacken und finden uns inmitten des Waldes wieder.

An der nächsten Weggabelung auf dem oberen Hangweg erneut links, danach zieht uns der Weg auch schon gemächlich bergan. 200 Meter weiter führt uns ein schmaler Pfad links weg vom asphaltierten Weg. Wir gleiten über Wurzeln und steinigen Boden, berühren nochmals kurz mit den Füßen Asphalt, bevor wir nun endgültig dem harten Untergrund Adieu sagen.

Zwischen den Bäumen taucht ab und an der Limes wie eine riesige, stellenweise verdeckte Schlange auf, die sich träge den Berg hinaufwindet. Zwei Wachttürme sollen sich nahe beim Weg verstecken, doch ohne Hinweistafeln entdecken wir sie nicht.

Wir passieren eine Schutzhütte und unser schmaler Pfad mausert sich zum breiteren Waldweg. Wenn wir die Richtfunkstation auf dem **Roßkopf** **1** sehen, errei-

Der 1910 erbaute, 25 Meter hohe Turm – der natürlich absichtlich an einen römischen Wachtturm erinnert – mit seiner rundum mit Fenstern versehenen Aussichtsplattform verschafft uns Weitsichten bis zur Mainebene, in die Wetterau und über die Höhe bis zum Großen Feldberg.

chen wir mit rund 632 Metern den höchsten Punkt unserer Wanderung. Von nun an geht es bergab.

Und nicht nur das: Wir trennen uns auch vom Limes und dem Limeserlebnispfad. Rund 100 Meter nach der Richtfunkstation halten wir uns nämlich an einer Wegekreuzung links. Wir orientieren uns nun bis zur Saalburg am Europäischen Fernwanderweg **E 3** und seinem Markierungszeichen blaues Andreaskreuz auf weißem Untergrund.

Wir wandern den **Roßkopfweg** über wurzelige und steinige Pfade hinab. Nach einer kleinen Linkskehre gelangen wir auf asphaltierten Weg. Bevor wir dort nach links weiterwandern, flechten wir einen Abstecher ein. Ein Schild weist auf den Herzbergturm hin, den wir rechter Hand nach rund 200 Metern erreichen.

Im 1932 errichteten **Berggasthof Herzbergturm 2** kehren wir zuerst ein. Auf der sonnengefluteten Terrasse genießen wir den sanften Wind und die schöne Aussicht. Gesteigert wird das noch durch den **Herzbergturm 3,** den wir gegen einen geringen Obolus ersteigen.

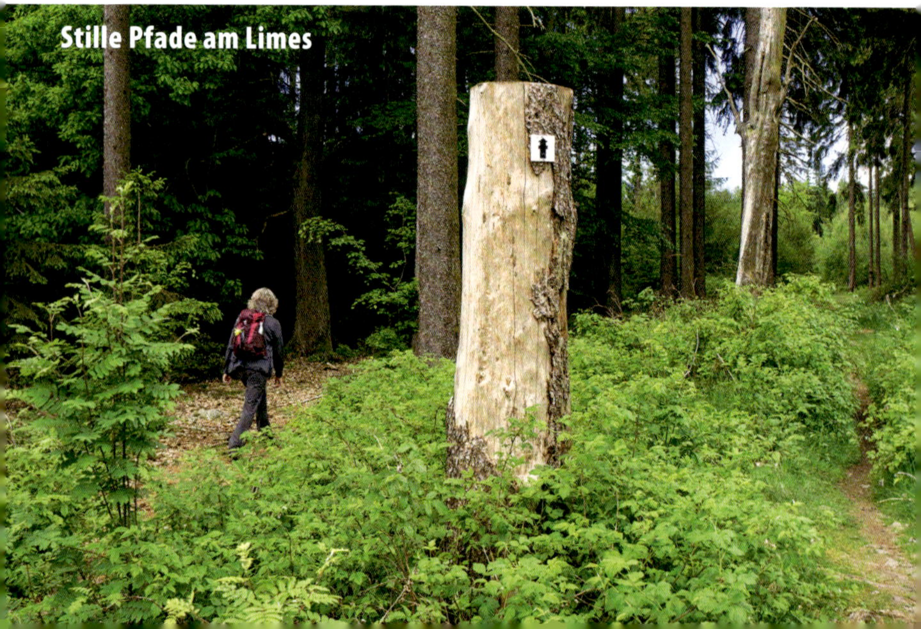
Stille Pfade am Limes

Nach dem Abstieg wandern wir zurück zur Weggabelung und weiter mit **E 3.** Nach rund 500 Metern, auf denen sich unser Weg kaum merklich abwärts neigt, erreichen wir eine Wegespinne. Wir wählen den zweiten Abzweig von rechts und gehen nun zügiger in der Weißen Schneise den Berg hinab, jetzt

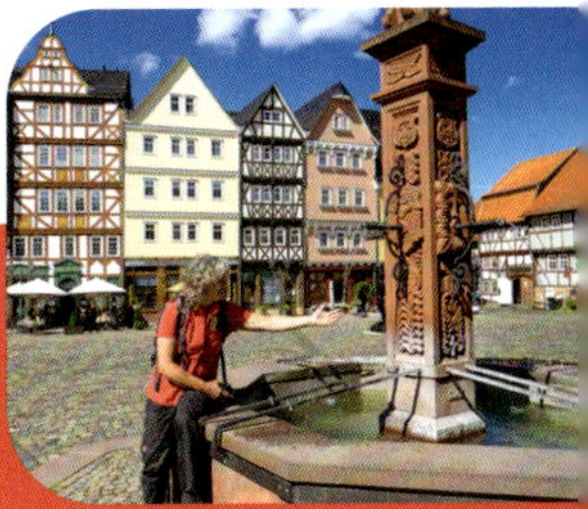

Für die Seele

Auf den Pfaden der Römer spüren wir der Vergangenheit nach, auf dem Herzbergturm lassen wir unsere Seele im Wind segeln.

auch wieder auf einem schmaleren Weg, bei dem sich die Bäume wie Spaliere an uns schieben.

Wir stoßen auf einen breiteren Waldweg, nehmen an der Wegespinne den zweiten Abzweig von links und huschen kaum 50 Meter danach rechts direkt wieder zwischen die Bäume. Erneut erwartet uns ein Pfad, der sich schlängelt, und er führt uns geradewegs zu den **Marmorsteinen ④,** einer wilden Felsenlandschaft, bei der wir ein oder zwei schöne Aussichtsflecken nicht übersehen dürfen. Von dort nämlich eröffnet sich uns der Blick weit in das Rhein-Main-Gebiet. Wild zerklüftet ist es hier. Wir verlieren an Höhe, aber nicht an Begeisterung für diese fantastische Pfadetappe.

Dann gelangen wir zum **Steinbruchweg,** dem wir uns weiterhin auf **E 3** nach links anschließen. Ein ruhiger Abschnitt erwartet uns nun, der Waldweg ist wieder breit genug, sodass wir nebeneinander wandern und das Gespräch suchen können.

Nach 700 Metern läuft uns von rechts der **König-Wilhelms-Weg** zu, mit dem gemeinsam wir zur Jupiter-Säule gelangen.

Auf dem Saalburgpass errichteten die Römer zu Beginn des 2. Jahrhunderts ein erstes kleines Kastell aus Holz. Um 135 n. Chr. wurde dieses zu einem größeren Kohortenkastell umgebaut, später wurde es in Steinbauweise erweitert. Um 200 besaß das Dorf ums Kastell seine größte Ausdehnung. Badeanlage, Herberge oder Heiligtümer ergänzten es. Im direkten Einzugsbereich lebten bis zu 2000 Menschen. 233 n. Chr. brannte das Dorf nach einem Angriff der Germanen nieder, verfiel und geriet in Vergessenheit. Nach 1853 erfolgten erste Untersuchungen, in den Jahren 1897 bis 1907 geschah der Wiederaufbau.

Die **Jupiter-Säule** 5 wurde zu Beginn des 20. Jahrhunderts an dieser Stelle errichtet und stellt eine Kopie eines Denkmals aus Mainz dar. Von diesem stillen Platz wandern wir 200 Meter, bis wir die Zufahrtsstraße zur Saalburg erreichen. Einen Abstecher rechts der Straße zum **Mithras-Heiligtum** 6 fügen wir noch ein, bevor wir uns dem Kastelldorf vor dem Haupttor zuwenden. Dort befindet sich neben dem gut ausgestatteten Museumsshop auch der Haupteingang.

Nun steht unserem Besuch vom **Archäologischen Park Römerkastell Saalburg** 7 nichts mehr im Wege.

Wir betreten die Saalburg über das Porta Praetoria, das Haupttor. Natürlich haben wir neben einer großen Portion Wissenshunger auch Zeit im Tornister mitgebracht. Seit 2004 wurden Fabrica, das Praetorium oder die Streifenhäuser am Eingang geschaffen, womit der aktuelle Stand der Forschung für uns als Besucher auch greifbar wird.

Die Zeit verfliegt, während wir gedanklich versuchen, der Vergangenheit nachzuspüren. Die Ausstellung in der Principia mit Alltagsgegenständen fesselt uns. Die Basilika, der repräsentative Versammlungsort, massiv gebaut mit wuchtigen Eichenbalken, schlägt uns in ihren Bann. Das Triclinium, rekonstruiert aus 10.000 bei Echzell gefundenen Bruchstücken des Wandverputzes, wurde von Restauratoren zusammengefügt. Und fast glauben wir zu hören, wie sich die Schritte des Centurio nähern, bevor er die Tür zu seinem Speisezimmer öffnet …

Wir begeben uns ins **Museumscafé Taberna** 8, um dort etwas zu essen. Moretum heißt die Speise, die wir auswählen: römischer Käse mit Römerbrot, das mit Weizenschrot und Honig gebacken wird und von dem wir einen Laib mit nach Hause nehmen könnten – wenn nicht alle Brote längst verkauft wären.

Im Anschluss fahren wir zum Hessenpark. Sollte die Zeit heute zu knapp bemessen sein, können wir diesen Ausflug beispielsweise nach „Tour 9: Auf dem Großen Feldberg“ anfügen.

Von der Saalburg zum Hessenpark fahren wir links auf die **B 456,** dann auf die **L 3041** in Richtung Neu-Anspach. Gleich nach dem Ort Obernhain, den wir links liegen lassen, fahren wir nach links zum ausgeschilderten Hessenpark. Direkt beim Hessenpark stehen Parkplätze zur Verfügung.

Das **Freilichtmuseum Hessenpark** 9 wurde 1974 gegründet. Die mehr als 100 Gebäude aus 400 Jahren bilden das dörfliche Leben in den verschiedenen Regionen Hessens ab.

Ja, wir sind schon mittendrin in unserem Rundgang durch den Hessenpark, der 2,3 Kilometer lang ist und uns vom Marktplatz an kleinen Seen und den Mühlen entlangführt, an Viehweiden und Wegekreuzen und vielem mehr.

Dann lugen wir neugierig in Schulzimmer, steigen knarzende Holzstufen hinauf, bücken uns unter

!

An jedem Tag finden Vorführungen traditioneller Handwerkstechniken wie Töpfern und Schmieden statt oder es wird das Handwerk eines Köhlers oder Seilmachers gezeigt. Der Seiler lässt uns mit Hand anlegen, und nach getaner Arbeit händigt er uns das selbst geflochtene Stück Seil als Erinnerung aus.

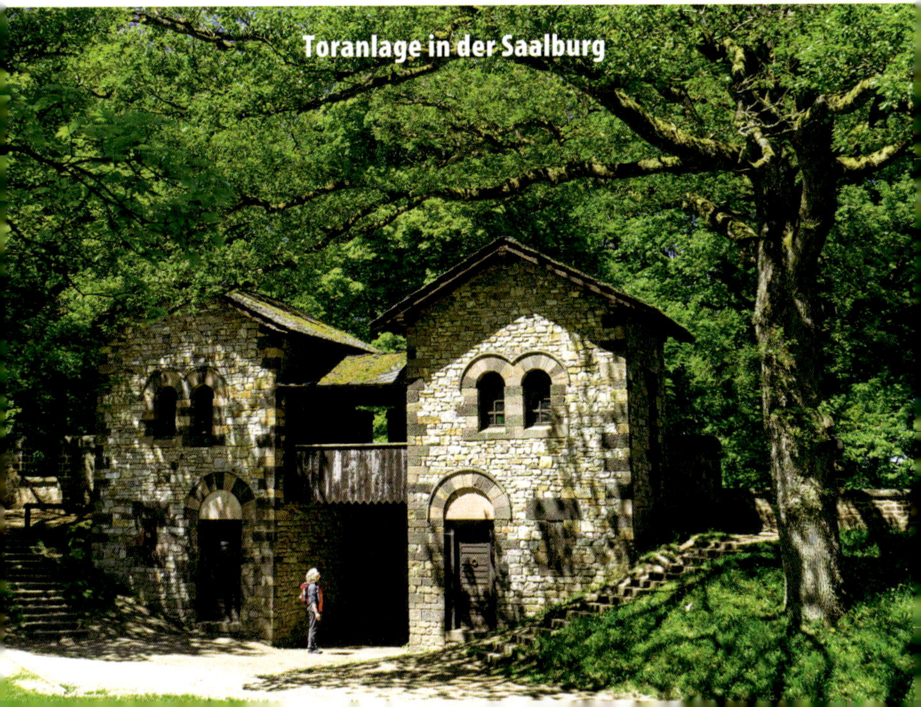

Toranlage in der Saalburg

niedrige Türstürze und ecken doch mit dem Kopf an. Hören uns das Geschnatter der Leinegänse an und das Grunzen des Sattelschweins und gucken der Thüringer Waldziege ins kecke Gesicht. Der Hessenpark ist nämlich auch anerkannter Arche-Park zur Erhaltung alter und gefährdeter Haustierrassen.

Am Marktplatz mit Gebäuden aus kleinen Städten speisen wir im **Wirtshaus Zum Adler ⑩,** flanieren um den Brunnen herum und erstehen regionale Wurst und knuspriges Brot in historischen Dorfläden.

Veranstaltungen rund um das Jahr stellen nur einen Teil der zahlreichen Angebote dar, die wir heute gar nicht wahrnehmen können.

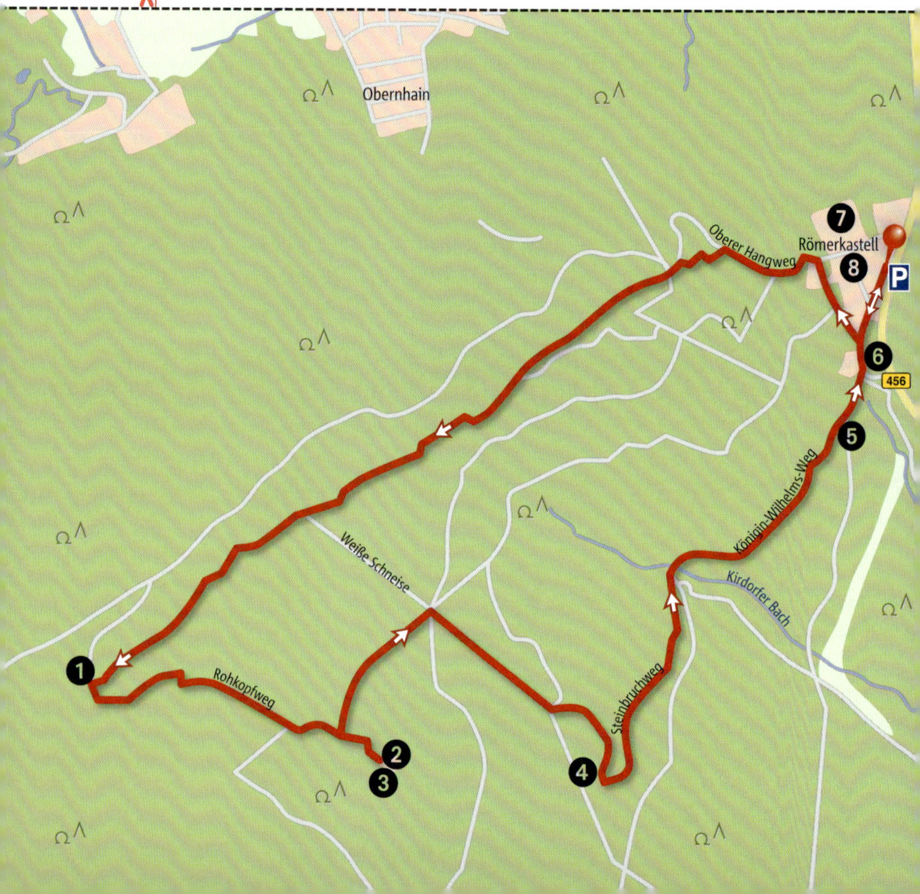

WIE & WANN:
Waldwege und Pfade; beste Wanderzeit von April bis Oktober

Entspannung ✸✸✸✸✸
Genuss ✸✸✸✸✸
Romantik ✸✸✸✸✸

HIN & WEG:
Auto: B 456, Am Römerkastell 1, 61350 Bad Homburg,
Parkplätze direkt an der Saalburg (GPS: 50.270004, 8.568329)
ÖPNV: Bus 5 (Kulturbus) Bad Homburg Bf. nach Saalburg, fährt an den Wochenenden und an Feiertagen, auch weiter zum Hessenpark

ESSEN & ENTSPANNEN:
Berggasthof Herzbergturm ❷ Herzbergturm 1, 61350 Bad Homburg,
Tel. (0 61 72) 7 64 61 61, www.gasthofherzberg.de
Museumscafé Taberna ❽ Am Römerkastell 1, 61350 Bad Homburg, Tel. (0 61 75) 79 71 25,
www.saalburgmuseum.de/taberna/taberna.html
Wirtshaus Zum Adler ❿ Laubweg 3, 61267 Neu-Anspach, Tel. (0 60 81) 55 15

ENTDECKEN & ERLEBEN:
Roßkopf ❶ **Herzbergturm** ❸
Marmorsteine ❹ **Jupitersäule** ❺
Mithras-Heiligtum ❻
Archäologischer Park Römerkastell Saalburg ❼ Am Römerkastell 1, 61350 Bad Homburg,
Tel. (0 61 75) 9 37 40, www.saalburgmuseum.de
Freilichtmuseum Hessenpark ❾ Laubweg 5, 61267 Neu-Anspach, Tel. (0 60 81) 58 80,
www.hessenpark.de

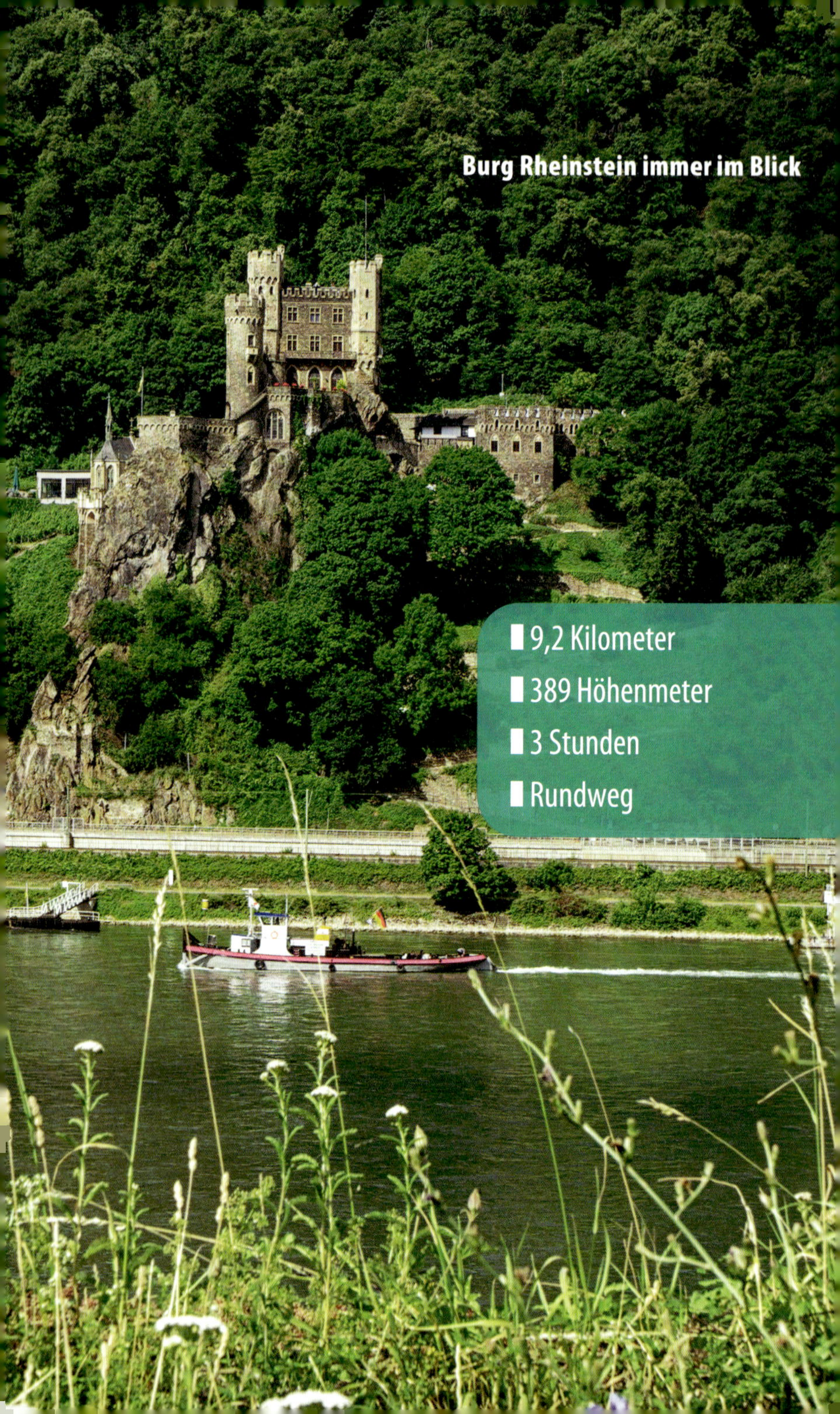
Burg Rheinstein immer im Blick
9,2 Kilometer
389 Höhenmeter
3 Stunden
Rundweg

In den drei Weinbergslagen Höllenberg, Hinterkirch und Frankenthal wandern wir heute. Vom Parkplatz gehen wir das kurze Wegstück hinab in den Ortskern und orientieren uns an der **Pfarrkirche Heilig Kreuz** ①, die im 14. Jahrhundert errichtet wurde. Bei der Kirche entdecken wir eine Informationstafel zum Wildkräuterweg. Auf unserer Wanderung folgen wir dem weißen Markierungszeichen mit einem Blütensymbol und der Aufschrift „Kräuterwind".

Der Spätburgunder dominiert die Weinberge in Assmannshausen, eine Rotweinoase inmitten des von Riesling dominierten Rheingaus.

Von der Kirche aus wenden wir uns in die **Lorcher Straße.** Das folgende Wegstück führt uns entlang von Wohnhäusern rechter Hand und der Bahnlinie zu unserer Linken, die leider den Blick auf den Rhein blockiert.

Wildkräuterweg

Wilde Kräuter bei Assmannshausen

Das ändert sich, sobald wir die letzten Häuser hinter uns lassen, beschwingt den Anstieg beginnen und gleich nach der ersten Rechtskehre die ersten schönen Blicke über das Rheintal gewinnen. Vom **Silberbergweg** schauen wir hinüber zur Burg Rheinstein. Wir entdecken auch eine der rund 20 Informationstafeln, die den Wildkräuterweg bereichern und uns auf anschauliche Weise jeweils mit einer Fotografie und einem erläuternden Text die in den Weinbergen gedeihenden Wildkräuter näherbringen wie den Beifuß bei der ersten Tafel.

Wuchtige Weinbergsmauern säumen unseren Weg, der sich gemächlich, aber stetig den Höllenberg hinaufschwingt.

Am **Rheinstein-Blick** ② wird es wahrhaft idyllisch. Ein mit Weinreben beranktes Spalier umrahmt eine Rastbank mit rustikalem Tischchen, auf dem wir unsere Brotzeit hinstellen und unter den ersten warmen Sonnenstrahlen einen Schluck genießen. Ausflugsschiffe strömen den Rhein hinauf und hinunter, Lastkähne mühen sich bergan, die Autos auf den Bundesstraßen schauen wie wimmelnde Ameisen aus.

Entschleunigung erfahren wir auf diesem Streckenabschnitt nicht nur durch den steten Aufstieg, sondern natürlich auch durch die Informationstafeln, an denen wir nicht achtlos vorbeigehen. Wir lesen aufmerksam die kurzen Texte zu Spitzwegerich oder Schafgarbe.

Nach vielen Wegkehren wird es ganz oben im Hang noch traumhafter. Am **Zwei-Burgen-Blick** ③ müssen wir verschnaufen, weil der genannte Blick uns begeistert. Burg Rheinstein und die Quarzitrippe links von ihr sehen wir, und weiter den Rhein hinab Burg Reichenstein mit der Kiesbank Klemensgrund und der Klemenskapelle im Vordergrund.

Burg Reichenstein und die Rotweinlaube

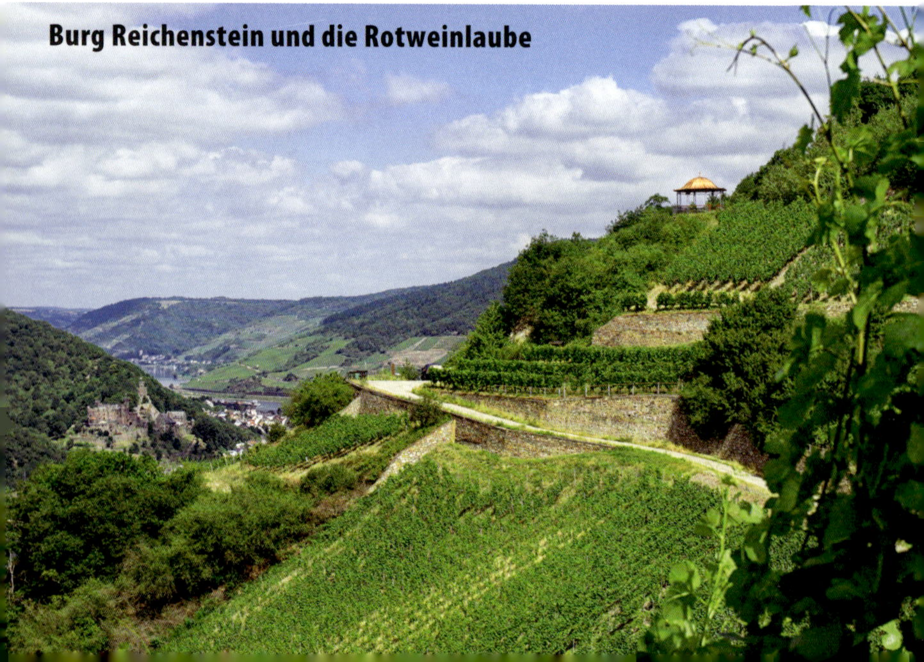

Weiter führt der Wildkräuterweg uns um einen Taleinschnitt. 100 Meter vom Rastplatz entfernt biegt ein anderer Weg übrigens hinauf zur **Rotweinlaube 4**. Wer den rund 100 Meter aufwärts führenden Abstecher meistert, heimst die nächste schöne Aussicht ein und die Möglichkeit, im kleinen Weinkeller eine Flasche wohltemperierten Weins zu erstehen.

Wir umrunden das Tälchen und verlieren nach dem schweißtreibenden Aufstieg endlich an Höhe. Weitere Informationstafeln bremsen unseren Elan, zu Fenchel lesen wir etwas und zur Vogelmiere, und einige Male entdecken wir im schroffen Schieferfelsen oder in der Weinbergsmauer die besagte Pflanze.

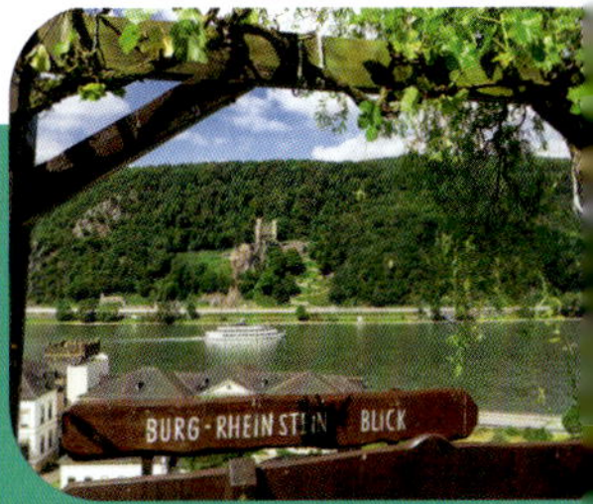

Für die Seele

In den Weinbergen taucht unsere Seele ein ins Sonnenmeer, während wir an wohlriechenden Kräutern schnuppern.

Während unter uns die **Höllenbergstraße** zu sehen ist, dürfen wir einen Abzweig nach rechts auf einen schmalen Pfad nicht übersehen. Der führt uns über Steinstufen immer an der Weinbergsmauer entlang zur genannten Straße, von der aus wir direkt in die **Niederwaldstraße** gelangen.

Auf Sichtweite zu unserem Ausgangspunkt an der Kirche wenden wir uns nun scharf links. Nach gut 50 Metern führen einige Treppenstufen hinauf zur **Talstation** der Seilbahn Assmannshausen.

Die Seilbahn bringt die Fahrgäste in wenigen Minuten zur Bergstation im Landschaftspark Niederwald.

Wir aber sind zum Wandern nach Assmannshausen gekommen, und so wollen wir zu Fuß in einem rund 2,5 Kilometer langen Anstieg an die Bergstation. Deshalb gehen wir gemeinsam mit dem Rheinsteig und seinem gut sichtbaren Markierungszeichen – das weiße R auf blauem Grund – die Niederwaldstraße bergauf, dann weiter in die **Waldstraße,** die wir in der ersten Linkskurve verlassen.

Wir unterqueren zweimal die Seilbahn und wandern zwischen Eichen, Kiefern und Birken auf manchmal schmalem, meist aber gut ausgebautem Waldweg. Dann lichtet sich der Wald auf der Anhöhe, und der Blick wandert frei über die Felder und das Wildgehege beim Jagdschloss im **Landschaftspark Niederwald ❺.**

Ab 1764 begann Graf von Ostein mit dem Bau des Jagdschlosses, später wurde das ursprünglich als Jagdwald konzipierte Areal im Stil der Rheinromantik zum Parkgelände umgestaltet.

Rechts sehen wir die **Bergstation.** Sofort dahinter dürfen wir einen nicht markierten Abzweig nach rechts nicht verpassen, der uns an einem Zaun entlang bis zu einer Wegschranke führt. Hier halten wir uns wieder rechts und gehen langsam bergab.

Wir atmen im Schatten der mächtigen Baumkronen die frische Waldluft ein. Dann hat uns die Sonne wieder, die Weinberge fächern links und rechts von uns auf. Der Wildkräuterweg schleift durch die Weinbergslage Frankenthal, in der ebenso wie im Höllenberg vornehmlich Spätburgunder zur Reife gelangt. Wildkräuter wie Taubnessel, Malve oder auch Brombeeren, die uns auf den folgenden Hinweistafeln nähergebracht werden, bekommen hier die volle Sonnenhitze ab.

2015 haben sich vier Kräuterwirte in Assmannshausen zusammengeschlossen und den Wildkräuterweg auf die Beine gestellt. In ihren Restaurants offerieren sie Gerichte mit jahreszeitlich passenden Kräutern sowie regionale Küche und natürlich auch Rotwein aus den hiesigen Weinbergslagen. Wenn wir in Berg's Alter Bauernschänke keinen Platz finden, schauen wir, ob wir nicht in einem der drei anderen Restaurants unterkommen. Zu diesen zählen der Gasthof Schuster in der Niederwaldstraße 4, das Hotel Unter den Linden in der Rheinallee 1 und das Hotel Zwei Mohren in der Rheinuferstraße 1.

An einer letzten **Rastbank ❻** schwingt unser Blick über Assmannshausen hinweg, gleitet über den Rhein und bleibt an den steilen Schieferfelsen des Tals hängen.

Die letzten Meter führen uns auf dem Bohrenweg bis kurz vor die Seilbahn. Doch diesmal unterqueren wir sie nicht, sondern wählen den schmalen Abstieg über viele Steinstufen hinunter in eine Gasse, die direkt bei der Kirche und unserem Zielpunkt mündet.

Wir kehren auch gleich an Ort und Stelle in **Berg's Alte Bauernschänke ❼** ein. Das 1480 erbaute Fachwerkhaus liegt genau auf der Ecke bei der Kirche,

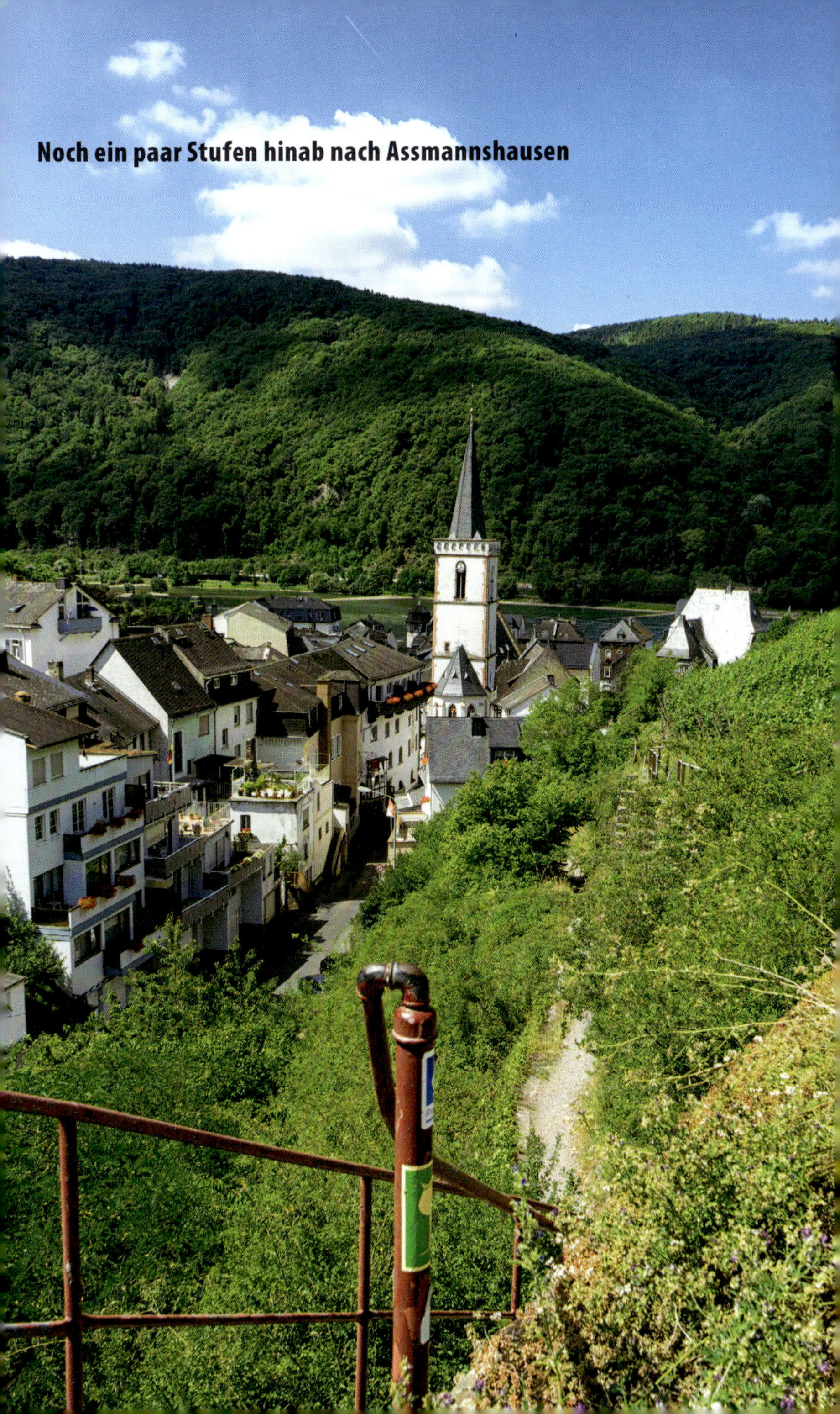

Noch ein paar Stufen hinab nach Assmannshausen

und wir haben es bereits bei unserer Wanderung nicht übersehen.

Eingedenk des heißen Wetters wählen wir einen Bauernschänkeschmaus, die Rheinsteig-Brotzeit mit reichlich Wurst und Käse – genau das Richtige, um nach der Wanderung wieder zu Kräften zu kommen. Und statt eines Weins entscheiden wir uns für ein alkoholfreies Weizenbier, obwohl wir das bei der sehr gut bestückten Weinkarte als Sünde empfinden. Denn neben vielen leckeren Tropfen aus dem Rheingau bietet sich natürlich ein Höllenberg aus dem eigenen Weingut Konrad Berg & Sohn an. Aber die Vinothek Berg's finden wir ja vis-à-vis auf der anderen Straßenseite.

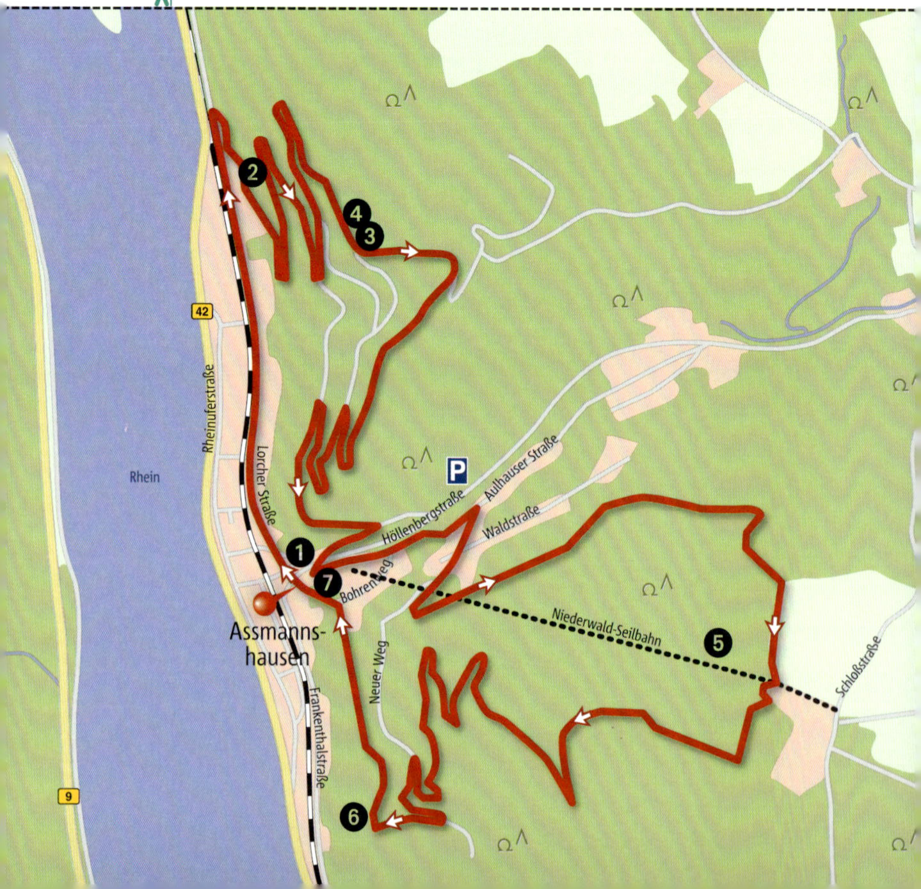

Alles auf einen Blick

WIE & WANN:
Weinbergswege und Waldwege, Straßen in Assmannshausen; beste Wanderzeit von April bis Oktober (besonders zur Reife- und Erntezeit der Trauben im September und Oktober)

HIN & WEG:
Auto: Wanderparkplatz (kostenlos) an der Höllenbergstraße am Ortsausgang in Richtung Aulhausen (GPS: 49.990442, 7.873295)
ÖPNV: Bahn hält regelmäßig in Assmannshausen, von der Bahnhofstraße in die Niederwaldstraße, dann weiter zum Ausgangspunkt an der Kirche

ESSEN & ENTSPANNEN:
Berg's Alte Bauerschänke ❼ Niederwaldstraße 23, 65385 Assmannshausen, Tel. (0 67 22) 4 99 90, www.altebauernschaenke.de

Entspannung ✱✱✱✱
Genuss ✱✱✱✱✱
Romantik ✱✱✱

ENTDECKEN & ERLEBEN:
- **Pfarrkirche Heilig Kreuz** ❶
- **Rheinstein-Blick** ❷
- **Zwei-Burgen-Blick** ❸
- **Rotweinlaube** ❹
- **Landschaftspark Niederwald** ❺
- **Rastbank** ❻

Wo schon Max und Moni saßen

- 8,5 Kilometer
- 119 Höhenmeter
- 2,5 Stunden
- Rundweg

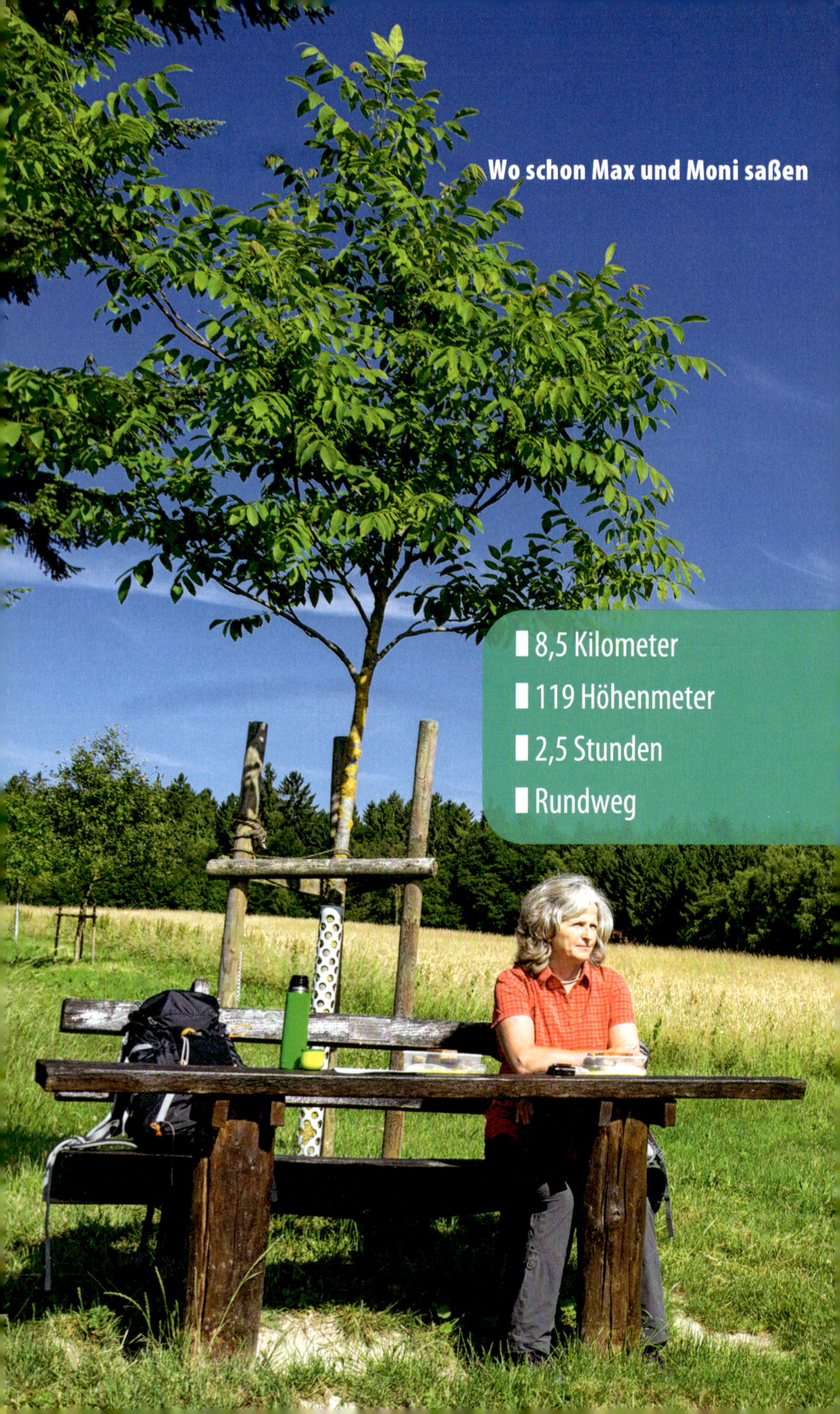

Wir beginnen unsere reizvolle Wanderung am Wanderparkplatz Grillhütte Rauenthal, der hinter dem Sportplatz auf der linken Seite liegt. Gleich zu Beginn will uns ein malerischer Rastplatz zur Pause verleiten. Doch wir folgen unserem Markierungszeichen, dem geschwungenen weißen R auf rotem Untergrund, auf einem butterweichen Wiesenweg zu einer ausufernd großen Wiese. Gleich darauf treffen wir auf einen quer laufenden Waldweg, der uns nach links mitnimmt. Wir queren den Großen Buchwaldgraben, einen Bach mit ungewöhnlichem Namen, der ein längeres Wegstück lang mehr oder weniger nahe an unserer Seite fließt.

So wässert er auch die große Wiese, die bald in eine bunte Mischung aus Wäldchen und Streuobstwie-

Verlockende Früchte

Die Rauenthaler Spange

sen übergeht. Die ersten Kirschbäume bereichern das Grünland, Weißdornbüsche flankieren den Weg, Rindviecher grasen wie weltentrückt auf der Weide. An einer Weggabelung wartet wie bestellt ein feiner Rastplatz auf uns mit **Max' Tisch und Monis Bank 1**. Wir nehmen für eine erste Mahlzeit Platz.

Die Sonne tupft uns mit ihren frühen warmen Strahlen erste Schweißtropfen auf die Stirn, als wir die letzten Meter über die offene Wiesenlandschaft mit einer noch im Aufwuchs befindlichen Obstbaumallee gehen. Dann tauchen wir in den sanft wispernden Wald ein.

Jetzt laufen unsere Füße wie von alleine, denn es zieht uns zügig hinab. Und hören wir nicht von der

Obstbäume und Äcker prägten hier 800 Jahre lang das Landschaftsbild, noch im Jahr 1950 zählte man 12.000 Obstbäume in der Gemarkung Rauenthal. Sie wurden dem Wein geopfert, denn der versprach rentabler zu sein, sodass die reiche Kulturlandschaft von Gestrüpp überwuchert wurde oder in Brachland überging. Seit 2002 aber werden diese Areale nach und nach freigelegt und wieder kultiviert.

anderen Talseite meckernde Ziegen? Auf dem Rückweg werden wir uns mit eigenen Augen überzeugen können, ob wir richtig gehört haben.

Jetzt aber treten wir dem **Großen Buchwaldgraben** 2 an einer verträumt gelegenen Sitzgarnitur sehr nahe, überbrücken ihn sogar und hieven uns auf der anderen Seite des schmalen Tals wieder mit eigenen Füßen eine Etage höher. Immer am Hang entlang, versüßt mit etlichen Aussichten ins abgeschiedene Tal auf Tuchfühlung zum Örtchen Rauenthal. So eng beieinander liegen Siedlung und Abgeschiedenheit.

Noch in der Hangkante steigen wir links im Hang weiter hinan, ziehen an einer **Kapelle** vorbei und halten uns rund 50 Meter darauf rechts. Der Laubwald, in dem der Wind tuschelt, weicht weiten Wiesenflächen. Wir atmen den Duft von frischen Wiesenkräutern ein, bis das Bild sich erneut verändert, denn jetzt

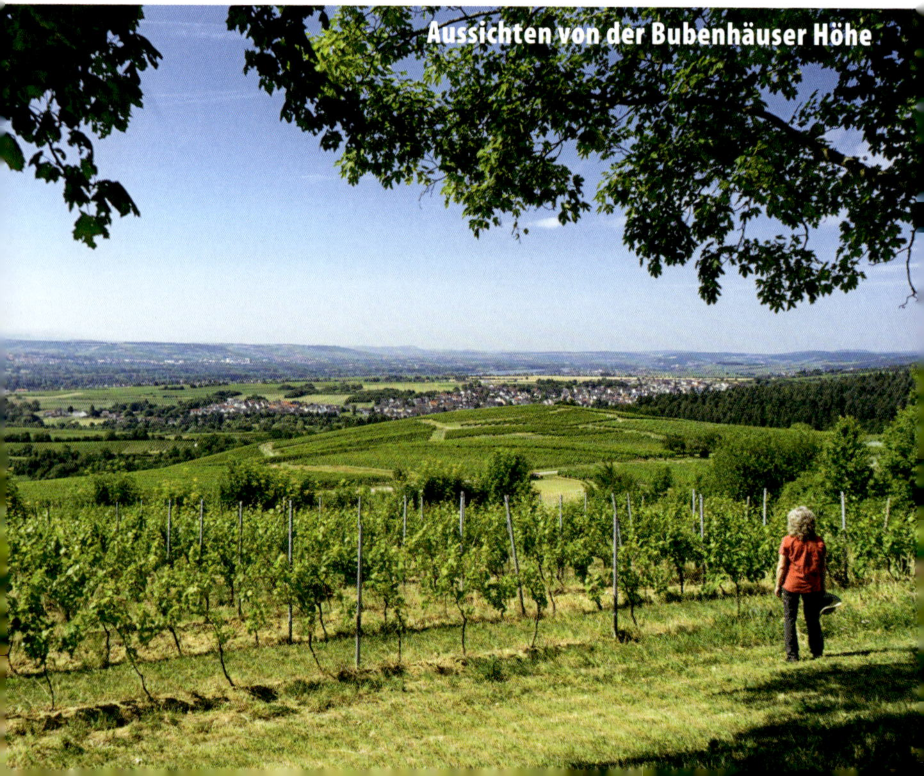
Aussichten von der Bubenhäuser Höhe

schieben sich die ersten Weinstöcke in den Vordergrund.

An einer Weggabelung dürfen wir uns nicht verunsichern lassen. Obwohl unser nächstes Ziel die hier auch ausgeschilderte Bubenhäuser Höhe ist, flicht die Rauenthaler Spange noch einen Schlenker ein. Dazu halten wir uns rechts, flanieren ebenerdig wieder entlang von Wiesen, werfen Blicke über die Talflanken und schaffen dann nach einem Abzweig ein wenig atemlos den Anstieg. Eine große Wiese passieren wir ebenso wie einen asphaltierten Weg und gehen geradewegs hinauf zur **Bubenhäuser Höhe** ③.

Jetzt heißt es sattsehen. Von den Aussichten schwärmen. Wir tippeln umher, setzen uns hier ein-

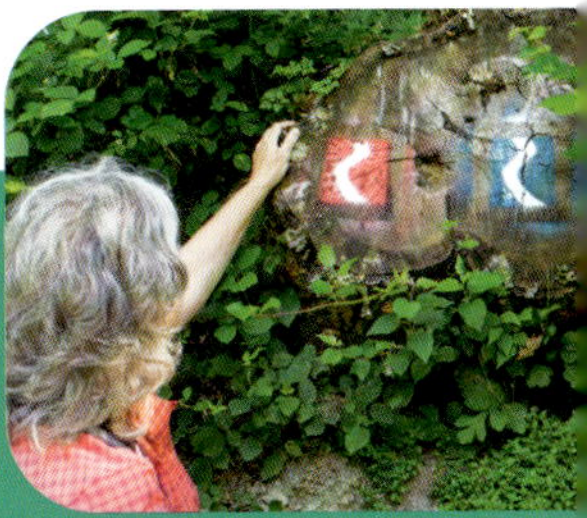

Für die Seele

Von der Bubenhäuser Höhe schicken wir unsere Seele auf Wanderschaft.

mal hin und schauen, gehen dann weiter zur nächsten Rastbank. Sicher, am Wochenende wird es eng rund um den malerischen Hain. Doch heute sind wir trotz des schönen Wetters fast alleine hier.

Was aber sehen wir? Nach Norden hin das Rheingaugebirge, wie es bedächtig an Höhe gewinnt. In die andere Himmelsrichtung das rheinhessische Bergland gleich hinter dem Rheintal, das natürlich das Landschaftsbild dominiert. Weinberge breiten sich zu unseren Füßen aus. Weinbergslagen wie der bekannte Rauenthaler Baiken im Westen, der auch von den Hessischen Staatsweingütern Kloster Eberbach bewirtschaftet wird, oder Wülfen und Rothenberg.

Die Bubenhäuser Höhe ist mit ihren an der Erdoberfläche liegenden Kalksteinen einzigartig im Mittleren Rheingau.

Ganz unten aus dem Rucksack klauben wir unser Fernglas hervor. Wo, wenn nicht hier, nützt es uns, denn in der Ferne entdecken wir nun den Melibokus im Odenwald oder den Donnersberg im Nordpfälzer Bergland.

Wenn uns jemand fragt, dann könnte die Wandertour hier enden, und wir würden sitzen bleiben, bis das Sternenlicht uns neue traumhafte Bilder vor die Augen zaubert.

Doch weiter geht es, hinunter vom Hügelkamm und dann rechts in Richtung Rauenthal auf asphaltiertem Weg, den wir aber nach wenigen Metern schon nach links verlassen.

Doch halt, geradeaus erspähen wir einen **Weinprobierstand ④.** Je nachdem herrscht dort geschäftiges Treiben, weil abwechselnd Winzer ihren Wein ausschenken. Tische und Sitzbänke stehen bereit, die Aussicht ist ähnlich bezaubernd wie von der Bubenhäuser Höhe. Fast scheint es, als ob wir heute gar nicht mehr ans Ziel kommen sollen.

Deshalb schwenken wir rasch an der zuvor genannten Weggabelung ab von der schmalen Straße, nur um gleich darauf einem Waldsofa in die Hände zu fallen. Dass mit dem Sitzspaß auch Aussichten verbunden sind, muss sicher nicht erwähnt werden.

Trunken von den Fernsichten wandern wir an Weinstöcken, Wiesen und Rastbänken vorbei, gehen in einer großen Schleife nach rechts und steuern nun wirklich auf Rauenthal zu.

Doch kurz vor den ersten Wohnhäusern schlüpfen wir links auf einen Feldweg, gehen durch die Straße **Kloderwand** und vor einem Kindergarten rechts bis zur **Hauptstraße,** die später in die Jahnstraße übergeht. Der folgen wir nach links bis zur kleinen Straße **In der Kohlheck.**

In diese Straße gehen wir aber erst später, weil wir nämlich zuvor einkehren wollen. Wobei uns die Wahl bleibt, dies nun, während der Wanderung zu

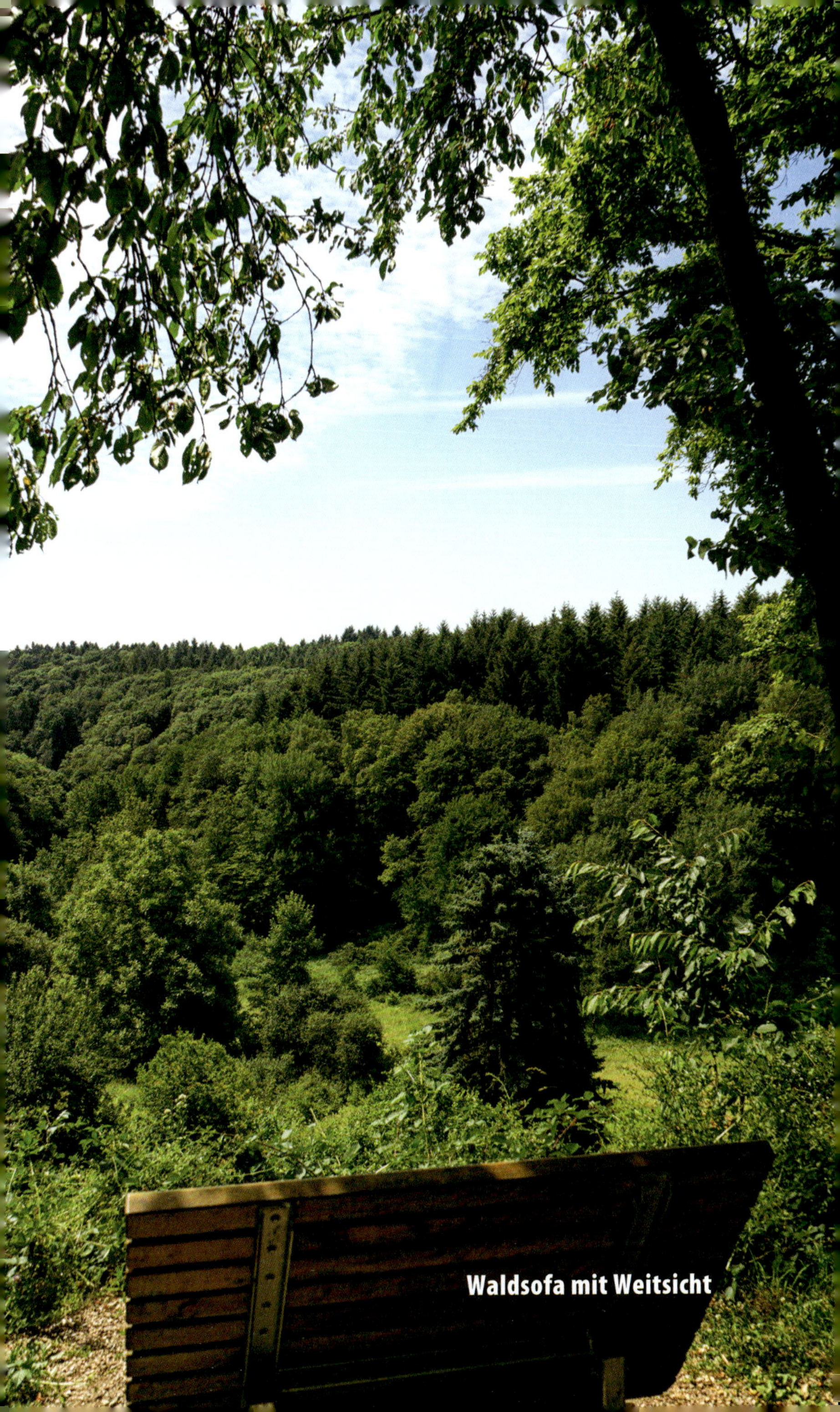

Waldsofa mit Weitsicht

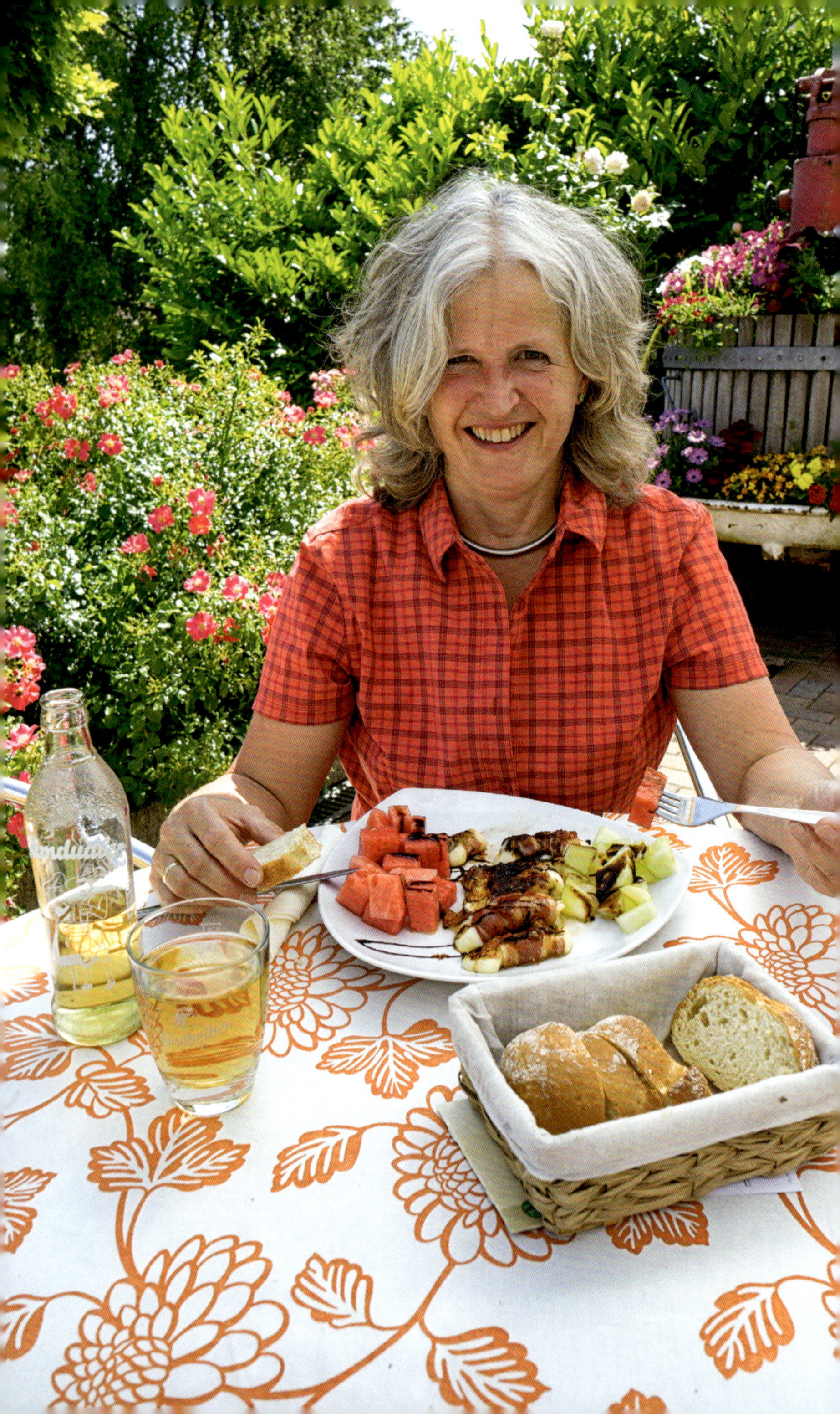

machen, oder später, da wir mit dem Auto unweigerlich an unserer Einkehrmöglichkeit wieder vorbeifahren werden.

Zu Fuß erreichen wir das Weingut Russler mit der **Gutsschänke Am Eselspfad ⑤,** indem wir die Jahnstraße schnurstracks weitergehen bis zur Rechtskurve, an der wir einige Zeit zuvor in Richtung Parkplatz Grillhütte abgebogen sind. Mit dem Fahrzeug können wir aber auch nach der Wanderung auf dem ausreichend großen Parkplatz im Areal des Weinguts halten.

Wir aber kehren jetzt ein, denn nach dem vielen Wandern und dem ausgiebigen Rasten knurrt uns der Magen. Sonnenschirme pflastern die wunderschön gelegene Terrasse, die Auswahl an kleinen und größeren Gerichten ist famos, und die Familie Russler regt unseren Appetit durch ihre Freundlichkeit noch mehr an.

Wir sind hochzufrieden, nachdem wir Mozzarella im Speckmantel mit Melonenstückchen, besprenkelt mit Balsamico und dazu Baguette gespeist haben. Mit einem Wort: delikat!

Wie gerne hätten wir dazu einen Schoppen vom hauseigenen Wein getrunken! Doch was nicht ist, kann ja noch werden, und hier empfiehlt sich wirklich ein späterer Abstecher mit dem Auto, um die eine oder andere Flasche einzupacken, zum Beispiel die „Martinsthaler Wildsau", einen nach eigenem Bekunden „furztrockenen" Riesling.

Gut genährt und absolut nüchtern setzen wir später am Abzweig unsere Wanderung über die kurze Straße **In der Kohlheck** fort, lassen bald Asphalt und Häuser hinter uns und beginnen eine Passage über abwechselnd grasbewachsenen oder sandigen Weg.

Natürlich lungern auch hier wieder links und rechts des Wegs die hölzernen Charmebolzen in Gestalt von Rastbänken und einem weiteren Waldsofa.

Wir erfahren aus erster Hand, wie die Gutsschänke zu ihrem Namen kam. Denn noch vor dem 20. Jahrhundert beförderte ein findiger Mann die solventen Damen mit seinen Eseln aus dem noblen Schlangenbad nach Rauenthal, damit sie dort speisten. Der Name Eselspfad war geboren.

Verwöhntour 12

Wir lassen uns nieder und schauen einmal mehr in die Rheinebene oder später, als der Wanderweg sich nach einigen Schleifen weiter hinein ins Tal drängt, über die Höhen oder tief hinunter.

Und dann sehen wir die meckernden Ziegen und auch die blökenden Schafe, wie sie in ihren Gehegen kräftig Ästchen knabbern oder friedlich grasen.

Mit diesem friedlichen Bild vor Augen gelangen wir zu einer letzten großen Wiese mit Obstbäumen. Dort wandern wir rechts in den gemütlichen Hang hinein, erreichen die Zufahrtsstraße zum Parkplatz und flanieren unsere letzten Meter bis zum Ziel.

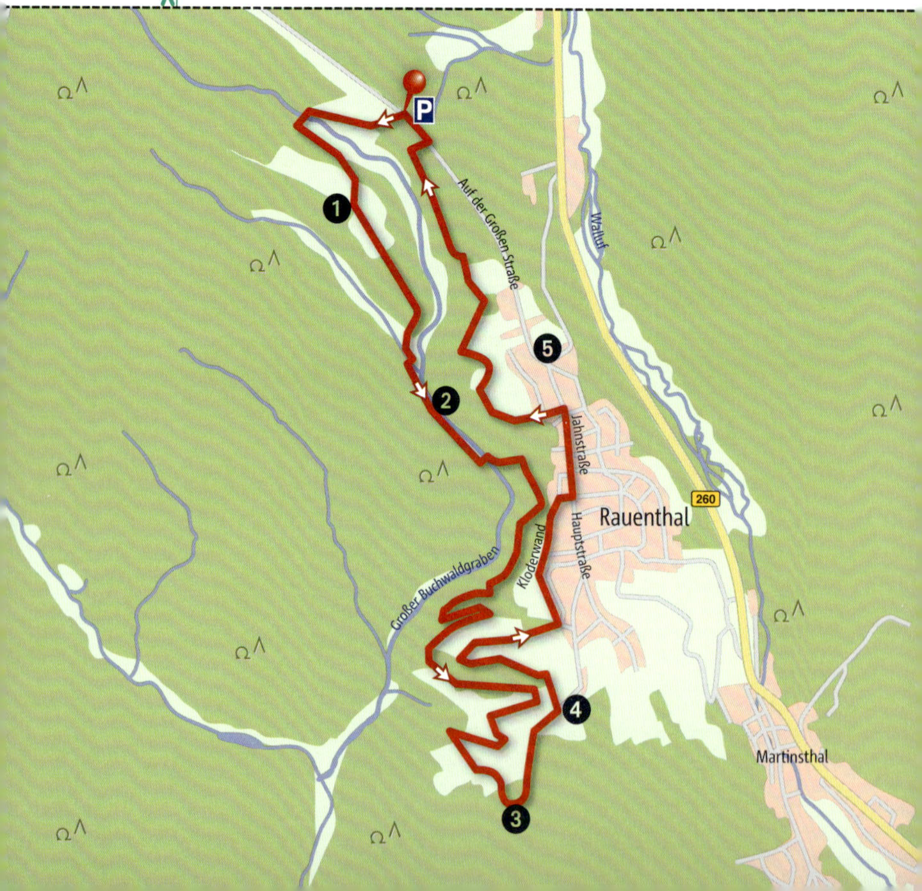

Alles auf einen Blick

WIE & WANN:
Pfade, Wald- und Weinbergswege, Straßen in Rauenthal; beste Wanderzeit von April bis Oktober (besonders zur Reife- und Erntezeit der Trauben im September und Oktober)

HIN & WEG:
Auto: Wanderparkplatz Grillhütte nach dem Sportplatz, Auf der Großen Straße, 65345 Eltville-Rauenthal (GPS: 50.072815, 8.101125)
ÖPNV: Bus 170 von Eltville Bf. nach Rauenthal Winzerhaus, die Wandertour führt dort vorbei

ESSEN & ENTSPANNEN:
Gutsschänke Am Eselspfad 5 Weingut Ernst Russler, Vor dem Kaltenborn 3, 65345 Eltville-Rauenthal, Tel. (0 61 23) 7 14 34, www.weingut-russler.de

Entspannung ★★★☆☆
Genuss ★★★★★
Romantik ★★★★☆

ENTDECKEN & ERLEBEN:
Max' Tisch und Monis Bank 1
Großer Buchwaldgraben 2
Bubenhäuser Höhe 3
Weinprobierstand 4

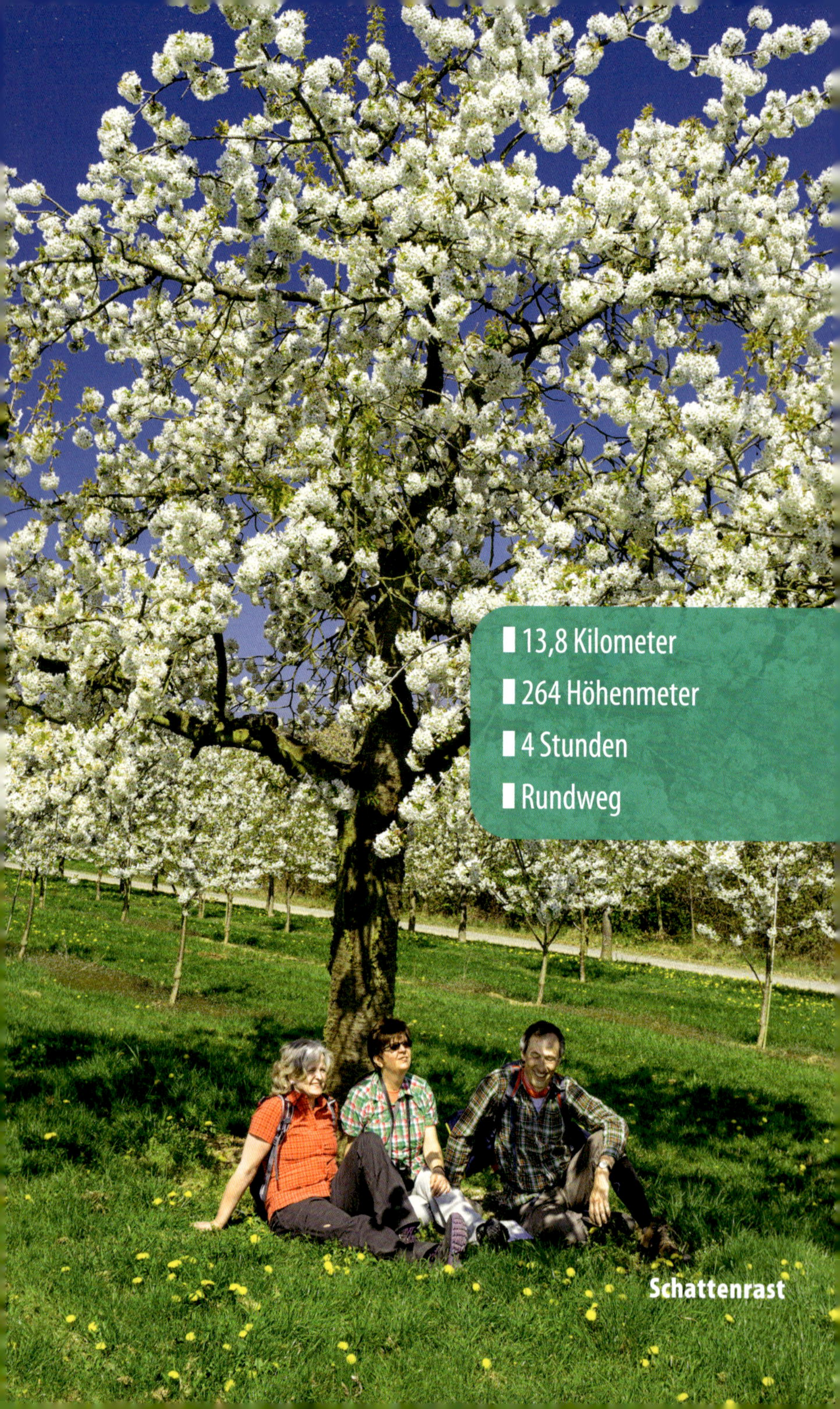

- 13,8 Kilometer
- 264 Höhenmeter
- 4 Stunden
- Rundweg

Schattenrast

Zu dieser Wanderung starten wir am Wanderparkplatz Monstranzenbaum. Von dort wenden wir uns gemeinsam mit dem Rheinsteig und seinem Markierungszeichen, einem weißen R auf blauem Grund, von der **L 3441** ab in den luftigen Mischwald hinein, queren eine Kreuzung und folgen dem gut ausgebauten Waldweg an einer Wiese beim Naturschutzgebiet Sommerberg im weiten Linksbogen. Gemächlich verlieren wir an Höhe und erreichen das lauschige Tal des Lindenbachs mit saftgrünen Wiesen und jahreszeitgemäß blütenvollen Kirschbäumen.

Wir entdecken an einer Weggabelung den rund 2 Kilometer langen **Schlangenpfad,** der sich auf Schautafeln der Äskulapnatter widmet, der größten

Gut Kirschen essen

Frauensteiner Kirschenfreuden

heimischen Schlange, und mit dem wir ein kurzes Wegstück gemeinsame Sache machen.

Wir passieren trockenen Fußes den Lindenbach, gewinnen zwischen Brombeerhecken und Sträuchern und vorbei an alten Trockenmauern behutsam an Höhe. Auf halber Hanghöhe orientieren wir uns an einer Weggabelung rechts und nehmen dann den zweiten Abzweig linker Hand, der uns zwischen Wiesen und Weiden zur **Georgenborner Straße** führt. Wir überqueren diese, gehen einige Schritte einen schmalen Stich abwärts und treffen auf **Am Herrmannsberg.** Der Straße folgen wir rechts wieder bis zur **Georgenborner Straße,** der wir uns nach links in Richtung Ortsmitte anschließen.

Bodo von Idstein ließ im Jahr 1184 die Burg errichten, womit sie vermutlich als älteste Burg in der Region Wiesbaden gelten kann. Bis 2004 restaurierte der Burgenverein Frauenstein die Ruine.

Wir gelangen zur **Kirschblütenstraße,** queren diese und gehen auf der anderen Straßenseite umgehend in die **Herrnbergstraße.**

Einen Abstecher zur **Burgruine Frauenstein** ① binden wir zuvor aber noch ein. Dazu halten wir uns in der Kirschblütenstraße links, bis wir nach rund 400 Metern die Burgruine auf der rechten Seite entdecken.

Nach der Schippe voll Mittelalterflair folgen wir nun der **Herrnbergstraße** bergan, verabschieden uns von dieser aber gleich an der nächsten Weggabelung und gehen mit der **Untergasse** ein Stück des Wegs. Nachdem wir die letzten Wohnhäuser hinter uns gelassen haben, trennt sich der Rheinsteig von uns, der links behände zum Goethestein hinaufstrebt. Den wuchtigen Stein heben wir uns für später auf.

Wir lassen uns bei einer Weggabelung auf einer der **Rastbänke** ② nieder. Keine schlechte Wahl, denn unter ausladenden, bei praller Sonne wunderbar Schatten spendenden Laubbäumen pendeln unsere Blicke von links nach rechts und weit über die Rheinebene bis hinüber nach Rheinhessen, untermalt von unzähligen Kirschbäumen und Rebstöcken. Wir spüren Hunger und haben Durst. Also raffen wir uns auf, wählen an diesem Rastplatz ohne Markierungszei-

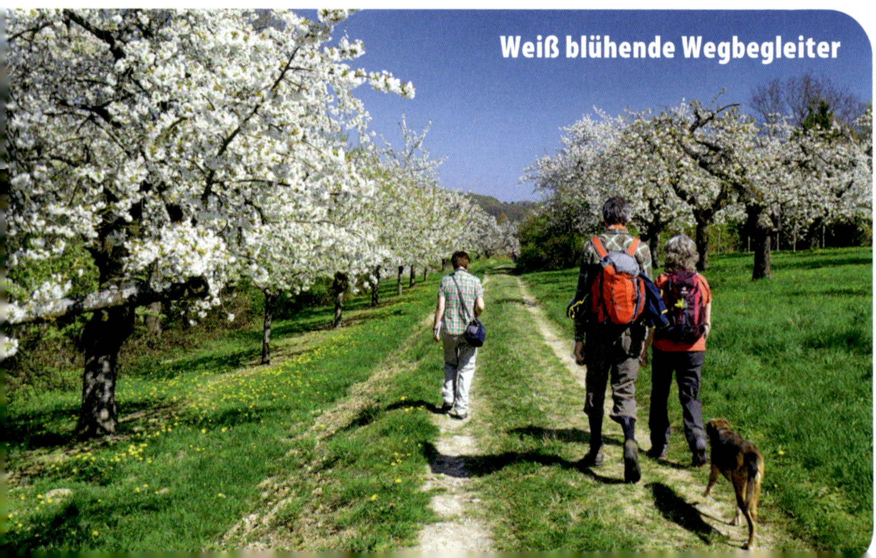

Weiß blühende Wegbegleiter

chen den rechten Abzweig, der uns auf asphaltiertem Weg in Hanglage mitnimmt, bis wir nach rund 300 Metern den grasbewachsenen Weg rechts entdecken. Der führt uns zielsicher hinunter zum Weingut Ott.

Unsere Wanderung wird uns hier unten am Abzweig später nach links führen, doch zuerst steht unser Leibeswohl im Vordergrund. Dazu gehen wir im Talgrund rechts und kehren ein in den Gutsausschank **Zum Kapellchen** ③ des Grorother Hofs mit seinem feinen Bauerngarten und Spezialitäten aus der Region wie Grie Soß, die Grüne Soße mit Eiern, oder einem delikaten Gartensalat mit Rheingauer Affinage Käse. Dazu ein leichter Wein des Weinguts, und der Abschied fällt uns schwer.

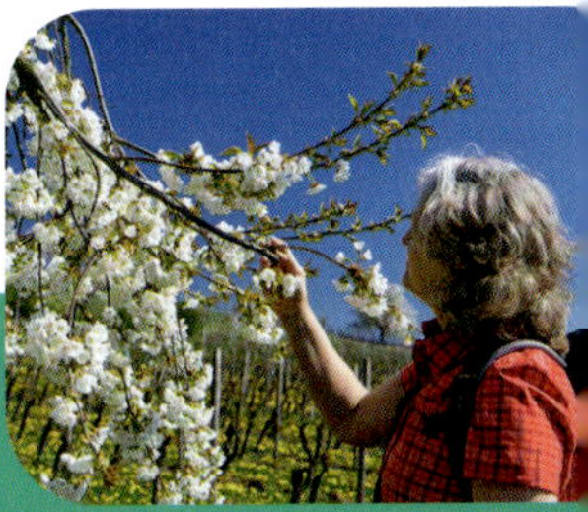

Für die Seele

Unsere Seele streift mit uns durch das schneeweiße Blütenparadies der endlos vielen Kirschbäume.

Beschwingt setzen wir unsere Wanderung am Abzweig geradeaus fort, streunen vorbei an bewirtschafteten Obstplantagen, Streuobstwiesen und Weinstöcken. Zuweilen sprenkeln Felder die Landschaft gelb. Wir folgen nun dem Markierungszeichen Schwarzer Punkt/Rotes Dreieck, überqueren eine Kreuzung, schlüpfen rund 50 Meter vor der Grorother Mühle an der Weggabelung links und treffen an der folgenden Kreuzung wieder auf den Rheinsteig. Mit diesem gehen wir geradeaus den Hang hinauf, schwenken nach 50 Metern rechts auf einen grasigen Pfad und gelangen zwischen lauschigen Kleingärten und Weinbergen nach weiteren 100 Metern auf einen quer laufenden Weg. Wir schließen uns diesem nach links an. Rund 50 Meter danach gehen wir geradeaus weiter, während der Rheinsteig rechts zwischen den Kleingartenanlagen verschwindet.

An der nächsten Kreuzung streben unsere Wanderschuhe erneut nach links, nun wieder umgrenzt von Rebstöcken und den letzten Kleingärten. Sanft steuert uns der Grasweg hangaufwärts. Wir wechseln nach einem Rechtsschwenk auf eine asphaltierte Strecke, auf der wir nach links unbeirrt den Honigberg entlang aufwärts wandern.

Der Rheingauer Rieslingpfad begleitet uns ein Stück des Wegs mit seinem Markierungszeichen vom gelben Schoppen auf grünem Grund. Gut 500 Meter wandern wir geradeaus, halten uns dann inmitten grüner Büsche links, überqueren den Lindenbach und streben erneut den Hang hinauf. Gleich an der ersten Kreuzung begegnen wir wieder dem Rheinsteig. Mit ihm gemeinsam gehen wir rechts zwischen Weinstöcken und Büschen weiter. Zwischendurch goutieren wir die schönen Aussichten in die Rheinebene, schwenken dann kurz hintereinander erst links, dann rechts und erreichen den Zufahrtsweg zum beliebten Ausflugslokal **Nürnberger Hof.**

Wir halten uns dort rechts mit dem Rheinsteig und gelangen zum **Goethestein ④.**

Der Tetraeder wurde 1932 zu Ehren des Dichters erschaffen, denn Goethe hielt sich hier im Jahr 1815 auf.

An diesem herrlichen Sonntag herrscht ebenso wie zuvor beim Nürnberger Hof emsiges Treiben. Die Kirschblütenzeit zieht viele Menschen von nah und fern an. Wir trennen uns hier wieder vom Rheinsteig und steigen die kurze Strecke an Streuobstwiesen vorbei sanft bergan bis zum ausgeschilderten **Aussichtsturm ⑤.** Und siehe da, hier unternehmen nur wenige Mitwanderer die Anstrengung und erklimmen den Turm. Mit Mühe finden wir über die Baumwipfel hinweg Aussichten zum Großen Feldberg oder in den Rheingau. Zu Füßen des Turms wartet eine Rastbank für eine kleine Pause auf uns.

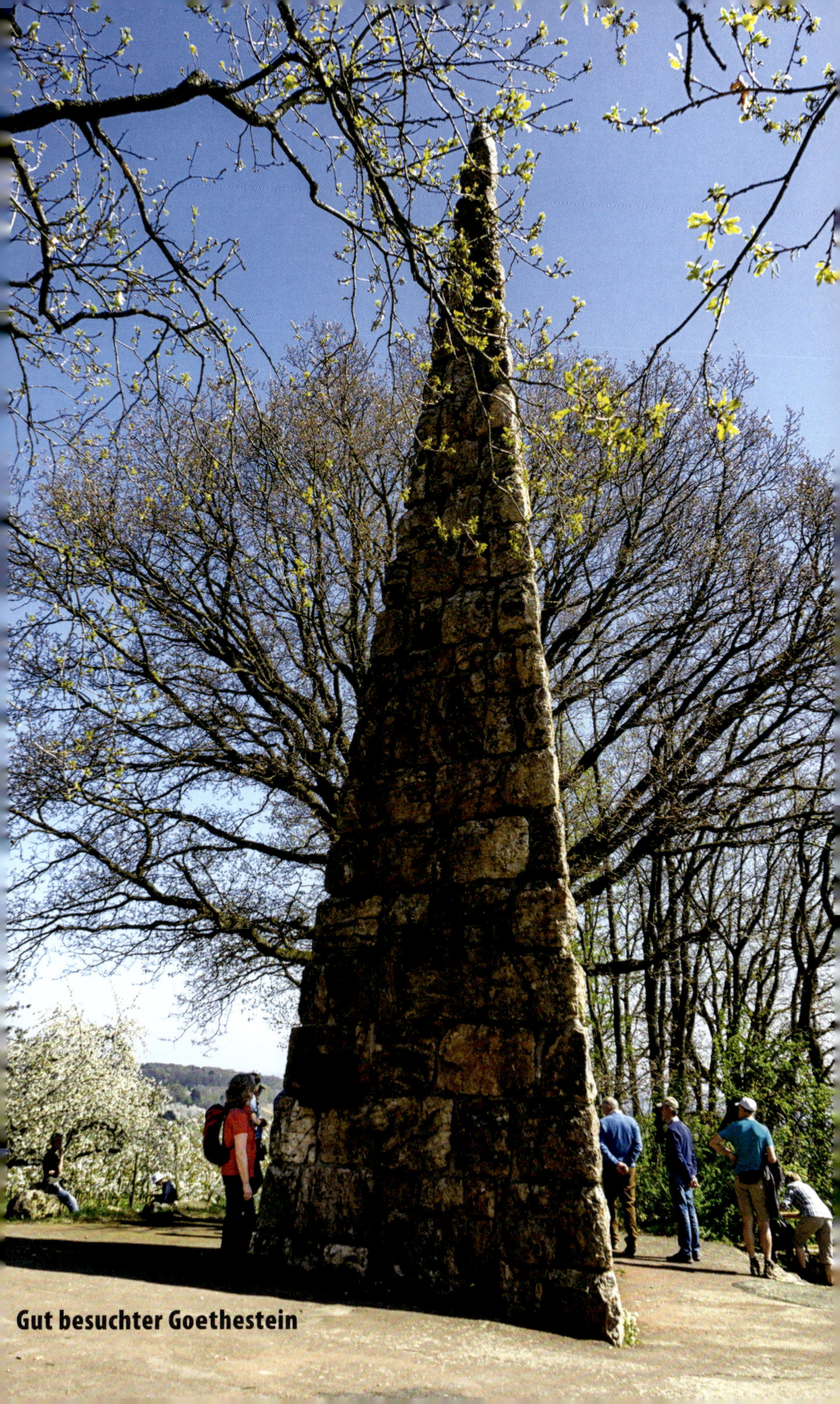

Gut besuchter Goethestein

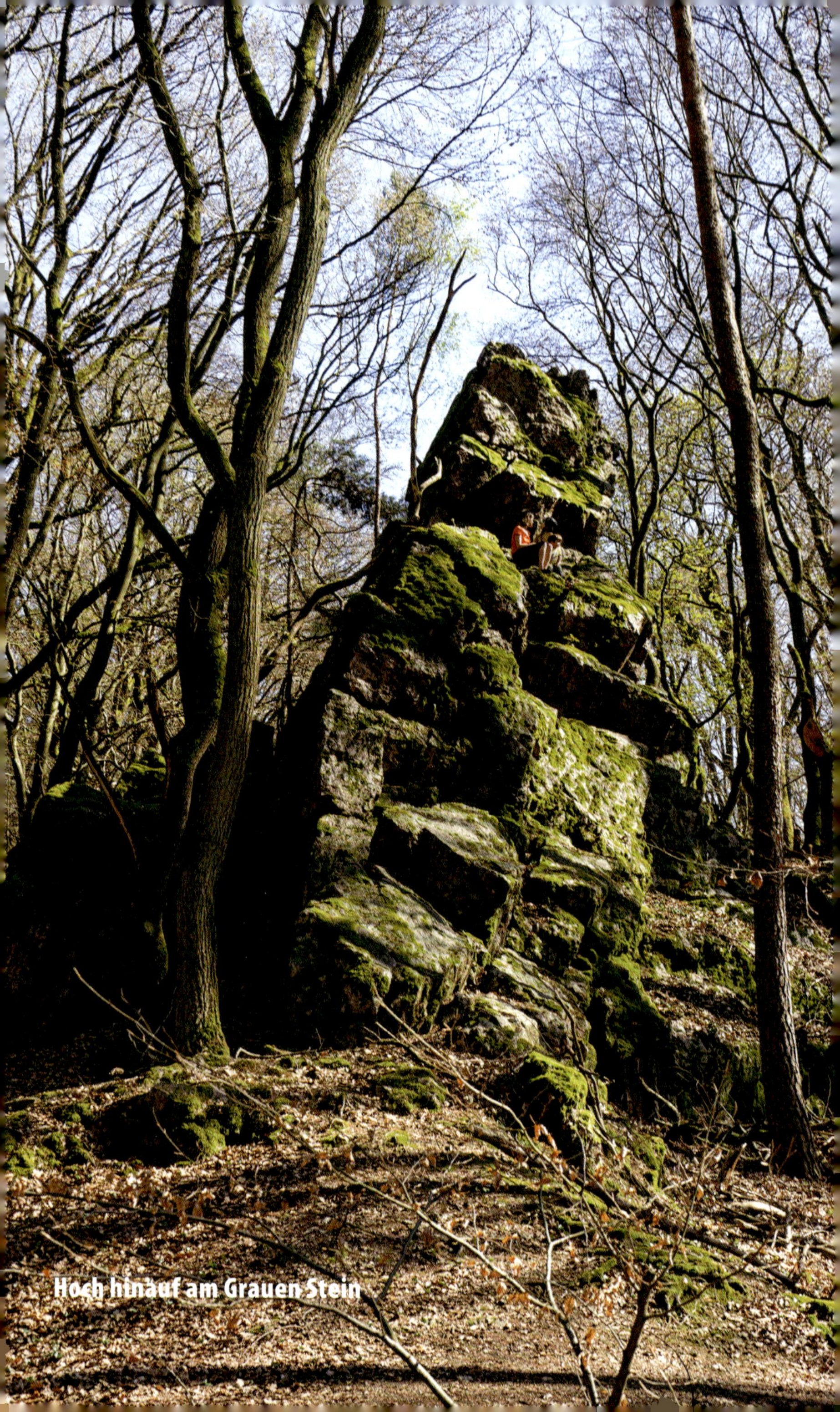

Hoch hinauf am Grauen Stein

Danach halten wir uns rechts vom Turm mit dem Markierungszeichen Schwarzer Punkt auf weißem Grund, dem wir nun längere Zeit folgen. Auf pfadigem Weg wandern wir durch herrlichen Eichenwald, halten uns an einem Feldweg links und umrunden einen mächtigen Quarzitfelsen. Wir schlüpfen dann auf einem Pfad rechts abwärts, der sich bald zu einem ordentlichen Feldweg mausert und in eine weitere weite Fläche mit Streuobstwiesen öffnet. Während sich linker Hand Frauenstein ausdehnt, schwingt sich der mit farbenprächtigen Kirschbäumen bevölkerte Hügel rechts von uns sanft hinauf. Mit diesem malerischen Landschaftsbild erreichen wir einen asphaltierten Weg, halten uns links bis zur **Kirschblütenstraße,** überqueren diese bei einem Fußgängerüberweg und flanieren durch eine Kirschbaumallee bis zum Rand des Sportplatzes.

Wir schwitzen bei der anschließenden Steigung empor zur Schleif. An einer Parkbank orientieren wir uns nach rechts, genießen noch einmal die bezaubernde Atmosphäre üppig blühender Kirschbäume und sagen ade, als wir unter das Blätterdach eines kühlenden Eichen-Buchen-Walds schlüpfen.

Nach etwa 500 Metern halten wir uns an der Weggabelung rechts. Wir schöpfen frischen Atem zwischen den Bäumen, ahnen den Lippbach rechts von uns und setzen uns bei einer ausufernden Wiese erneut der prallen Sonne aus.

Sobald wir nach einem Wechsel aus Feldern und Wäldern auf einen quer laufenden Waldweg treffen, lädt uns das Markierungszeichen Hase ein, ihm ein gutes Wegstück lang nach links zu folgen. Wir laufen ihm für rund 1 Kilometer bis zur **L 3441** hinterher, queren die viel befahrene Landstraße umsichtig und passieren den Parkplatz Terra Levis. An der Schutzhütte beim Nonnenbuchwald am **Grauen Stein** ❻ zieht es uns nach links. Die sichtbare Höhe des Grauen Steins beträgt 12 Meter, er gehört zu einem Quarzitgang, der sich bis zum Goethestein und zum Spitzen Stein bei der Burgruine Frauenstein zieht. Und wie wir mit eigenen Augen sehen, wird auf dem Felsen gern geklettert.

Auf schmalem Pfad legen wir dann wieder gemeinsam mit dem Markierungszeichen Rheinsteig die letzten Meter bis zu unserem Ziel zurück.

Tief in Gedanken ob der Stille, die uns umgibt, übersehen wir fast rechts des Wegs den **Monstranzenbaum 7**. Der musste 2009 gefällt werden, weil sein Alter ihm zu schaffen machte, und so liegt er mächtig und müde inmitten des weichen Waldbodens. Schließlich erreichen wir den Parkplatz.

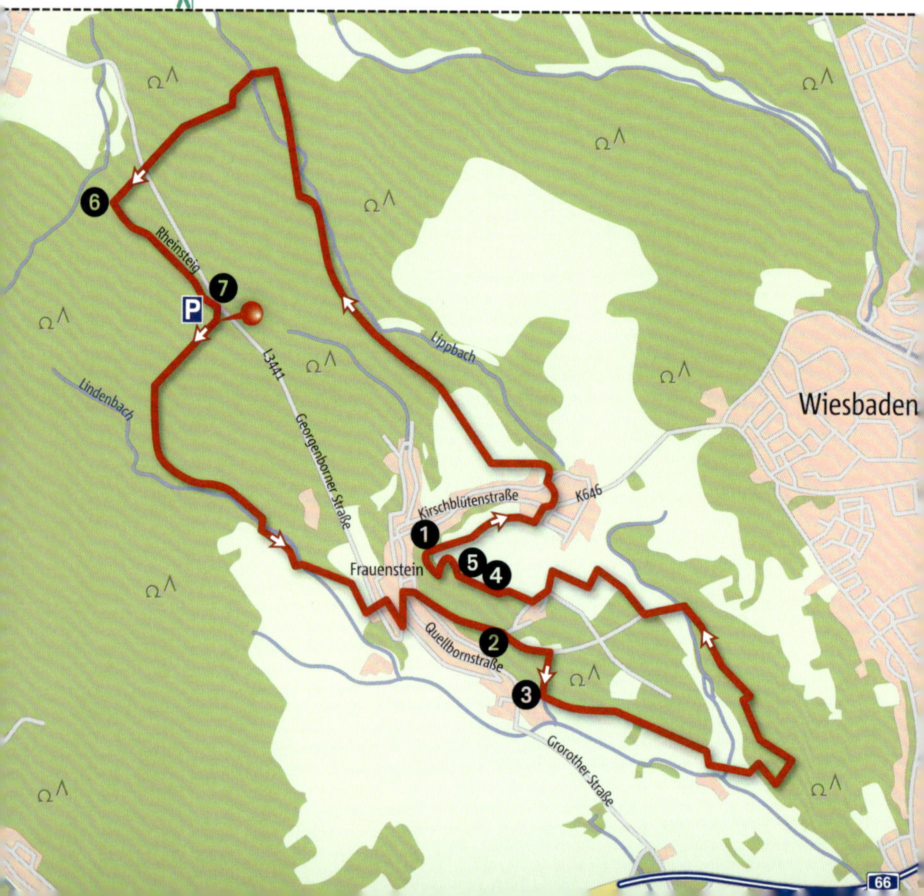

Alles auf einen Blick

WIE & WANN:
Wald- und Weinbergswege, landwirtschaftlicher Weg, Straßen in Frauenstein; beste Wanderzeit von April bis Oktober (besonders zur Blütezeit im April und Mai)

HIN & WEG:
Auto: Parkplatz Monstranzenbaum, L 3441 von Frauenstein nach Georgenborn, nach rund 2 Kilometern links (GPS: 50.074763, 8.140429)
ÖPNV: Bus 24 Wiesbaden Bismarckring nach Frauenstein Kirschblütenstraße, dort Einstieg in die Wandertour

ESSEN & ENTSPANNEN:
Zum Kapellchen ❸ Gastronomie Grorother Hof, Quellbornstraße 95, 65201 Wiesbaden, Tel. (06 11) 41 18 99 12, www.zum-kapellchen.de

Entspannung ✱✱✱✱✱
Genuss ✱✱✱✱✱
Romantik ✱✱✱✱✱

ENTDECKEN & ERLEBEN:
Burgruine Frauenstein ❶ Burglindenstraße, 65201 Wiesbaden, www.burgverein-frauenstein.de
Rastbänke ❷
Goethestein ❹
Aussichtsturm ❺
Grauer Stein ❻
Monstranzenbaum ❼

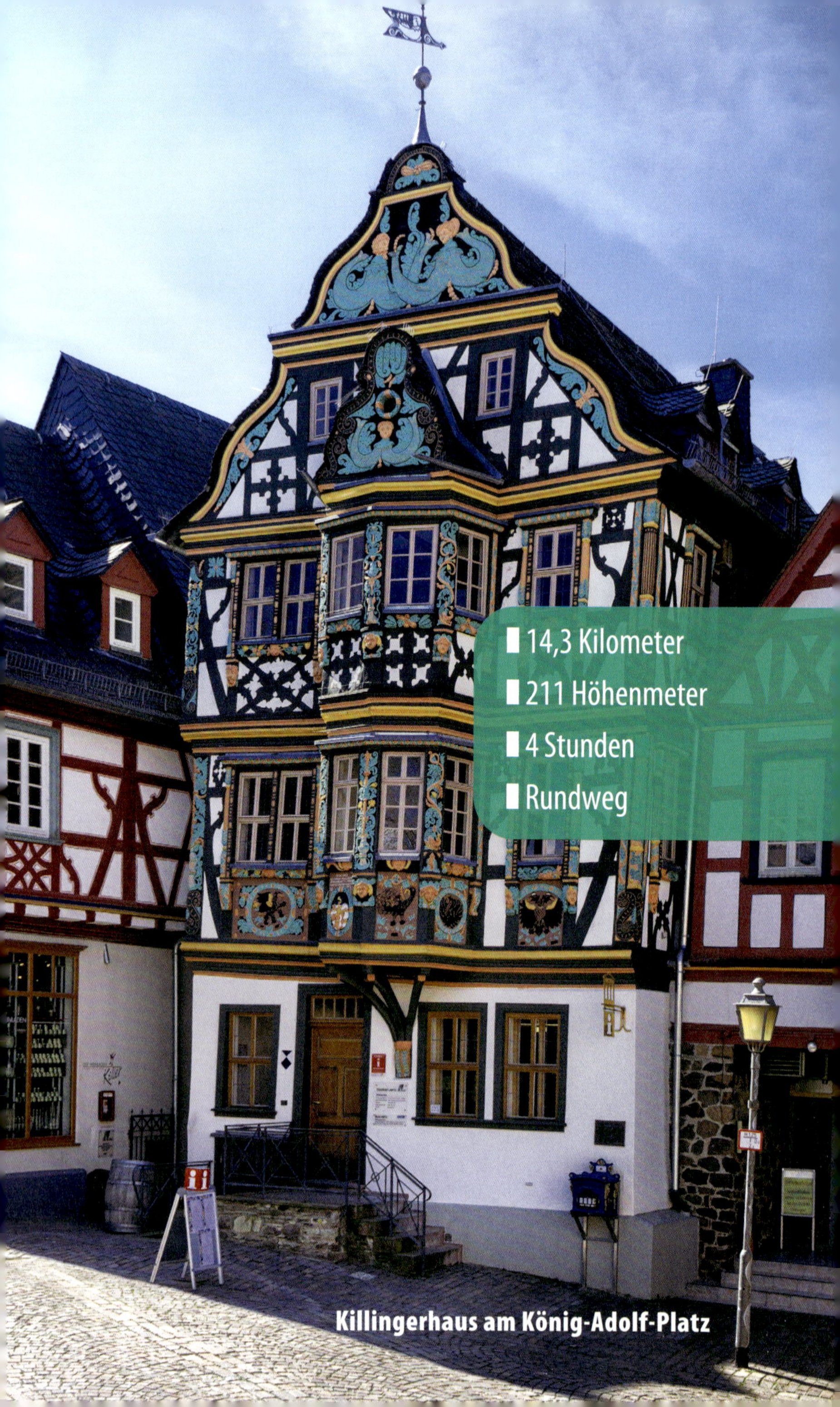

- 14,3 Kilometer
- 211 Höhenmeter
- 4 Stunden
- Rundweg

Killingerhaus am König-Adolf-Platz

Vom Parkplatz hinter dem Schloss gehen wir über einige Treppenstufen links am **Residenzschloss** ❶ entlang, überqueren die Straße **Am Hexenturm** über den Fußgängerüberweg und spazieren die Treppe hinauf bis zur Schlossbrücke. Direkt vor uns sehen wir den **Hexenturm** ❷. Wir wenden uns dann in den beschaulichen **Schlossgarten** ❸. Ein Lustgarten lässt sich bis 1566 nachverfolgen. Wir flanieren vorbei an historischen Blumen und Rosen und setzen uns für einen entspannten Moment auf eine der Bänke.

Wir wenden uns über die **Schlossgasse** dem **Kanzleitor** ❹ zu und durchqueren es. Das Tor trennt den städtischen vom herrschaftlichen Bezirk der Stadt und wurde 1497 erbaut.

Fachwerkidyll

Rund um Idstein

Von der Treppenempore aus begeistert uns das bezaubernde Panorama der alten Stadthäuser. Eine Treppe bringt uns hinunter zum **König-Adolf-Platz** ❺, der „Gut Stubb" Idsteins. Die Tourist-Info sehen wir rechter Hand im 1615 erbauten Killingerhaus.

Eine Stadtbesichtigung wollen wir im Anschluss zur Wanderung anfügen, erst einmal sollen die Beine uns aus der Stadt tragen. Weil wir noch Verpflegung für unterwegs mitnehmen wollen, versorgen wir uns im **Café Ungrad** ❻ mit frisch belegten Brötchen oder trinken einen der fair gehandelten Kaffees, und vielleicht nehmen wir uns auf dem Rückweg noch eines der leckeren Brote mit nach Hause.

Wir spazieren weiter in die **Rodergasse,** dann gleich links in die **Löhergasse.** Wir orientieren uns am sporadisch sichtbaren Markierungszeichen „Rund um Idstein“, gehen über den **Löherplatz** an der Stadtbücherei vorbei, wenden uns dann rechts, weiter zum Kreisverkehr und dort dann links in den **Veitenmühlweg.**

Auf dem Veitenmühlweg, der später in die **Grunerstraße** übergeht, halten wir uns rund 800 Meter immer geradeaus bis zum **Hofgut Gassenbach ⑦.**

Der Hexenturm ist das Wahrzeichen der Stadt Idstein. Er wurde als Wachtturm erbaut, der ursprünglich um 1170 nur 11 Meter hoch war.

Wir halten uns dort links, überqueren den Wörsbach und sehen rechter Hand einen Fuß-/Radweg, der uns entlang der **Henri-Dunant-Allee** bis zu einer Unterführung bringt. Wir unterqueren also die Allee und setzen unseren Weg nahe beim Wörsbach fort.

Nachdem wir Idstein hinter uns gelassen haben, wandelt sich der asphaltierte Weg zu einem weichen Feldweg. Während uns links das gewohnte Ensemble aus Hecken, Büschen, Bäumen begleitet, grasen zur Rechten Rinder auf den Weiden. Grüne Wiesen geben den Ton an, aus der Ferne hallt noch eine Zeit lang das monotone Gebrumm der Motoren von der **A 3.**

Obwohl wir mit der Beschilderung bis jetzt unzufrieden sind, verlaufen wir uns nicht. Es geht nämlich

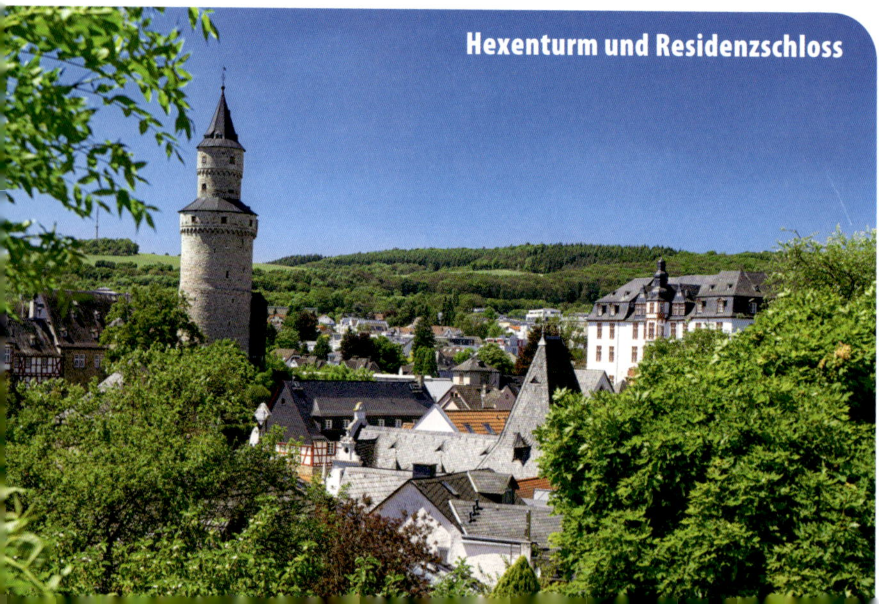

Hexenturm und Residenzschloss

schnurstracks geradeaus, gleichmäßig eben, ohne Auf und Ab.

Nach rund 1 Kilometer läuft uns von rechts der Limeswanderweg zu. Seinem Markierungszeichen, dem schwarzen Turm auf weißem Grund, werden wir nun zuverlässig für rund 5 Kilometer folgen.

Unser Weg schwenkt beim Naturschutzgebiet nach links, gleich darauf verlassen wir den breiten Wirtschaftsweg an einer Rastbank und ziehen auf weichem Wiesengrund hangaufwärts. Und während sich der Wald zurückzieht und Felder seinen Platz einnehmen, weitet sich der Blick. Das Usinger Land breitet sich vor uns aus. Von einer **Rastbank** 8 fast auf der Anhöhe betrachten wir es in Ruhe.

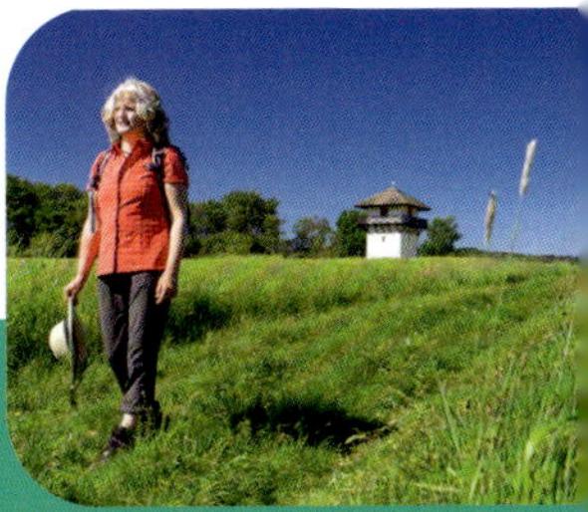

Für die Seele

Beim Limes spüren wir der Vergangenheit nach, im einsamen Wolfsbachtal fließt unsere Seele sanft mit dem Gewässer.

Dabei wartet der **Limes-Wachtturm** 9 nur wenige Schritte von uns entfernt. Die viel befahrene **L 3026** überqueren wir aufmerksam, lassen uns dann aber Zeit, vielleicht bei einer ersten Mahlzeit am Rastplatz beim Turm, und lesen die Informationstafeln zum Limes und zum Sternapfel, einer alten Apfelsorte, die hier jüngst angepflanzt wurde. Der Limesturm ist nicht offen. Die Idsteiner Senke ist ein breiter Einschnitt im Taunuskamm, den der Limes hier quert. In den Wäldern ringsherum finden sich Reste des Walls und der Gräben.

Der Feldweg führt uns hinunter Richtung Dasbach, schleift noch links zum **Dasbacher Weg,** an dem entlang wir den Ortsrand erreichen. Über die Straße

An der Struth zieht es uns hinauf zum harmonisch gestalteten kleinen **Dorfplatz** ⑩ des 1354 erstmals urkundlich erwähnten Orts. Wir wenden uns nach links in die **Kirchstraße** und beachten die Kirche aus dem Jahr 1613.

Nach dem letzten Wohngebäude halten wir uns rechts und verlassen Dasbach. An der folgenden Wegkreuzung orientieren wir uns nach links und stromern nun eifrig den Hang hinauf zwischen sprießenden Getreidefeldern. Eine **Rastbank** ⑪ auf der Höhe am Waldrand mit schöner Aussicht über das Umland versüßt uns das Ringen nach Atem, bevor wir uns die nächsten Meter bergauf vornehmen. Die führen uns entlang von Waldstücken. Unser Weg schwenkt nach fast 500 Metern links ab. Immer am Waldrand entlang läuft er nun, bis er links in den Wald verschwindet.

Wir schließen uns dem Weg zwischen Eichen und Buchen und Fichten an, absolvieren ein kurzes Stück und halten uns danach wieder rechts. Nun wird es eng, der Weg verwurzelt, die Bäume rücken nahe an uns heran. Und der **Limes** ⑫ taucht auf, manchmal deutlich sichtbar als Erdhügel neben uns, der sich durch den Wald zieht. Wir setzen sogar unsere Füße auf den Erdwall, ziehen erst ein Wegstück weit hoch, dann gehen wir mit dem Limeswanderweg tiefer hinab, bis unsere letzten Schritte auf gewundenem Pfad in einem breiten Waldweg abschließen.

An dieser Stelle trennen wir uns vom Limeswanderweg. Nun gehen wir mit dem Europäischen Fernwanderweg **E 1** nach links, nicht ohne vorher einige Blicke durch die weite Tallandschaft zu werfen, zu dessen Höhepunkt sicher der Blick bis hinauf zum Großen Feldberg und dem deutlich sichtbaren Aussichtsturm zählt.

Gut 600 Meter wandern wir jetzt stramm bergauf und erreichen eine Wegekreuzung. Hier müssen wir achtgeben, denn der folgende Abzweig ist nicht

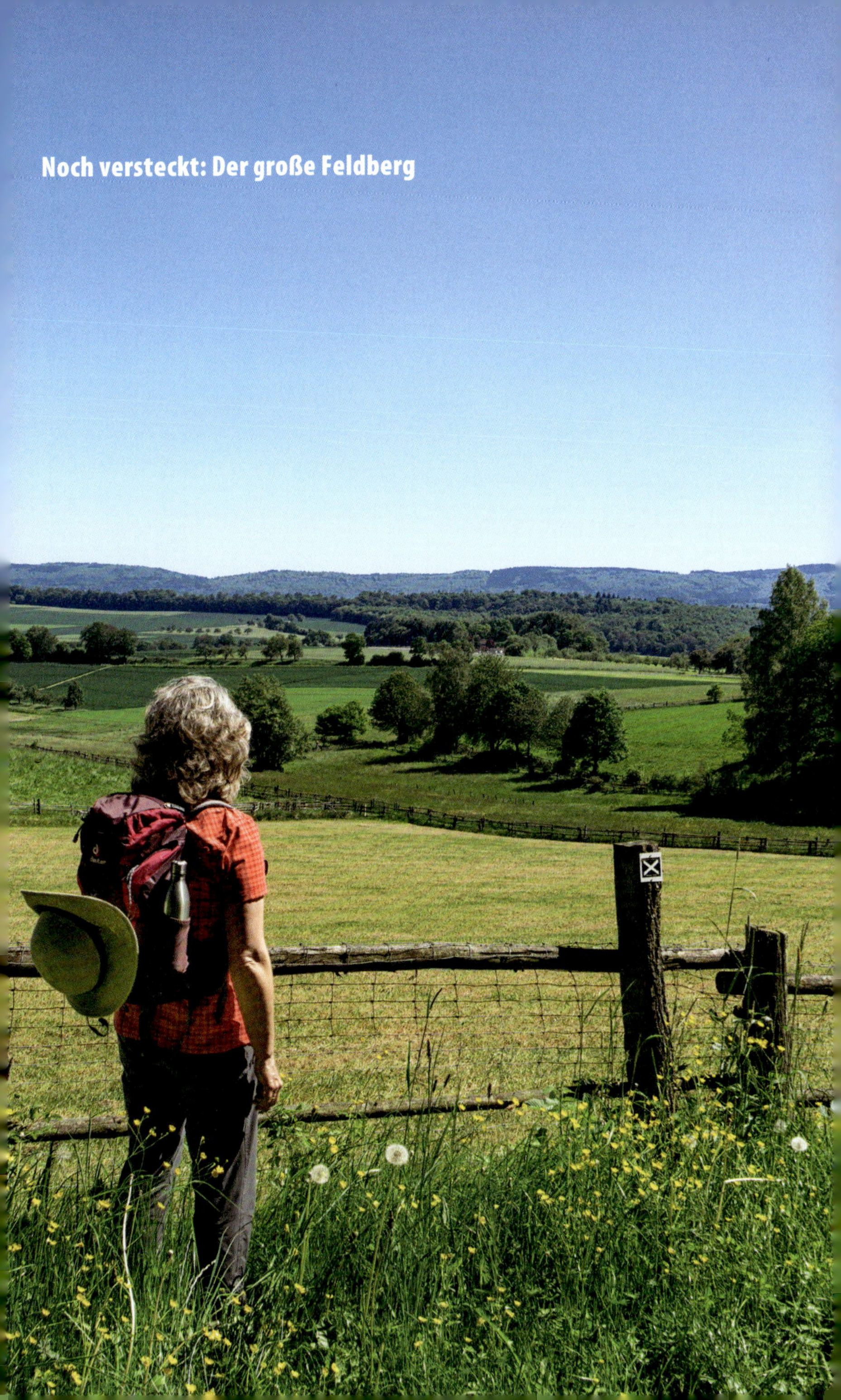

Noch versteckt: Der große Feldberg

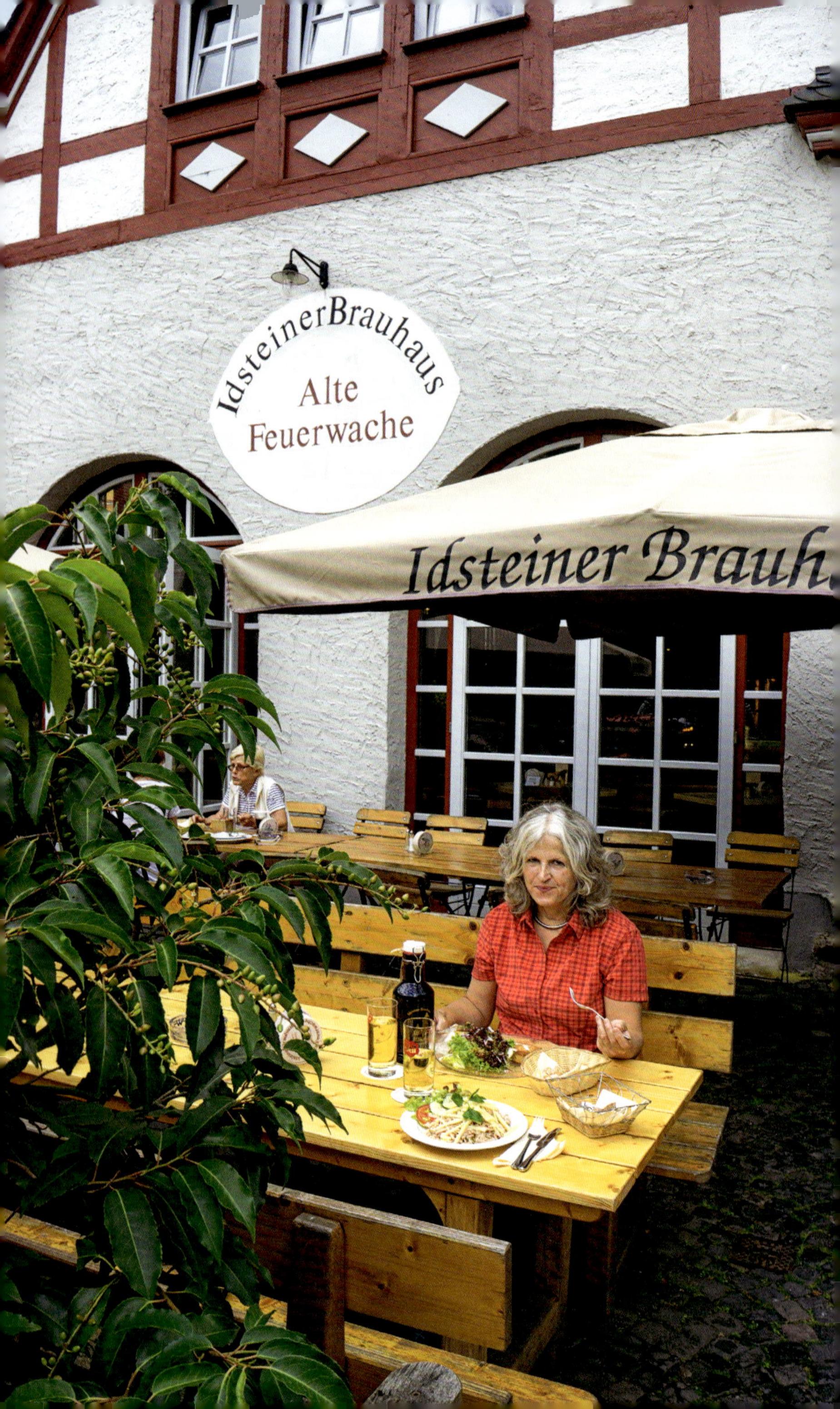
IdsteinerBrauhaus
Alte
Feuerwache
Idsteiner Brauh

beschildert. Während **E 1** schräg rechts weiterläuft, wählen wir den Abzweig direkt links von **E 1.** Dieser führt uns tiefer in den Wald hinein und nach 300 Metern zu einer Wegespinne. Dort treffen wir auf den örtlichen Wanderweg Pilz mit dem Markierungszeichen roter Pilz auf weißem Viereck. Wir orientieren uns mit dem Pilzweg nach links und wandern nun ohne großes Hoch und Runter auf einem gut ausgebauten Waldweg.

In der Talsenke bei einer lang gezogenen Rechtskehre entspringt der **Wolfsbach.** Hier verlassen wir den Hauptweg nach rechts. Während der Weg geradeaus den Wald hinter sich lässt, folgen wir also dem Wolfsbach gemächlich bergab. In die lauschige Aue dringt kaum ein Sonnenstrahl, stattdessen sammelt sich in kleinen Tümpeln das Wasser und verleiht dem **Wolfsbachtal** ⑬ entlang der Steckerwand eine träumerische Ausstrahlung.

Wir passieren nacheinander drei **Fischweiher** ⑭, an denen wir uns kurz auf einer Bank niederlassen. Links erstrecken sich Weiden im Hang, während sich rechts der Buchen- und Eichenwald hinaufzieht.

Jauchzende Kinder wecken unsere Aufmerksamkeit. Sie toben am Badweiher beim **Grillplatz Drei Eichen** ⑮. Die genannten drei Eichen sind ebenso wie eine mächtige Buche Naturdenkmäler. An einer Wegschranke treffen wir auf die **Schützenhausstraße.**

Wir halten uns links, erreichen Idstein und folgen dem Verkehrsweg bis zur **Escher Straße.** Dort orientieren wir uns erst nach rechts, nehmen den Fußgängerüberweg und gehen einen schmalen Weg am Parkplatz entlang bis zur **Weiherstraße.** Natürlich halten wir uns hier rechts, weil uns schon der erste Blick zeigt: Jetzt wird es romantisch. Ein Fachwerkhaus reiht sich an das andere. Wir schauen auch in die Nebengassen, denn dort verbergen sich viele weitere malerische Gebäude wie die **Unionskirche** oder der Höerhof.

Um 1340 wurde die gotische Stiftskirche St. Martin auf einer älteren romanischen Kirche errichtet. Zur Erinnerung an das Jubiläum zur Vereinigung der lutherischen und reformierter Kirche in der Nassauischen Union wurde sie 1917 in Unionskirche umbenannt. Eindrucksvoll ist die Decken- und Obergadengestaltung mit 38 großformatigen Leinwänden mit biblischen Themen nach dem Vorbild der Rubensschule. 2017 wurden aufwendige Renovierungsarbeiten abgeschlossen. Die Kirche ist von etwa 9 bis 17 Uhr geöffnet.

Verwöhntour 14

Das dunkle oder das helle Bier können wir sogar in einer ein oder zwei Liter fassenden Hopfenkanne zum späteren Genuss mit nach Hause nehmen.

Die Weiherstraße führt uns zur **Himmelsgasse.** Wir ziehen diese nach links hinauf und finden uns am **König-Adolf-Platz** wieder.

Zur Einkehr gehen wir vom König-Adolf-Platz einige Schritte weiter in die Rodergasse, dann rechts in die **Schulgasse** bis zum Ende. Linker Hand sehen wir das **Idsteiner Brauhaus** 16 in der Alten Feuerwache. Vom Brauhaus blicken wir übrigens nicht nur auf den Hexenturm, sondern sehen auch das Residenzschloss, an dem wir uns beim Rückweg zum Parkplatz orientieren.

Zuvor aber schmausen wir bei leckerem Bier aus der hauseigenen Brauerei. Rustikale Sitzmöbel laden vor der Gaststätte zur Einkehr.

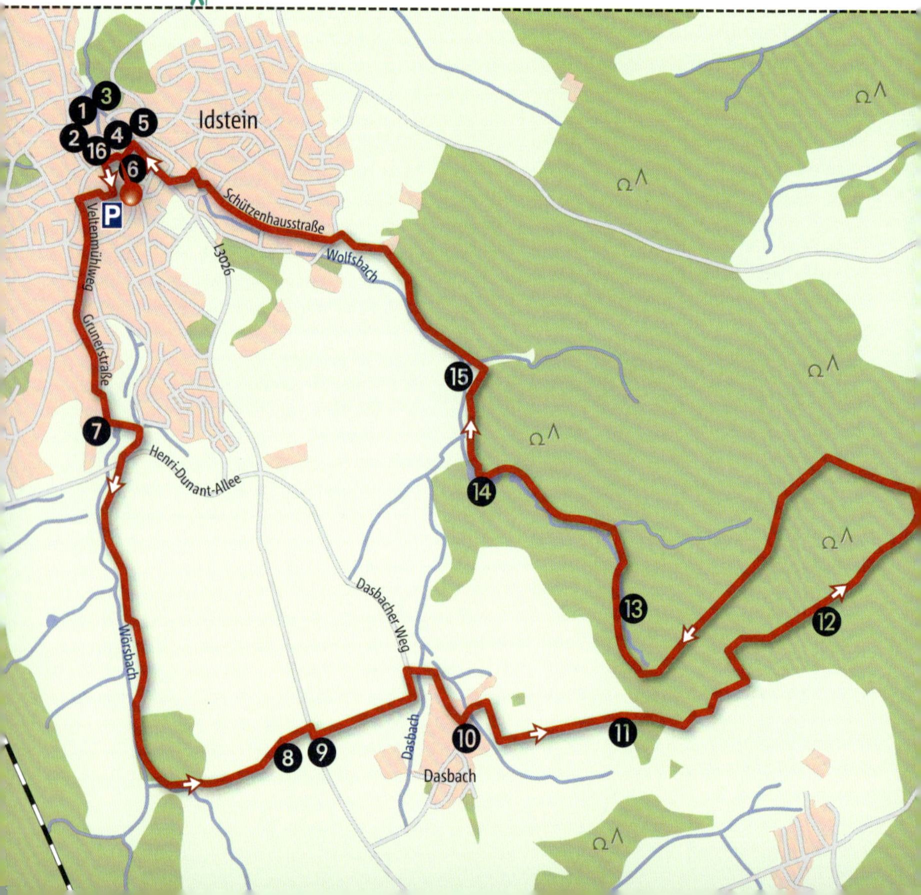

Alles auf einen Blick

WIE & WANN:
Wald- und Wiesenwege, Straßen in Idstein und Dasbach; beste Wanderzeit von April bis Oktober

HIN & WEG:
Auto: Parkplatz hinter der Pestalozzischule, Idsteiner Schloss, 65510 Idstein, kostenlos (GPS: 50.223541, 8.267361)
ÖPNV: Bahn Frankfurt u. Wiesbaden über Niedernhausen nach Idstein, vom Bf. über die Friedrich-Ebert-Straße in die Grunerstraße, Einstieg direkt in die Wandertour

ESSEN & ENTSPANNEN:
Café Ungrad ❻ König-Adolf-Platz 1, 65510 Idstein, Tel. (0 61 26) 9 59 75 35
Idsteiner Brauhaus ⓰ Schulgasse 6, 65510 Idstein, Tel. (0 61 26) 95 81 12, www.brauhaus-alte-feuerwache.de

Entspannung ✸✸✸✸✸ (3 von 5)
Genuss ✸✸✸✸✸ (4 von 5)
Romantik ✸✸✸✸✸ (5 von 5)

ENTDECKEN & ERLEBEN:
Residenzschloss ❶
Hexenturm ❷
Schlossgarten ❸
Kanzleitor ❹
König-Adolf-Platz ❺
Hofgut Gassenbach ❼
Rastbank ❽
Limes-Wachtturm ❾
Dorfplatz ❿
Rastbank ⓫
Limes ⓬ Wolfsbachtal ⓭
Fischweiher ⓮
Grillplatz Drei Eichen ⓯

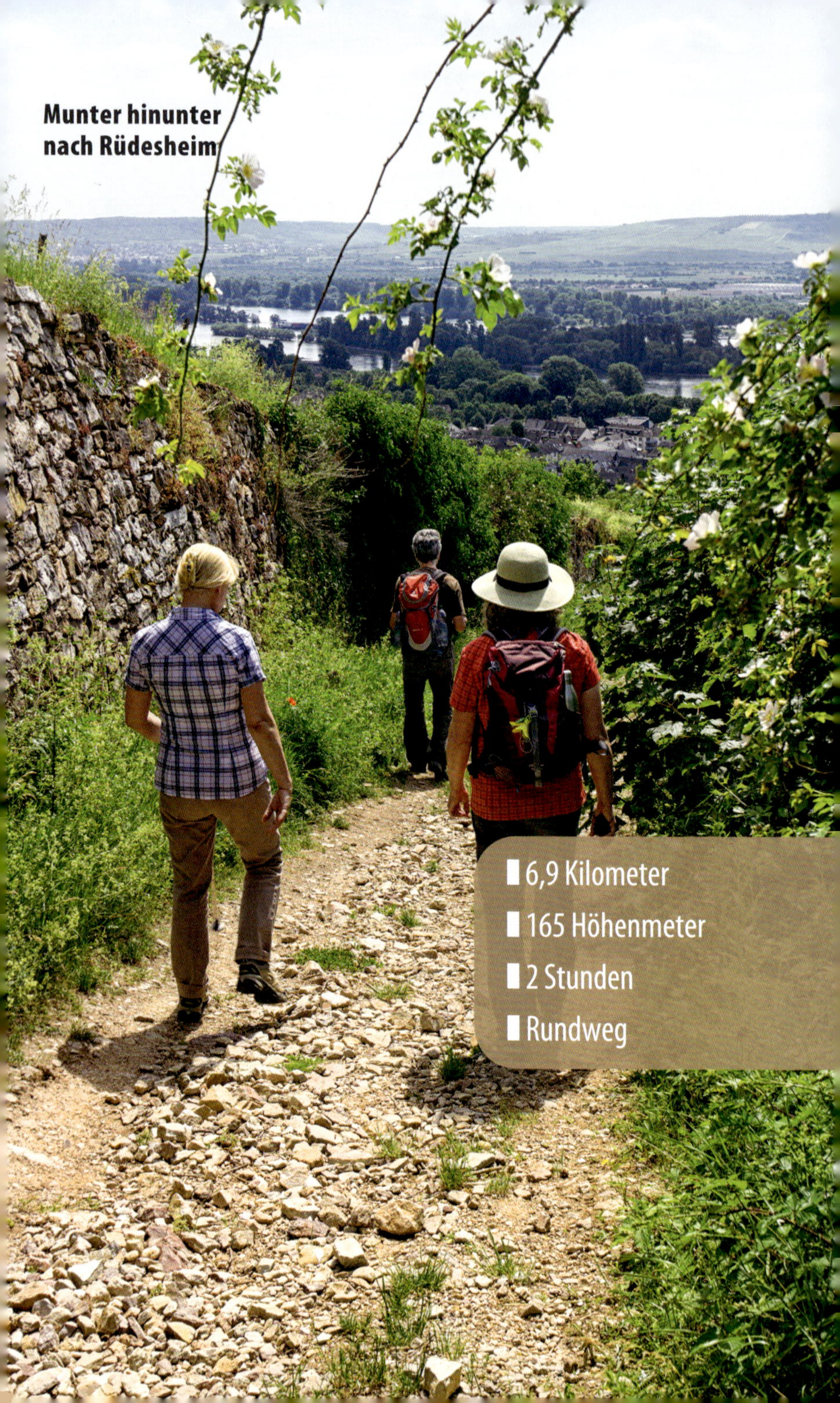
Munter hinunter
nach Rüdesheim
6,9 Kilometer
165 Höhenmeter
2 Stunden
Rundweg

Vom Parkplatz gehen wir an der Klostermauer entlang. Die Einkehr in die Klosterkirche und die Besichtigung der Außenanlage werden wir nach der Wanderung in die Tat umsetzen. Wir erreichen den Startpunkt des Hildegard-Wegs. Wir ziehen geradeaus weiter durch die Weinbergslage Klosterberg über den Hildegard-Weg, der sowohl mit Informationstafeln als auch mit dem Markierungszeichen „Symbol der heiligen Hildegard auf weißem Grund" ausgestattet ist.

Nach rund 1 Kilometer schweift der Weg nach rechts ab und endet an der **L 3034,** die wir umsichtig überqueren. Auf der anderen Straßenseite halten wir uns im Wohngebiet **An der Ulm** sofort links. Gemächlich wird der Abstieg eingeläutet, als wir eine renovierungsbedürftige Kapelle passieren. Ein kurzes Wegstück tauschen wir die Weinreben gegen Bäume und Sträucher ein, halten uns an einem Abzweig bei der Jugendherberge rechts und unterqueren kurz danach das aus Sandstein bestehende **Viadukt** ❶ der ehemaligen Zahnradbahn. Malerisch umrahmt von Steinmauern wandern wir in einem Hohlweg, dem sogenannten **Kuhweg,** hinab nach Rüdesheim. Auf dieser Strecke wurden früher die Kühe auf das Ebental oberhalb der Abtei geführt.

Die Abtei bewirtschaftet den Klosterberg und weitere Weinberge selbst, bei der Weinlese arbeiten die Schwestern mit. Auf den 6,5 Hektar wird überwiegend Riesling angebaut und auch im klostereigenen Laden verkauft.

Die Zahnradbahn führte seit 1884 über eine Strecke von 2,3 Kilometern von Rüdesheim hinauf zum Niederwald. 1939 wurde der Betrieb der Niederwaldbahn eingestellt, 1952 die Bahn abgebrochen.

Klösterliches Leben

Auf dem Hildegard-Weg

Über die **Germaniastraße** erreichen wir Rüdesheim, passieren den **Parkplatz P 2,** orientieren uns in die **Bergstraße,** links über die **Rosenstraße** in die **Keltenstraße,** die uns rechts zum **Marktplatz** und zur katholischen

Die Brömserburg ist die am besten erhaltene Burg von vieren in Rüdesheim, die alle bereits um 1200 existierten. Teile des Innenaufbaus lassen darauf schließen, dass die in Kloster Eberbach tätige Werkstatt mit einem Laienbruder als Bauleiter auch die Brömserburg gestaltete. Ihren Namen erhielt sie durch das Geschlecht der Brömser aus dem Wispertal.

Kirche St. Jakobus ② führt. Die Kirche stammt aus dem 14. Jahrhundert, der Turmunterbau sogar aus dem 12. Jahrhundert. 1944 wurde sie fast vollständig zerstört, bis zum Jahr 1956 dann wieder aufgebaut.

Von der **Marktstraße** gelangen wir zur **Rheinstraße** und fast mitten hinein ins Getümmel. Wir gehen in Richtung Drosselgasse. Wer mag, wirft einen Blick in die von Musik und Menschen geflutete, 144 Meter lange Gasse, die erstmals im 15. Jahrhundert als Quartier für die Rheinschiffer genannt wurde.

Das quirlige Leben lassen wir bald hinter uns. Romantisch wird es, als wir im Hintergrund die **Boosenburg** mit ihrem markanten Bergfried entdecken. Ursprünglich als Oberburg bezeichnet, wurde sie 1227 erstmals urkundlich erwähnt. Nach 1836 wurde sie abgebrochen und durch eine Villa ersetzt, erhalten geblieben sind der Bergfried und der zum Weinkeller umgebaute Burggraben.

Die **Brömserburg** ③ nahe bei der Straße schauen wir uns näher an. Die gedrungen wirkende Burg sah

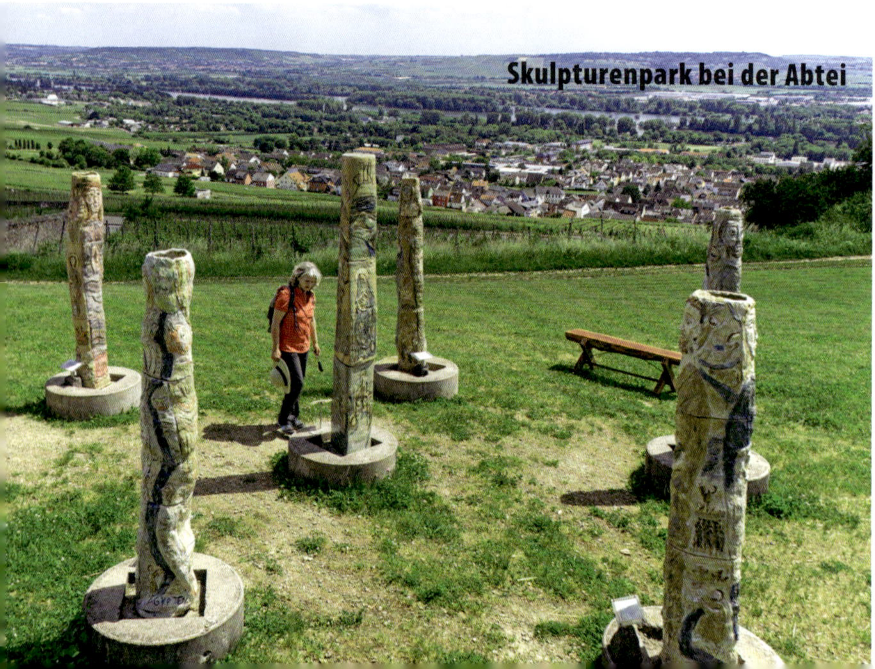

Skulpturenpark bei der Abtei

früher durch die erhabenen Türme weniger klobig aus. Vom 27 Meter hohen Bergfried gewinnen wir einen schönen Blick über den Rhein. Wir betreten den kleinen Burggarten mit historischen Keltern und Fässern und nutzen die Gelegenheit zu einem Besuch des Rheingauer Weinmuseums.

Wir wandern nun erst die **Burgstraße,** dann die **Oberstraße** bergan, verlassen diese aber nach kaum 50 Metern in die Straße **Am Feldtor** und lassen damit die letzten Häuser von Rüdesheim hinter uns. An der Wegekreuzung in der weltberühmten Weinbergslage Rottland fällt uns der **Metternich'sche Bildstock** ❹ auf. Wir halten uns rechts, der Weinbergsweg zieht uns weiter hoch, am **Rupertsblick** ❺ vorbei, von dem aus wir ins „Land der Hildegard" schauen. Dann unter der Seilbahn her und immer höher hinauf, an Weinbergsmauern vorbei, die wild bewachsen sind mit knallrotem Mohn und Feldblumen. An den Weinstöcken formen sich die ersten Trauben.

Unterwegs bietet ein Sitzbänkchen, zu schmal für mehr als zwei Wanderer, seine Dienste an.

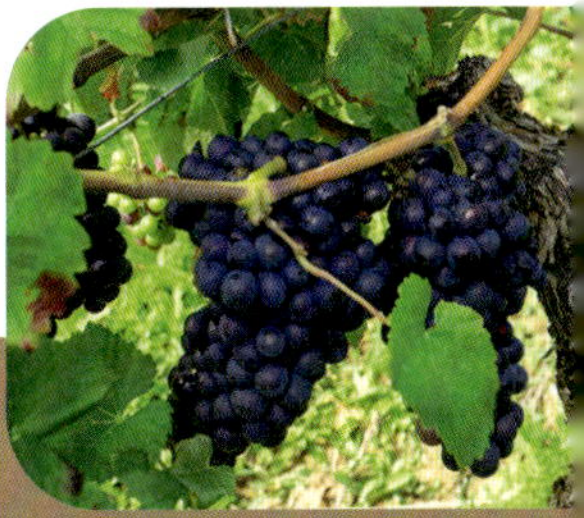

Für die Seele

In der Abtei St. Hildegard und in der Wallfahrtskirche Eibingen strömt wohltuende Ruhe in uns.

Eine Brücke bringt uns sogleich über den **Kuhweg,** auf dem wir vorhin unter der Brücke Richtung Rüdesheim geschlendert sind. Schon bald darauf erreichen wir die **L 3034** und setzen unseren Weg auf der anderen Seite fort. Am folgenden Abzweig steuern wir unsere Füße nach rechts, denn wir wollen zur **Wallfahrtskirche Eibingen** ❻. Die Pforte der Kirche

1150 gründete Hildegard von Bingen das Kloster Rupertsberg. Der Orden wuchs rasch, und so erwarb Hildegard das ehemalige Augustinerkloster Eibingen. Nachdem das Kloster Rupertsberg nach der Zerstörung nicht länger bewohnbar war, suchten die Nonnen von Rupertsberg um 1642 Zuflucht in Eibingen. Die Besitzungen gingen dann durch die Säkularisation 1803 verloren, das klösterliche Dasein in Eibingen endete. Die Klosterkirche aber besteht weiter, und in dieser sehen wir noch heute die Reliquien der heiligen Hildegard, aufbewahrt in einem vergoldeten, in Köln und in Maria Laach gefertigten Schrein, der einem Gebäude ähnelt. Die Verehrung der Reliquien fußt auf dem Glauben, dass die Heilungskräfte der Heiligen in den Reliquien erhalten bleiben. Die Pfarrkirche St. Hildegard brannte 1932 aus und wurde 1935 erneut eingeweiht.

erreichen wir vom Häuserweg über den Friedhof. Wir nehmen dort das zweite Zugangstörchen, gehen geradeaus hinüber und einige Treppenstufen hinab.

Nach der Besichtigung folgen wir demselben Weg zurück zum Häuserweg, dann über die **Eibinger Oberstraße** zur **Angerstraße.** Die Eibinger Oberstraße stellte früher den Ortskern dar, wovon noch heute einige prächtige Fachwerkbauten wie der Zehnthof aus dem Jahr 1506 oder das Gebäudeensemble an der Ecke zur Angerstraße mit alten, aber zugeschütteten Weinkellern Zeugnis geben.

Nur 100 Meter gehen wir die Angerstraße hinauf, dann wenden wir uns an einem Kapellchen links auf den **Backhausweg,** den wir gut 500 Meter mit schönen Aussichten in die Rheinebene entlangwandern.

An der nächsten Weggabelung orientieren wir uns nach rechts. Jetzt stehen die letzten Höhenmeter an, die uns geradewegs auf dem **Klosterweg** an der Weinbergslage Kirchenpfad entlang bis zu den Klostermauern führen. Direkt an der Klostermauer wartet wie gerufen ein Waldsofa an der **Jakobi-Rast** ⑦ mit dem stilvollen, von Schwester Christophora angefertigten Relief. Noch ein letztes Mal lassen wir die Augen über das Land schweifen. Weitere Wanderwege wie der Rheinsteig, der Klostersteig oder der Jakobs-Pilgerweg kreuzen diesen schönen Ort. Mit ihnen gemeinsam legen wir die letzten Meter an der Mauer und an kunstvollen Skulpturen vorbei zu den Toren der **Abtei St. Hildegard** ⑧ zurück.

Bevor wir die Kirche besichtigen und uns im Klosterladen umschauen oder den darunter präsentierten Kunstkeller ansehen, stärken wir uns im **Klos-tercafé** ⑨ mit einem Stück leckerem Kuchen.

Ehe wir die Abteikirche betreten, bestaunen wir im liebevoll angelegten Klostergarten mit seiner üppigen Rosenfülle die 150 Zentimeter hohe Bronzestatue der heiligen Hildegard. Sie wurde 1998 von dem Bildhauer Karlheiz Oswald gefertigt. Wir neh-

An der Jakobi-Rast

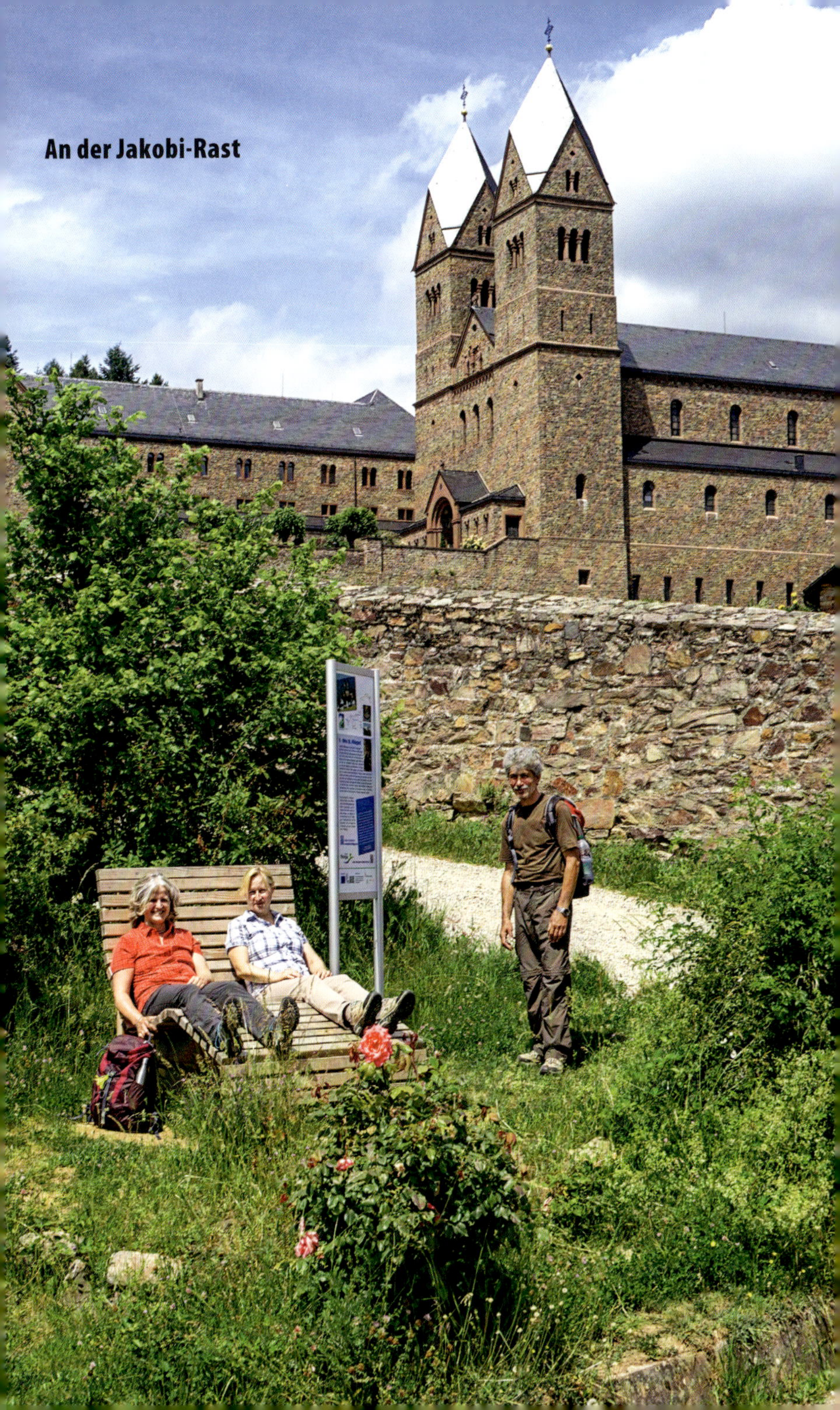

Entschleunigungstour 15

Obwohl die Abtei wie ein romanisches Bauwerk wirkt, erfolgte die Grundsteinlegung erst 1896. Im Jahr 1908 wurde das Kloster zur Abtei erhoben. Die Kirche wurde von 1900 bis 1908 erbaut, die Innenausmalung erfolgte im Geiste der „Beuroner Kunstschule", die für eine zur Besinnung einladende Ausstrahlung steht.

men uns viel Zeit zur inneren Einkehr und bewundern still die zahlreichen, in gedämpften, harmonischen Farben gemalten Bilder. Nach beinahe jedem Schritt verharren wir und betrachten die Szenen aus dem Alten und dem Neuen Testament und zum Leben der Hildegard von Bingen.

Anschließend schauen wir uns im **Klosterladen** ⑩ um, der eine reiche Auswahl an Büchern, religiösen Objekten und im klostereigenen Weingut erzeugten edlen Tropfen offeriert. Wir gönnen uns eine Flasche „Pilgertrunk", einen Riesling, der zu Recht als „belebender Klostertrunk" angepriesen wird, wie wir am Abend herausschmecken.

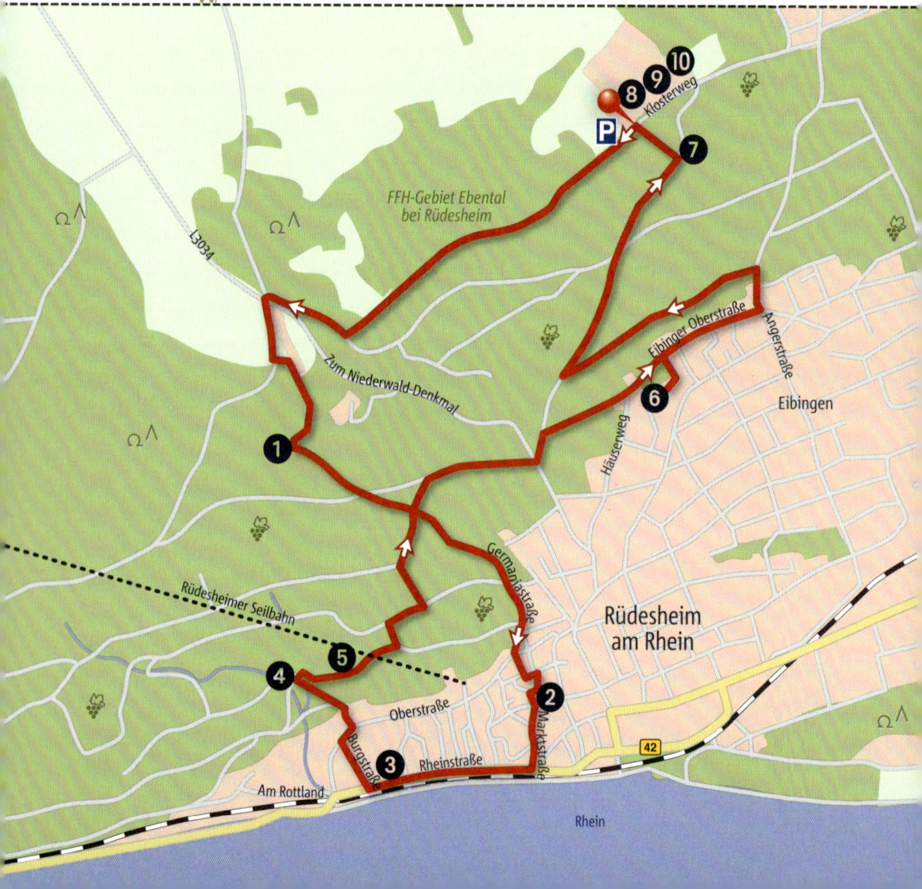

Alles auf einen Blick

WIE & WANN:
Weinbergswege, Straßen in Rüdesheim und Eibingen; beste Wanderzeit von April bis Oktober (besonders zur Reife- und Erntezeit der Trauben im September und Oktober)

HIN & WEG:
Auto: Parkplatz bei der Abtei St. Hildegard, Klosterweg 1, 65385 Rüdesheim (GPS: 49.992881, 7.929616)
ÖPNV: Rheingau-Linie zwischen Frankfurt Hbf. u. Koblenz Hbf. hält mindestens stündlich in Rüdesheim; vom Bf. in die Rheinstraße, dort Einstieg in die Wanderung

ESSEN & ENTSPANNEN:
Klostercafé Abtei St. Hildegard ❾ Klosterweg 1, 65385 Rüdesheim, Tel. (0 67 22) 49 92 15, www.abtei-st-hildegard.de

ENTDECKEN & ERLEBEN:
Viadukt ❶ **Kirche St. Jakobus** ❷
Brömserburg ❸ **Metternich'scher Bildstock** ❹
Rupertsblick ❺ **Wallfahrtskirche Eibingen** ❻
Jakobi-Rast ❼ **Abtei St. Hildegard** ❽
Klosterladen ❿ Klosterweg 1, 65385 Rüdesheim, Tel. (0 67 22) 49 91 16, www.abtei-st-hildegard.de

Entspannung ✱✱✱✱✱
Genuss ✱✱✱
Romantik ✱✱✱✱

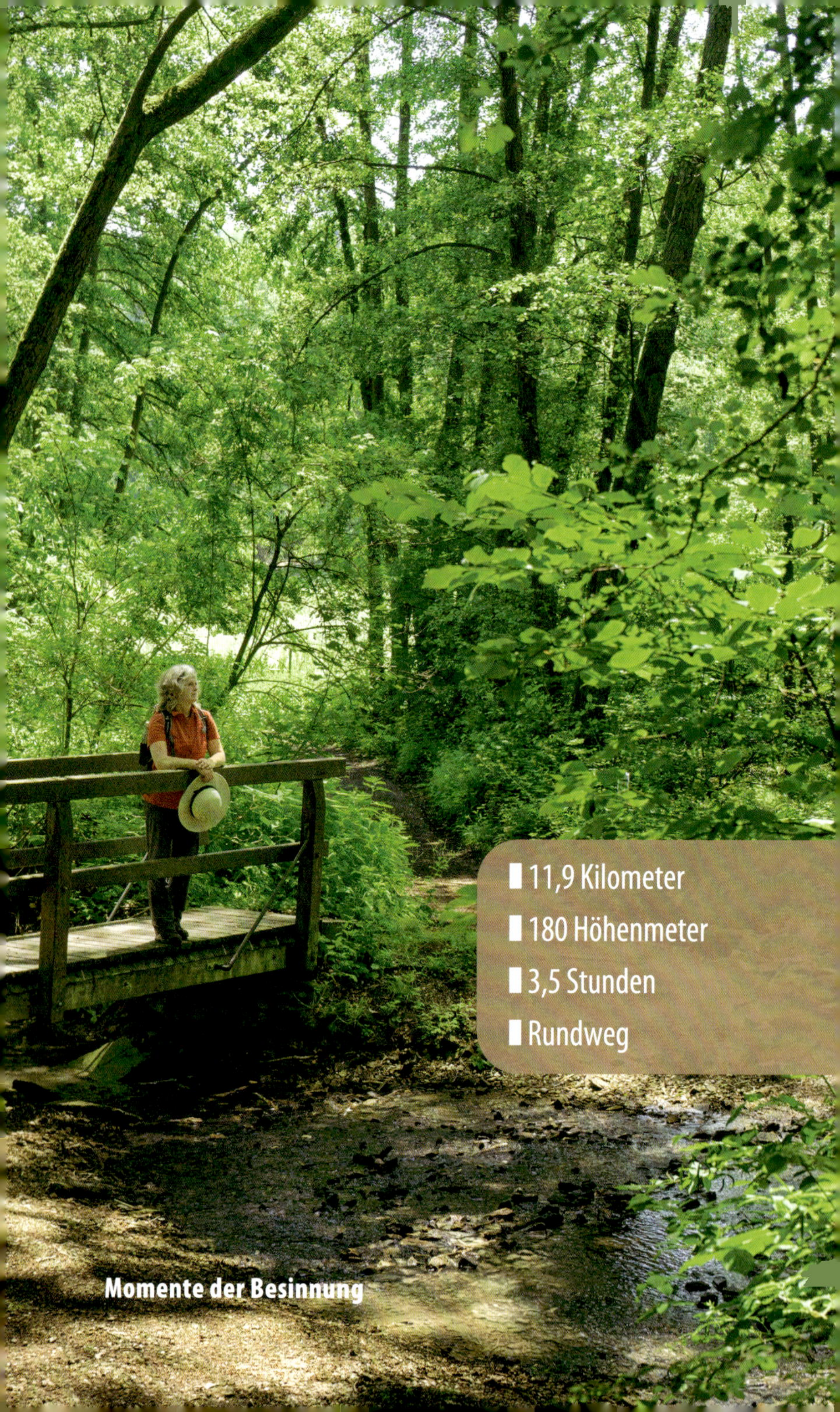
11,9 Kilometer
180 Höhenmeter
3,5 Stunden
Rundweg
Momente der Besinnung

Es klappert die Mühle

Besinnung im Elsterbachtal

Der Elsterbach ist nur ein kleiner Wasserlauf, und doch trieb er einst 18 Mühlen an. Nicht weit vom Kloster Marienthal bei Stephanshausen im Rheingaugebirge entspringt der Bach. Ein gutes Stück werden wir ihn auf seinem rund 9 Kilometer langen Weg zum Rhein begleiten.

Wir beginnen unsere Wanderung am **Mühlstein** gegenüber dem Restaurant Bartolomäe in der **Hauptstraße,** gehen diese dann mit dem Markierungszeichen, einer stilisierten Mühle an zweifarbigem Wasserlauf, in Richtung Ortskern hinab. Dann schwenken wir links in die **Domherrnstraße,** unterqueren die Bahnlinie und passieren die Kinder- und Jugendfarm Oestrich-Winkel e.V. Gleich darauf halten wir uns an einer Wegkreuzung links; auf dem Rückweg werden wir wieder auf diese Kreuzung treffen.

Bei der **Krayer's Mühle** ① überqueren wir den Elsterbach zum ersten Mal. Die Benennung der Mühlen ist oft nicht ganz eindeutig, diese Mühle wird auch manchmal als Pforzheimer Mühle bezeichnet, so wie auch die anderen Mühlen im Verlauf der Geschichte nicht selten unterschiedliche Namen trugen. Gleich danach orientieren wir uns auf dem gut ausgebauten Weg nach rechts und sehen die **Weißmühle** ② etwas abgesetzt vom Weg. Informationstäfelchen erzählen uns die Geschichte der jeweiligen Mühle.

Längst taucht unser Weg in das Rebenmeer ein, unser Blick schweift hinauf zum berühmten Schloss

Johannisberg. Zu unserer Rechten liegt die **Ankermühle 3**, eine ehemalige Getreidemühle, die heute ein Weingut mit Gutsschänke beherbergt.

Gleich danach fällt uns zur linken Seite ein ummauertes Areal auf, das die **St.-Georgs-Klause mit der Mühle an der Klaus 4** umgrenzt. Bei unserer Wanderung beobachten wir Renovierungsarbeiten an diesem Ensemble, das im 12. Jahrhundert als Frauen-Dependance des Benediktinerklosters auf dem Schlossberg diente. Das, was wir mit der gotischen Kapelle aus dem 15. Jahrhundert von jenseits der Bruchsteinmauern sehen, ist der Rest einer größeren Klosteranlage. Die Mühle selbst ist seit 1900 nicht mehr in Betrieb.

Im Ortsteil Grund queren wir den Elsterbach und wandern dann die Straße **Grund** bergan. Unterwegs streifen wir an der **Vatter'schen Mühle 5** vorbei, dann an der **Brückenmühle 6**, in der das renommierte Weingut Johannishof in zehnter Generation Wein-

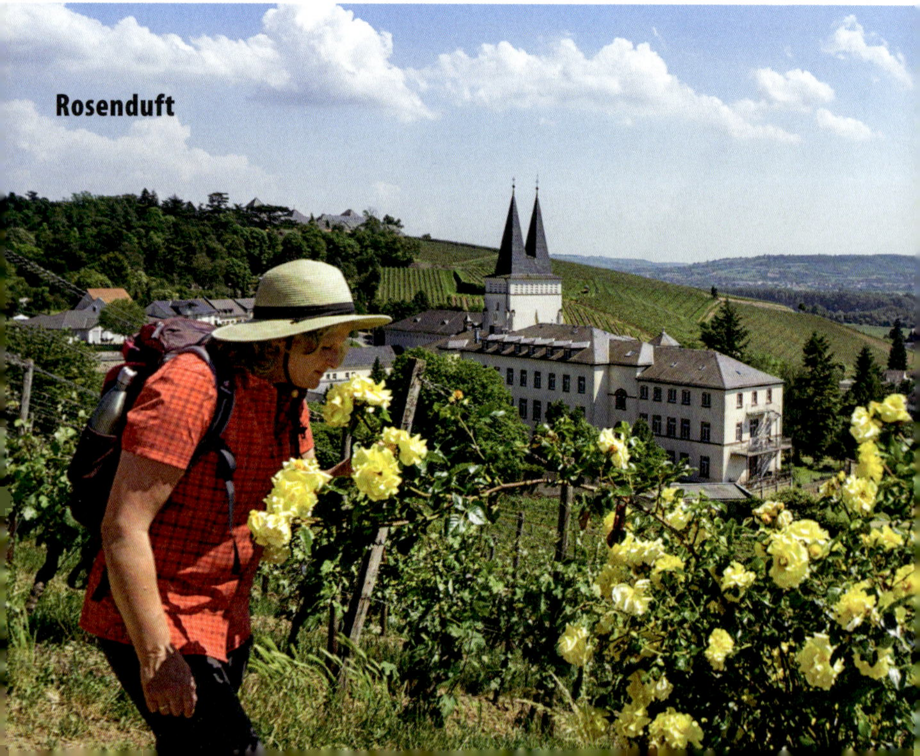

Rosenduft

bau betreibt. Es wurde 817 erstmals urkundlich erwähnt.

Wir schlendern weiter zum **Kloster Johannisberg** ⑦. Das Benediktinerkloster wurde 1956 erbaut, die Kirche 1928 errichtet; heute dient es als Restaurant und Hotel. Linker Hand sehen wir die **Schamari-Mühle** ⑧, in unserer Zeit auch ein Weingut mit Weinklause.

Vor dem Kloster halten wir uns links, verlassen die Straße aber nach kurzem Wegstück am Ende der Klostermauern, indem wir links auf einem schmalen Pfad ins Tal hinabsteigen. Natürlich queren wir wieder den Elsterbach, gewinnen dann in der Nähe der **Elstermühle** ⑨, heute ein Obstbaubetrieb, nach links über die Straße **Im Bodental** an Höhe und lassen bald darauf die letzten Häuser hinter uns.

Im Hang zieht es uns rechts weiter hinein zwischen die Rebflächen, während zur anderen Seite der Hang zum Bach hinabläuft, garniert mit Aussichten hinüber zur 1823 erbauten heutigen Internatsschule **Schloss Hansenberg** mit ihren markanten Ecktürmen. Dem Elsterbach nähern wir uns nach 500 Metern ein

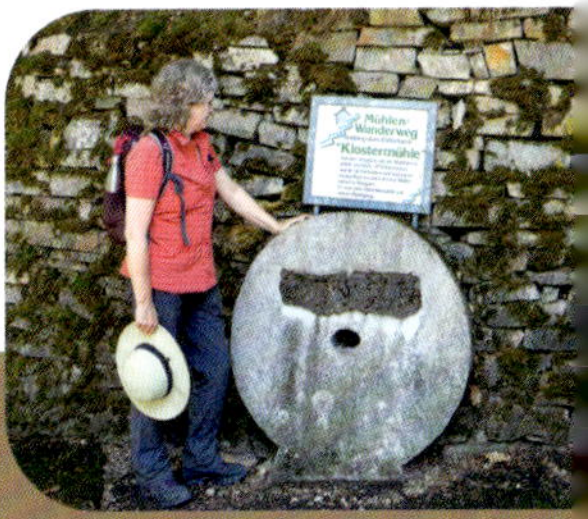

Für die Seele

Nach ruhigen Momenten in den Weinbergen und entlang der Mühlen gelangen wir im Kloster Marienthal zur inneren Einkehr.

weiteres Mal, als unser Weg sanft hinabschleift, vorbei an der erstmals 1399 erwähnten **Weihermühle** ⑩. Eichen, Buchen und Kastanienbäume säumen unseren Weg, der uns zur **Ostermühle** ⑪ heranführt, heutzutage auch ein Weingut mit Gutsausschank.

Rund 1 Kilometer weit trägt uns der Weg nun hinauf, manchmal nahe beim Elsterbach, dann wieder

Bereits im 14. Jahrhundert wurde an diesem Ort eine Wallfahrtskirche erbaut. Seit 1873 leben und arbeiten Franziskaner in Marienthal und begleiten die Wallfahrten, denn Marienthal ist noch heute ein Wallfahrtsort für etwa 15.000 Pilger im Jahr. Das Gnadenbild von Marienthal ist ein kleines Vesperbild, dessen Verehrung nach Überlieferungen im Jahr 1309 begonnen haben soll.

weiter entfernt, während die Waldstücke ab und an durch Wiesen unterbrochen werden, bis wir den Bachlauf über einen Steg queren.

Gleich danach lockt eine verführerisch aufgestellte **Rastbank** ⑫ zum Verweilen. Wir genießen für einen langen Augenblick das Nichtstun und die Aussicht auf die ruhige Bachlandschaft. Die nächsten Meter führen uns hinauf zur **Marienthaler Straße.** Wir folgen ihr erst am Straßenrand, später auf dem sicheren Bürgersteig bis zum **Kloster Marienthal** ⑬. Die Wallfahrtskirche schmückt ein Hauptportal aus dem 14. Jahrhundert. Das Gnadenbild sehen wir links vor dem Altar, eingebunden in eine zeitgenössische Stele aus Marmor und Bronze.

Anschließend spazieren wir am Pilgerplatz vorbei zum „Franziskusgärtchen" mit kleinem Teich, Springbrunnen und Ruhebänken. Wir setzen uns nieder. Die friedvolle Stimmung beruhigt unseren Atem, der nach unserer doch fordernden Wanderung schneller geht. Und unser Geist sehnt sich wegen der vielen Eindrücke, die wir unterwegs gewonnen haben, nach Erholung. Ein wirklicher Ort zum Entschleunigen.

Zum Abschluss wandern wir auf dem Kreuzweg um eine große Wiese und betrachten die sogenannten Impulstafeln, ein „Trimm-Dich-Pfad für die Seele", wie er genannt wird. „Setze Dich an den Bach! Lass das Wasser auf Dich wirken! Welche Gedanken, Vergleiche, Bilder, Geschichten kommen Dir? Woran erinnert Dich das Wasser?", bedeutet uns eine der Tafeln. Und wer sich wie wir darauf einlässt, fühlt sich gut aufgehoben an diesem stillen Ort fern von Geschäftigkeit und Tempo unseres gewohnten Lebens.

Nach der Besichtigung kehren wir an den vorhergehenden Abzweig beim Eingang zum Kloster zurück und gehen nun den **Kapellenweg** hangaufwärts. Wir passieren den Friedhof der Mönche und wandern danach gut 1 km durch rauschenden Laubwald.

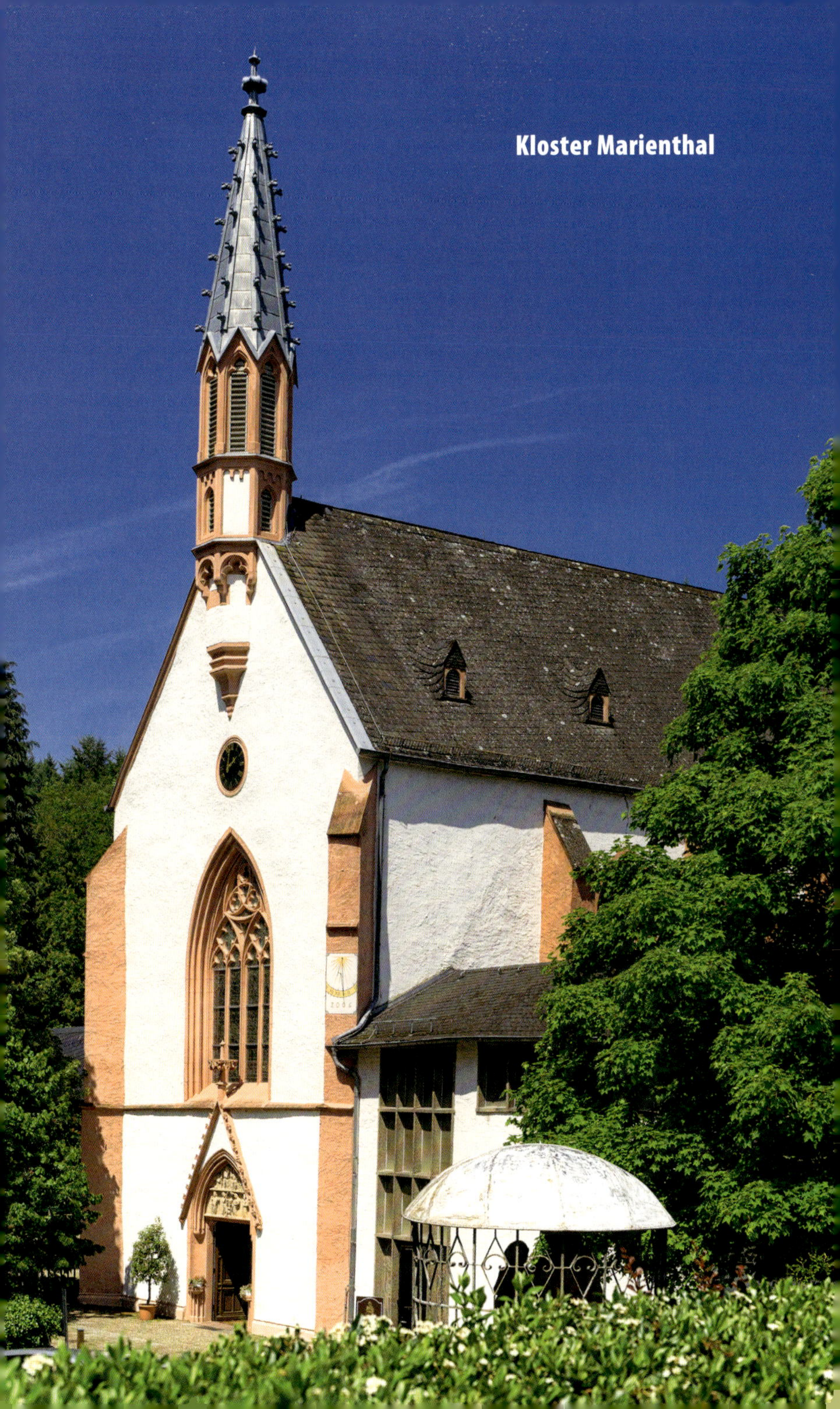

Kloster Marienthal

Mittendrin können wir bei der Oberforstmeister Dobner-Ruhe eine Rast einlegen.

Später biegt unser Weg bei einer ausladenden Wiese kurz vor der Landstraße nach rechts ab, zieht an Pferdekoppeln vorbei, orientiert sich nochmals nach rechts und leitet uns entlang von Gärten von nun an stetig abwärts.

Wir erreichen die **Weinlage Goldatzel** und folgen dem durch die Weinberge und ein kurzes Waldstück mäandernden Weg, blicken zwischendurch hinan zum Schloss Hansenberg und erreichen durch die nun bereits grünenden Weinstöcke in der **Weinbergslage Hölle** wieder Johannisberg. Hier und da locken Rastplätze, die uns mit herrlichen Blicken über die Landschaft verwöhnen. Wir schauen auf die Abtei St. Hildegard und die Rochuskapelle über Bingen,

In der Schlossschänke

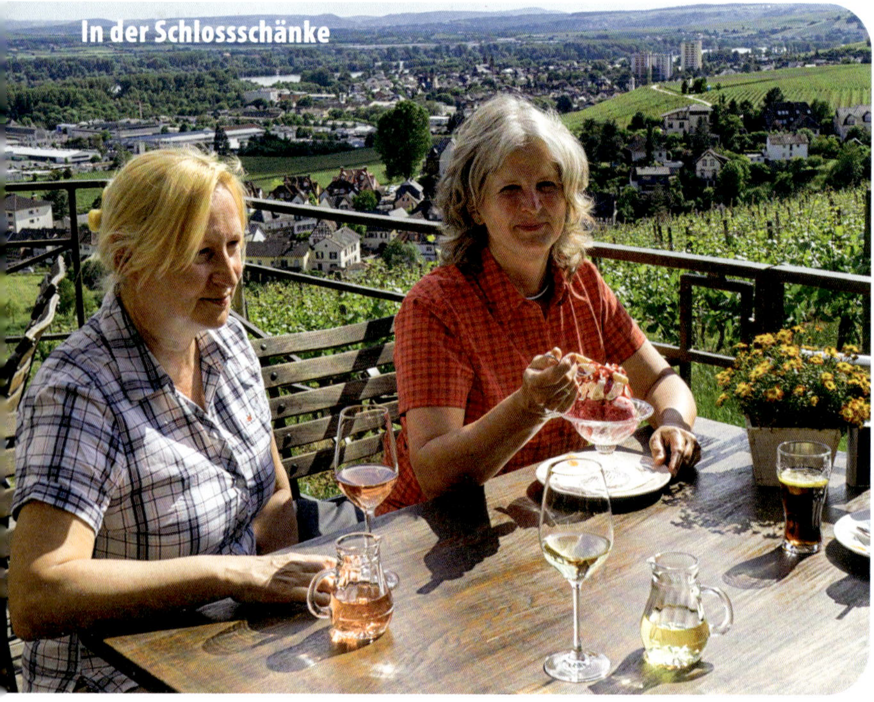

den Bismarckturm auf dem Westerberg bei Ingelheim und den Donnersberg weit in der Ferne.

Wir erreichen die Straße **Schweizertal.** An dieser gehen wir später rechts. Zuvor entschließen wir uns zu einer Einkehr. Dazu gehen wir durch die Obere Brunnengasse geradeaus bis zur Schulstraße und dort bis zum **Gutsausschank Trenz ⑭.**

Beim Abstieg entdecken wir sodann rechts den 1550 erbauten **Wäschbrunnen ⑮.** Bei der folgenden Weggabelung halten wir uns links. Über die Straße Sand gelangen wir nach Überqueren der Landstraße in die Weinbergslage Höllenkopf und zu einer **Stele ⑯** in der weltbekannten Weinlage Johannisberg.

Von schönen Weitsichten bekommen wir nie genug, und welche im Rheingau ist schöner als die von Schloss Johannisberg? Von der Stele sind es für diesen Abstecher nur einige Schritte stramm aufwärts. Wir folgen dazu dem Klostersteig hinauf zum **Schloss Johannisberg ⑰.** Auf der Terrasse der Schlossschänke auf dem Johannisberg ergattern wir mit etwas Glück sogar ohne Reservierung einen Tisch. Wir begnügen uns mit prächtigen Eisbechern und einem „Gelblack", einem Riesling. Unterhalb des Schlosses schauen wir auf die erwähnte Weinbergslage Schloss Johannisberg, die sich dort seit dem Jahr 1720 entfaltet. Den Besuch der Vinothek verbinden wir mit einem Rundgang durch den öffentlich zugänglichen Bereich mit der 1180 errichteten, nach der Erbauung des Schlosses umgebauten Basilika.

Nach der Verschnaufpause kehren wir zurück zur Stele, folgen einem befestigten Weinbergsweg und erreichen zu Füßen des Weinbergs den Märzackerweg und die **Kapelle Christus in der Kelter ⑱.**

Von dort wandern wir zum Elsterbach, wenden uns aber vor der kleinen Brücke nach links auf einen weichen Wiesenweg, passieren den Weiher an der Ankermühle und erreichen die Kreuzung bei der Kinder- und Jugendfarm. Von hier aus wandern wir

Die Familie Trenz betreibt seit 1670 Weinbau. Der Gutsausschank präsentiert sich mediterran, das Essen ist vorzüglich, die Atmosphäre freundlich. Hier essen wir nicht nur, sondern werden später noch die Flaschen Wein mit dem Fahrzeug abholen, die wir nun reserviert haben.

Das Weingut blickt auf eine 1200 Jahre währende Weinbaugeschichte zurück. Das 1100 gegründete Benediktinerkloster und 1716 an der Stelle des Klosters erbaute Schloss Johannisberg gilt als das erste Riesling-Weingut der Welt. In der Kelleranlage findet sich die „Bibliotheca subterranea" mit seltenen Weinen wie einem Riesling aus dem Jahr 1748.

den uns bekannten Hinweg zurück bis zum Ausgangspunkt beim Mühlstein.

Wer bis jetzt noch nicht eingekehrt ist, dem bieten wir eine weitere Möglichkeit an. Zur Einkehr gelangen wir zu Fuß, indem wir uns in der **Hauptstraße** in Richtung Parkplatz am Rheinweg halten. Wir erreichen nach 250 Metern das empfehlenswerte Restaurant **Allendorf im Brentanohaus** ⑲ des Weinguts Allendorf. Das 1751 erbaute und frisch renovierte, schmucke Hausensemble diente schon Goethe als Sommerresidenz. Gerichte und Weine halten, was der äußere Eindruck verspricht.

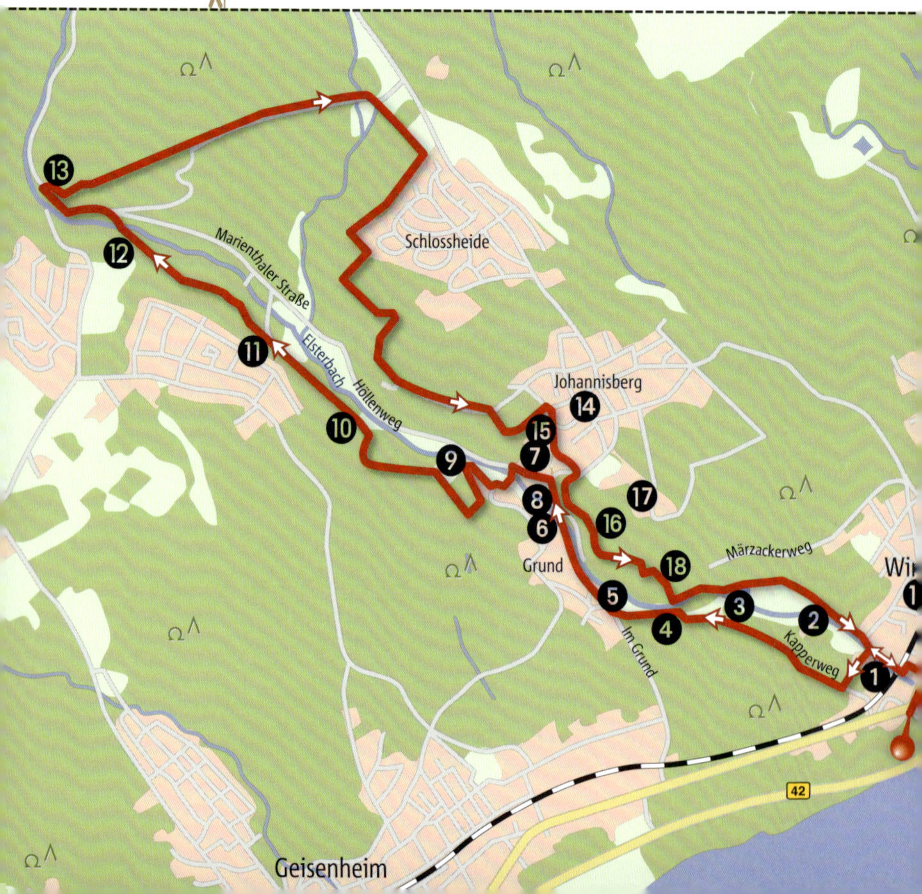

Alles auf einen Blick

WIE & WANN:
Wald- und Weinbergswege, Straßen in den Ortschaften; beste Wanderzeit von April bis Oktober (besonders zur Reife- und Erntezeit der Trauben im September und Oktober)

HIN & WEG:
Auto: Parkplatz (P 08), Rheinweg, bei Am Lindenplatz, 65375 Oestrich-Winkel, gebührenpflichtig (GPS: 49.994428, 8.003382), von dort zur Hauptstraße, dann links, Einstieg in die Wandertour direkt in die Domherrnstraße
ÖPNV: Bahn aus Richtung Koblenz u. Wiesbaden nach Geisenheim Bf., Bus 183 nach Johannisberg Grund u. Bus 181 nach Marienthal, Einstieg direkt in die Wandertour

ESSEN & ENTSPANNEN:
Gutsausschank Trenz ⓮ Schulstraße 1+3, 65366 Johannisberg, Tel. (0 67 22) 7 50 63 11, www.weingut-trenz.de
Schlossschänke auf dem Johannisberg ⓱ Schloss Johannisberg, 65366 Geisenheim, Tel. (0 67 22) 9 60 90, www.schloss-johannisberg.de
Allendorf im Brentanohaus ⓳ Am Lindenplatz 2, 65375 Oestrich-Winkel, Tel. (0 67 23) 8 85 40 70, www.allendorf.de/#!/de/allendorf/brentanohaus

Entspannung ★★★★☆
Genuss ★★★★★
Romantik ★★★☆☆

ENTDECKEN & ERLEBEN:
Krayer's Mühle ❶ Weißmühle ❷ Ankermühle ❸ St.-Georgs-Klause mit der Mühle an der Klaus ❹ Vatter'sche Mühle ❺ Brückenmühle ❻ Kloster Johannisberg ❼ Schamari-Mühle ❽ Elstermühle ❾ Weihermühle ❿ Ostermühle ⓫ Rastbank ⓬ Kloster Marienthal ⓭ Wäschbrunnen ⓯ Stele ⓰ Kapelle Christus in der Kelter ⓲

Auf dem Weg zur Basilika

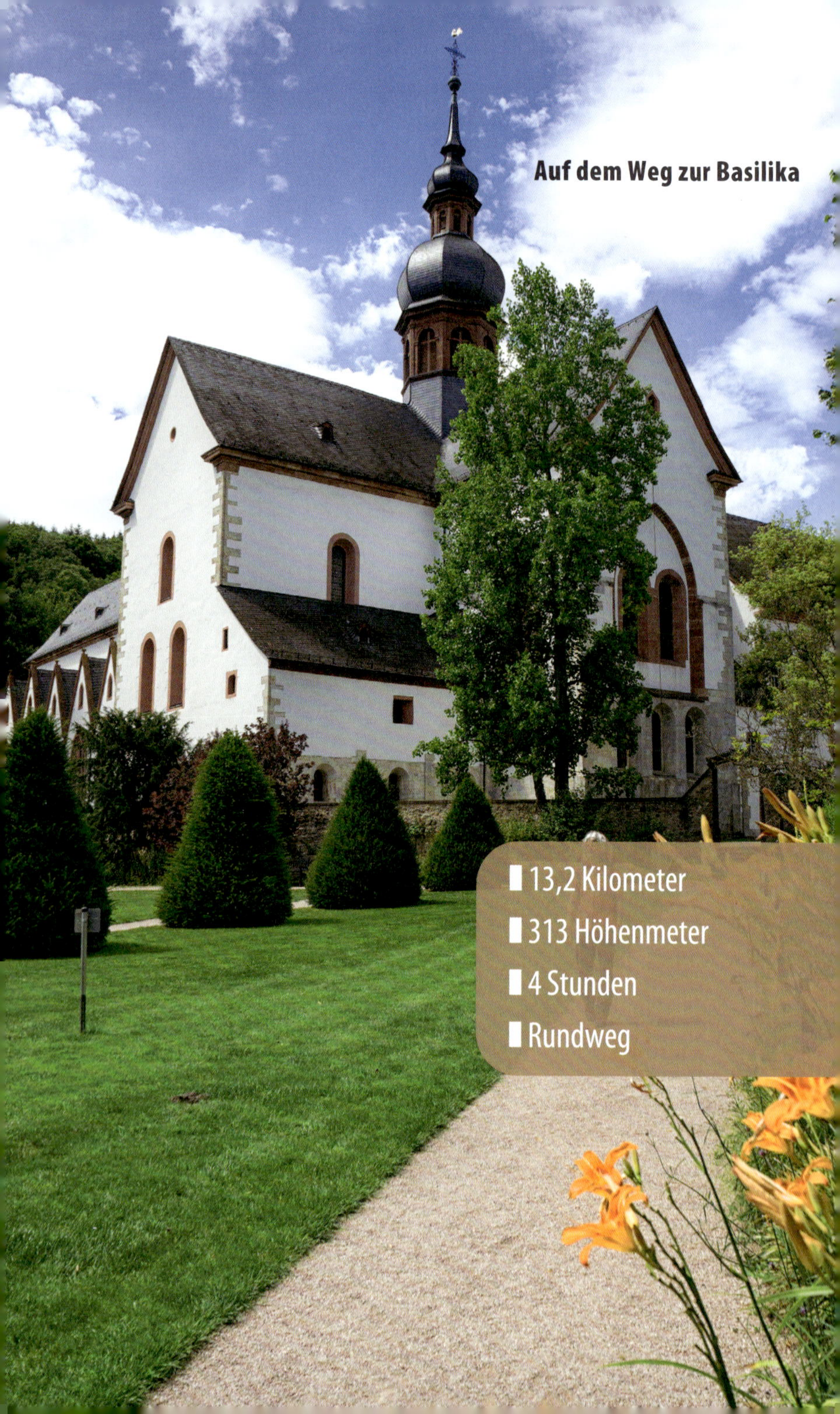

- 13,2 Kilometer
- 313 Höhenmeter
- 4 Stunden
- Rundweg

Von der Parkplatzzufahrt aus halten wir uns an einigen Wanderwegweisern rechts und gehen gemeinsam mit dem Klosterrundweg ein paar Treppenstufen hinauf. Nach 200 Metern auf schmalem, verwurzeltem Pfad und umarmt von Stille breitet sich links ein weites Feld aus mit einer malerischen Sicht auf die Klosteranlage. Gleich hier, bei der Installation Kleine Holzkunde, läuft uns von links der Rheinsteig zu, auf dessen Route wir bis Kiedrich wandern werden. Wir folgen seinem Markierungszeichen, einem weißen R auf blauem Grund, nun durch den Wald, gewinnen den Honigberg hinauf leicht an Höhe, queren zwei Wanderwege und laufen mit dem Pfad auf einem Steg über den Grünbach hinweg. Augenblicklich verändert sich das Landschaftsbild, Äcker und Wiesen strecken sich bis zu den Wäldern, und zahllose zirpende Grillen hüpfen über den grasbewachsenen Weg.

Wir indessen setzen uns in aller Seelenruhe auf eine **Rastbank** ❶ inmitten der grasgrünen Landschaft und begeistern uns an der Sicht hinüber zum Lerchenberg auf der anderen Rheinseite.

Auf Zeitreise

Kloster Eberbach und Kiedrich

Nach den Feldern schlüpfen wir in ein kleines Waldstück, passieren die Hahnwaldhütte und wenden uns keine 50 Meter darauf rechts. Wir wandern nun mitten im schier uferlosen Rebenmeer.

Wir folgen dem Rheinsteig auf einigen Kehren zum kleinen Tal, das der Grünbach ins Gestein gegraben hat. Umrahmt erst nur von Weinstöcken,

Die Seitenschiffe der Basilika lassen sich auf 1380 datieren, die benachbarte Michaelskapelle mit Beinhaus stammt aus dem Jahr 1440. Im Inneren der Kirche betrachten wir die um das Jahr 1330 geschaffene und aus einem Stück gearbeitete Doppel-Madonna und das Laiengestühl aus dem Jahr 1510 im spätgotischen Stil. Die gotischen Glocken stammen aus den Jahren 1389 und 1513. Die spätgotische Orgel wurde 1500/20 gebaut und gilt als eine der ältesten, noch bespielbaren gotischen Orgeln in Deutschland; gleichwohl nur noch wenige ursprüngliche Teile erhalten sind. Bekannt ist das Gotteshaus zudem für den jeden Sonntag zelebrierten Choralgesang im germanischen Dialekt.

gesellen sich bald, als wir uns Kiedrich nähern, gepflegte Schrebergärten hinzu.

Wir gehen über den **Klosterbergweg** zu einem Kreisverkehr, halten uns links in die **Bingerpfortenstraße** und sehen uns links und rechts die beeindruckenden Fachwerkhäuser an, so beispielsweise das Haus Driesmann, die ehemalige, 1672 erbaute Dorfschmiede.

Wir laufen weiter bis zur **Marktstraße,** der wir rechts hinab auf die Höhe des in den Jahren 1585/86 errichteten Rathauses mit seinen bemerkenswerten Erkern folgen. Hier finden wir auch den Neuen Marktbrunnen und nahebei die **Pfarr- und Wallfahrtskirche St. Valentinus und St. Dionysius** ❷, deren Kirchturmspitze wir bereits aus der Ferne sichteten. Der Bau wurde 1320 begonnen und 1493 vollendet, im Jahr 2010 wurde sie zur Basilica minor erhoben.

Nach der Besichtigung der Kirche flanieren wir über das Gelände, betrachten das eindrucksvolle Pfarrhaus oder den an der Außenmauer wieder er-

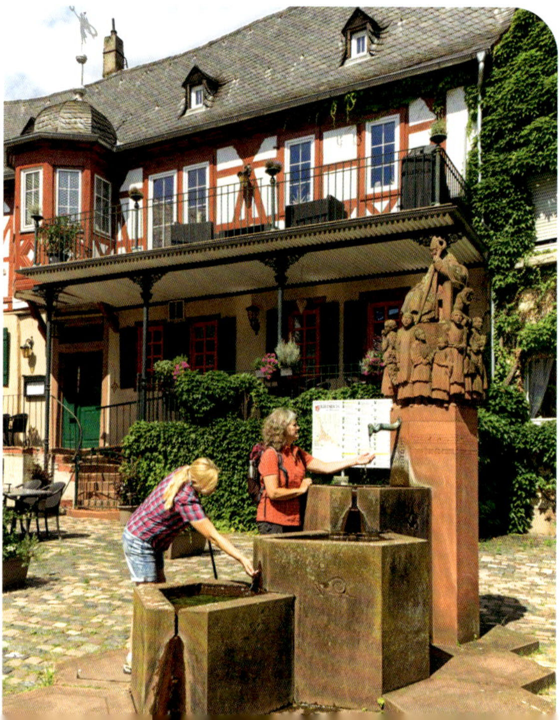

richteten und mit verschiedenen Originalteilen versehenen ehemaligen Marktbrunnen, der aus dem Jahr 1541 stammt.

Wenn wir wenige Meter die Mühlbergstraße hinuntergehen, entdecken wir rechts das Wohnhaus Baronet J. Sutton – bemerkenswert auch deshalb, weil hier der Sitz des renommierten Weinguts Robert Weil ist. Die Vinothek ist einen Besuch wert, die Weine sind exzellent und haben zu Recht ihren Preis.

Zurück am Marktplatz ist es Zeit für eine Einkehr. Heute sind wir so zeitig, dass wir uns ein wunderbares Frühstück im **Bistro und Café Ginkgogarten** ③ gönnen. Als Frühstück wählen wir zwei Varianten: mit Käse und vegetarisch. Die Produkte stammen aus der Region oder haben Bioqualität. Über Geschmack lässt sich ja streiten, aber heute sind wir einer Meinung: Das ist lecker bis zum Abwinken. Und für Veganer gilt – einfach fragen, denn wenn möglich werden Alternativen zur üblichen Kost angeboten. Den speziellen „Trekking-Service" mit Trinkwasserstation oder Lunchpaketen müssen wir heute aber nicht in Anspruch nehmen.

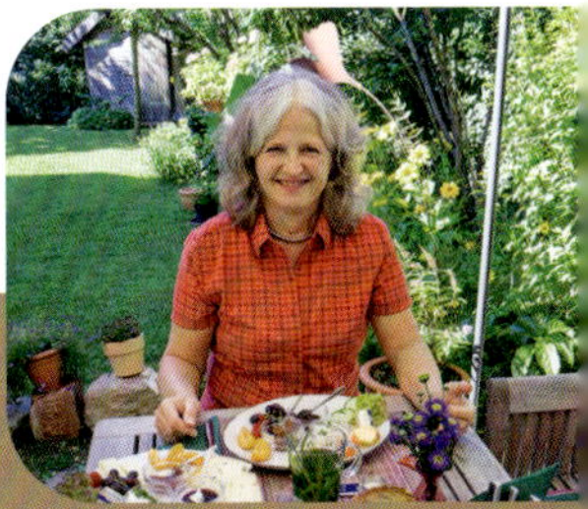

Für die Seele

Genährt mit unendlich vielen Eindrücken beenden wir in der Basilika des Klosters den Tag in stiller Besinnung.

Nach so vielen historischen Betrachtungen und exzellentem Essen verschmerzen wir auch das eher langweilige Wegstück von der **Aulgasse,** in die wir von der Marktstraße schwenken, über die **Sonnenlandstraße** hinaus bis zum **Erbacher Weg.** An der Aulgasse trennen wir uns vom blauen Markierungszeichen des Rheinsteigs und folgen nun bis Erbach dem

Markierungszeichen Rheinsteig-Zugangsweg mit einem weißen R auf gelbem Grund.

Der Erbacher Weg führt uns geradewegs hinaus aus Kiedrich. Wandern wir danach zuerst vornehmlich an Getreidefeldern entlang, so ändert sich das Bild an einem Wegekreuz. An dieser Kreuzung halten wir uns links, nach rund 200 Metern mit dem Rheinsteig-Zugangsweg rechts. Längst sind wir wieder mittendrin im Weinrebenland, und auf geradem Weg, dabei sanft an Höhe verlierend, kommen wir Erbach näher.

Wir entdecken zwischendurch noch einen **Rastplatz** ❹ unter schattigen Bäumen, passieren kurz darauf eine Informationstafel zum Bethanien-Kinderdorf Eltville, dessen Wohn- und Wirtschaftsgebäude wir rechts entdecken, und beachten an einer Weggabelung ein weiteres Wegekreuz aus dem Jahr 1766. Dann erreichen wir die ersten Häuser von Erbach, gehen über die Straße **Zum Steinmorgen** und die **Gartenstraße** zur **Taunusstraße** und überqueren diese aufmerksam.

An dieser Stelle verabschieden wir uns vom Rheinsteig-Zugangsweg. Jetzt übernimmt das Markierungszeichen Roter Punkt auf weißem Grund des Rheingau-Taunus-Klubs das Zepter.

Wir folgen der **Ringstraße** bis zur nächsten Straßenkreuzung, halten uns dann bei der **Sonnenblumenschule** rechts und verlassen Erbach über den **Bachhöller Weg.**

Wir wandern rechter Hand an Weinstöcken vorbei, die sich sanft gewellt den Hang hinauf gruppieren, während zu unserer Linken am Kisselbach Kleingärten das Bild dominieren. Zwischendurch streifen wir noch an einem malerischen **Rastplatz** ❺ vorbei, bei dem traubentragende Weinrispen an den Spalieren herabbaumeln.

Später ändert sich erneut das Bild, Getreidefelder ziehen sich weit hinauf bis zum Eichberg, und während wir gemächlich an Höhe gewinnen, rückt der Wacholderhof ins Blickfeld.

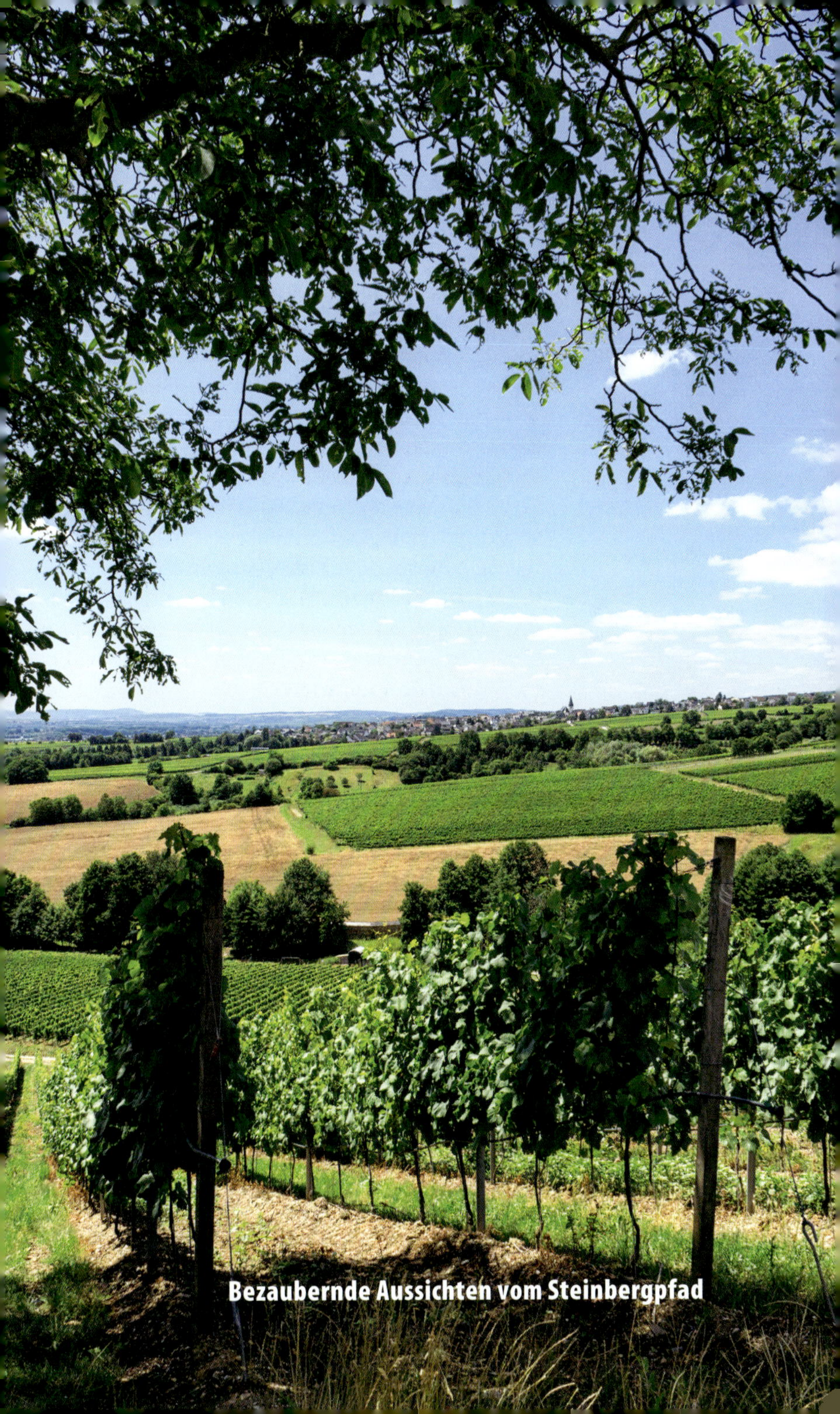

Bezaubernde Aussichten vom Steinbergpfad

Der Steinbergkeller ist seit 2008 die zentrale Kellerei der Staatsweingüter Kloster Eberbach und befindet sich auf drei Stockwerken unter der Erde. Im modernen Empfangsgebäude darüber können wir uns für eine Kellerführung anmelden.

Am **Wacholderhof** halten wir uns links, überqueren den Kisselbach, der an dieser Stelle fast wildromantisch zwischen Sträuchern und Bäumen gurgelt, und erreichen an Getreidefeldern und Brombeerbüschen vorbei nach einer kleinen Anhöhe bei der **Domäne Neuhof** die **L 3320.**

Wir müssen die nächsten 300 Meter bergan am Straßenrand entlanggehen, bis wir zur **Domäne Steinberg** ❻ des Klosters Eberbach kommen. Hier wandern wir zwischen dem Parkplatz und den Bauwerken hindurch.

Wir schreiten geradeaus weiter durch eines der historischen Tore innerhalb der 1762 errichteten **Steinbergmauer** aus Bruchstein. Die fasst auf einer Länge von 3 Kilometern das Weingut zum Schutz vor Wildtieren und Traubendieben ein und sorgt für ein spezielles Mikroklima.

Der Steinberg befindet sich seit 1239 im Alleinbesitz des Weinguts. Zisterziensermönche des Klosters Eberbach legten ursprünglich den Steinberg an. Um 1170 begannen sie mithilfe von Laienbrüdern zunehmend das Land urbar zu machen; die Landwirtschaft richteten sie auf den Weinbau aus und entwickelten ihn zu einem florierenden Wirtschaftsunternehmen. Noch heute gilt der Steinberg als eine der besten Weinlagen im Rheingau und als älteste Monopollage der Welt.

Am gepflasterten Wegstück entdecken wir eine Informationstafel zum **Steinbergpfad** ❼, der auf 1,5 Kilometern durch den Weinberg führt und auf neun Stationen Wissenswertes zum Wein und zum Steinberg im Besonderen vermittelt. Wir folgen dem gut ausgeschilderten Lehrpfad am **Schwarzen Häuschen** ❽ vorbei, bei dem an bestimmten Tagen Weine probiert werden können.

Der Aufstieg durch den Weinberg wird versüßt mit schönen Aussichten weit über den Rheingau. Wir erreichen das große Mauertor bei Station 9 hoch im Weinberg. Hier verlassen wir das Gelände der Domäne Steinberg.

Nach rund 10 Metern treffen wir auf den Rheinsteig. Dem weißen R auf blauem Grund schließen wir uns nach rechts an, wandern an einer weiten Wiese mit Obstbäumen vorbei und gelangen zu einer Wegekreuzung, die wir geradeaus verlassen.

Nun hangelt sich unser Weg den Hang hinab, quert einen Waldweg und erreicht dann einen der Zufahrtswege zum Kloster Eberbach. Doch unsere Wanderung ist noch nicht zu Ende, denn wir gehen mit dem Rheinsteig weiter nach links, orientieren uns auch an den Klostermauern, an denen wir entlanglaufen, und erreichen so den wie vergessen daliegenden **Friedhof 9**. In der kommenden Zeit soll er restauriert werden, eine Informationstafel und Sitzbänke sind geplant. Heute ist das Gelände des 1820 geschaffenen Friedhofs freigelegt.

Wir gehen vom Friedhof hinunter zum Kisselbach, queren ihn und halten uns dann kurz links, bevor wir auf gewundenem Pfad in den Hang einsteigen. Der Weg führt uns im Rechtsbogen weiter

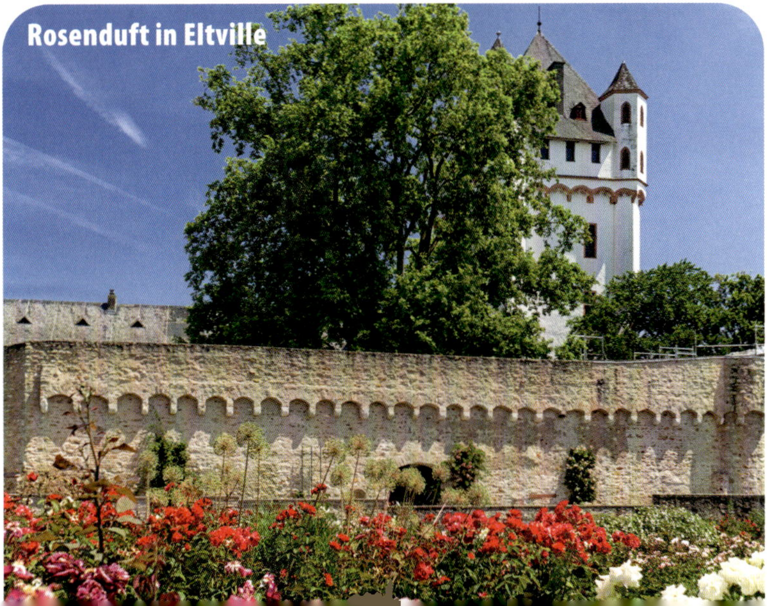
Rosenduft in Eltville

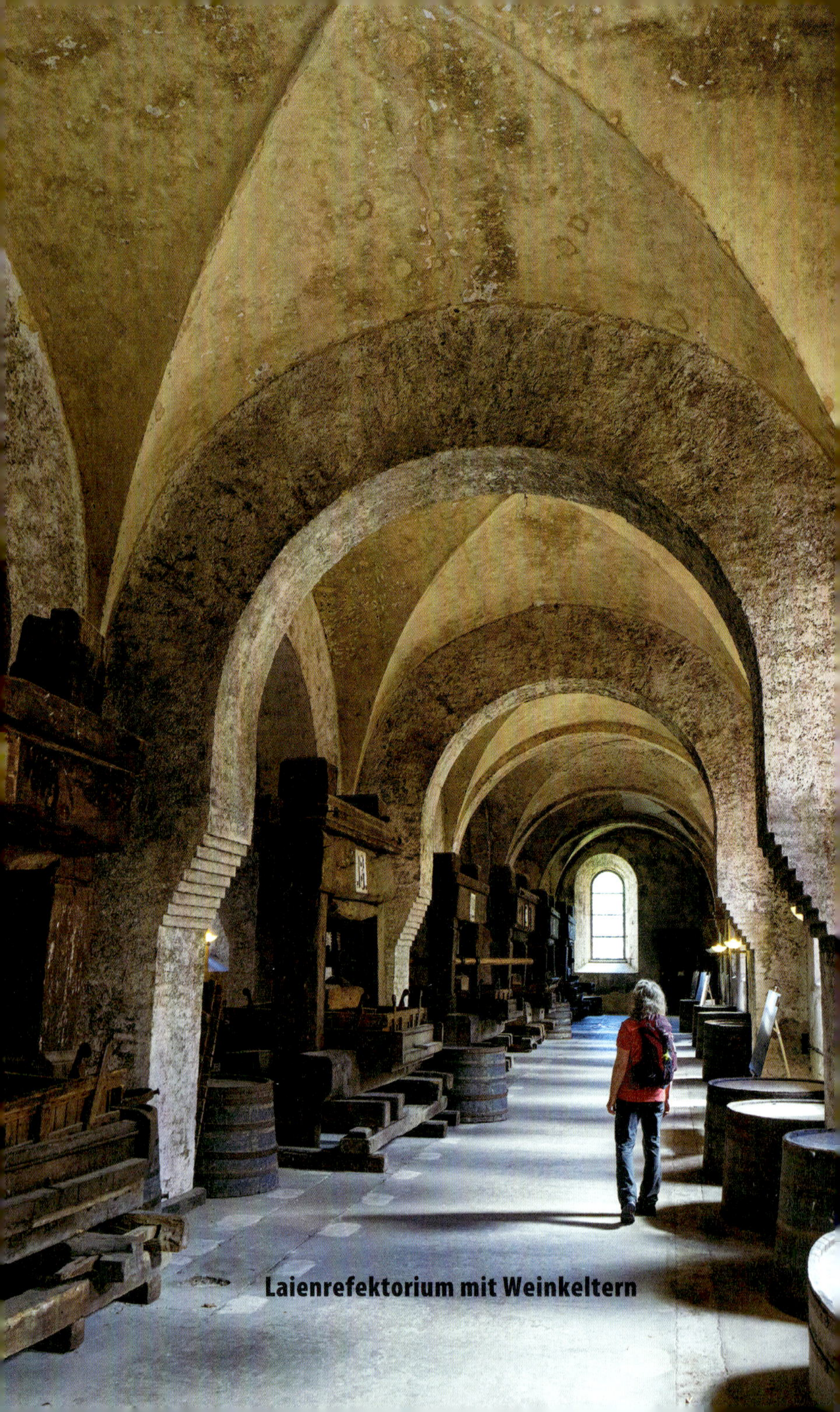

Laienrefektorium mit Weinkeltern

hinauf in den Wald, wobei wir einen kurzen Abstecher nach rechts zu einer Rastbank mit prächtiger **Aussicht** ⑩ auf das Kloster Eberbach nicht auslassen.

Wir strecken die Beine aus im Wissen, dass wir hier noch einige ruhige Momente erleben können, bevor wir das doch regsame Geschehen im Kloster miterleben. Dies ist ein Ort, um die Seele aus dem Augenblick heraus baumeln zu lassen.

Wir trennen uns davon fast widerwillig und legen rund 300 Meter bis zur Installation Kleine Holzkunde vom Beginn unserer Wanderung zurück. Von hier aus geht es rechts den bekannten Weg bis zum Parkplatz hinunter.

Das **Kloster Eberbach** ⑪ erreichen wir über einen breiten Zuweg. Die Außenanlagen, Klosterladen und Vinothek und das Restaurant Klosterschänke sind frei zugänglich. Für die Besichtigung von Klausur und Abteimuseum entrichten wir den Eintritt an der Klosterkasse.

Wir spazieren durch die historischen Gänge, Räume und Säle, betrachten im Museum das älteste Glasfenster einer Zisterzienserabtei, das um 1180 geschaffen wurde, und bewundern uralte Keltern, von denen die älteste auf das Jahr 1668 zurückgeht. Wir spüren die Jahrhunderte in den Mauern, wenn wir den Speisesaal der Mönche abschreiten. Sehen auch die Szenerien aus dem Film „Der Name der Rose“, die das Gefühl des Mittelalters so wirklichkeitsnah vermitteln.

Wir schließen den ausführlichen Rundgang beim Cabinett-Keller ab, den wir im Rahmen einer Führung besichtigen können.

Und dann lassen wir im **Restaurant Klosterschänke** ⑫ den bewegenden Tag im Gespräch bei einem Glas Steinberger Crescentia noch einmal vor uns ablaufen.

Bevor wir aber nach Hause fahren, statten wir der Vinothek einen Besuch ab. Ohne eine oder zwei Flaschen Wein Steinberger fahren wir nicht weg.

Nachdem 1098 der Zisterzienserorden gegründet wurde, zogen 1136 unter Abt Ruthard zwölf Mönche ins Kloster ein. Der Weinbau wurde zur tragenden Säule, sogar über eigene Schiffe verfügte das Kloster. 1485 wurde ein 70.000 Liter aufnehmendes, großes Fass geschaffen, der Cabinett-Keller wurde gebaut. Höhenflügen folgten Rückschläge, die in der Säkularisation im Jahr 1803 gipfelten. Danach diente das Klostergebäude auch als Gefängnis und als „Irrenanstalt“, bis es ab 1918 ausschließlich als Weingut genutzt wurde. 1998 wurde das Kloster in die Stiftung Kloster Eberbach überführt.

Entschleunigungstour 17

1988 wurde Eltville zur Rosenstadt ernannt. Zu Recht, wie wir an diesem sonnigen Tag bei unserem Rundgang durch den Burggraben, den Amtsgarten oder den Burghof mit eigenen Augen bestaunen. Und der Duft! Wir riechen an vielen Rosen, die an den 22.000 Rosenstöcken blühen – 350 Sorten sind es, die uns nicht mehr loslassen.

Überhaupt sollte unser Tag noch nicht abgeschlossen sein. Als weiteren Höhepunkt schauen wir uns Eltville an. Dazu fahren wir vom Kloster Eberbach über die **L 3320** in Richtung Kiedrich, vor dem Ort rechts über die Taunusstraße nach Erbach. In Erbach halten wir uns in der Hauptstraße links und erreichen über die Erbacher Straße Eltville. Gleich am Ortseingang nehmen wir rechts den Abzweig zum Schwimmbad. Dort parken wir auf dem gebührenfreien Parkplatz Schwimmbad P 4.

Wir flanieren über die romantische, quirlige **Rheinpromenade** bis zur **Kurfürstlichen Burg ⑬**, dem Wahrzeichen der Rosenstadt Eltville aus dem 14. Jahrhundert.

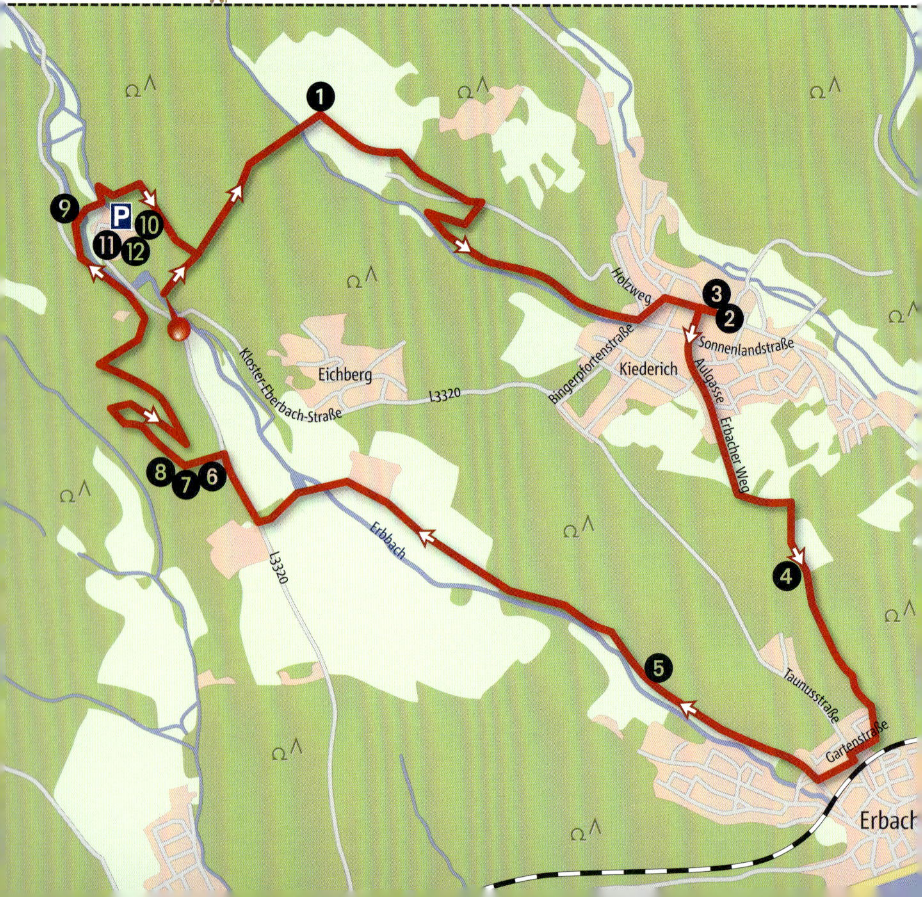

Alles auf einen Blick

WIE & WANN:
Vorwiegend Weinbergswege, Waldwege, landwirtschaftliche Wege, Straßen in Kiedrich und Erbach; beste Wanderzeit von April bis Oktober (besonders zur Reife- und Erntezeit der Trauben im September und Oktober)

HIN & WEG:
Auto: Parkplatz beim Kloster Eberbach, L 3320 in Richtung Hattenheim weiterfahren, Parkplatz im Kisselbachtal in einer scharfen Linkskurve, 65346 Eltville, gebührenpflichtig (GPS: 50.041629, 8.049545)
ÖPNV: Bus 172 von Eltville Bf. nach Hattenheim Kloster Eberbach

ESSEN & ENTSPANNEN:
Bistro und Café Ginkgogarten ❸ Marktstraße 28, 65399 Kiedrich, Tel. (0 61 23) 67 89 56, www.cafe-ginkgogarten.de
Schwarzes Häuschen ❽ Domäne Steinberg, 65346 Eltville, Tel. (0 61 23) 9 99 70 65, P5 Gastronomie GmbH als Betreiber des Schwarzen Häuschens
Restaurant Klosterschänke ⓬ Kloster Eberbach, 65346 Eltville, Tel. (0 67 23) 99 32 99

ENTDECKEN & ERLEBEN:
Rastbank ❶ **Pfarr- und Wallfahrtskirche St. Valentinus und St. Dionysius ❷**
Rastplatz ❹ **Rastplatz ❺**

Entspannung ★★★★★
Genuss ★★★★★
Romantik ★★★☆☆

Domäne Steinberg ❻ Hessische Staatsweingüter GmbH Kloster Eberbach, 65346 Eltville, Tel. (0 67 23) 6 04 60, www.kloster-eberbach.de u. www.weingut-kloster-eberbach.de
Steinbergpfad ❼ **Friedhof ❾** **Aussicht ❿**
Kloster Eberbach ⓫ 65346 Eltville, Tel. (0 67 23) 9 17 81 00, www.kloster-eberbach.de
Kurfürstliche Burg ⓭

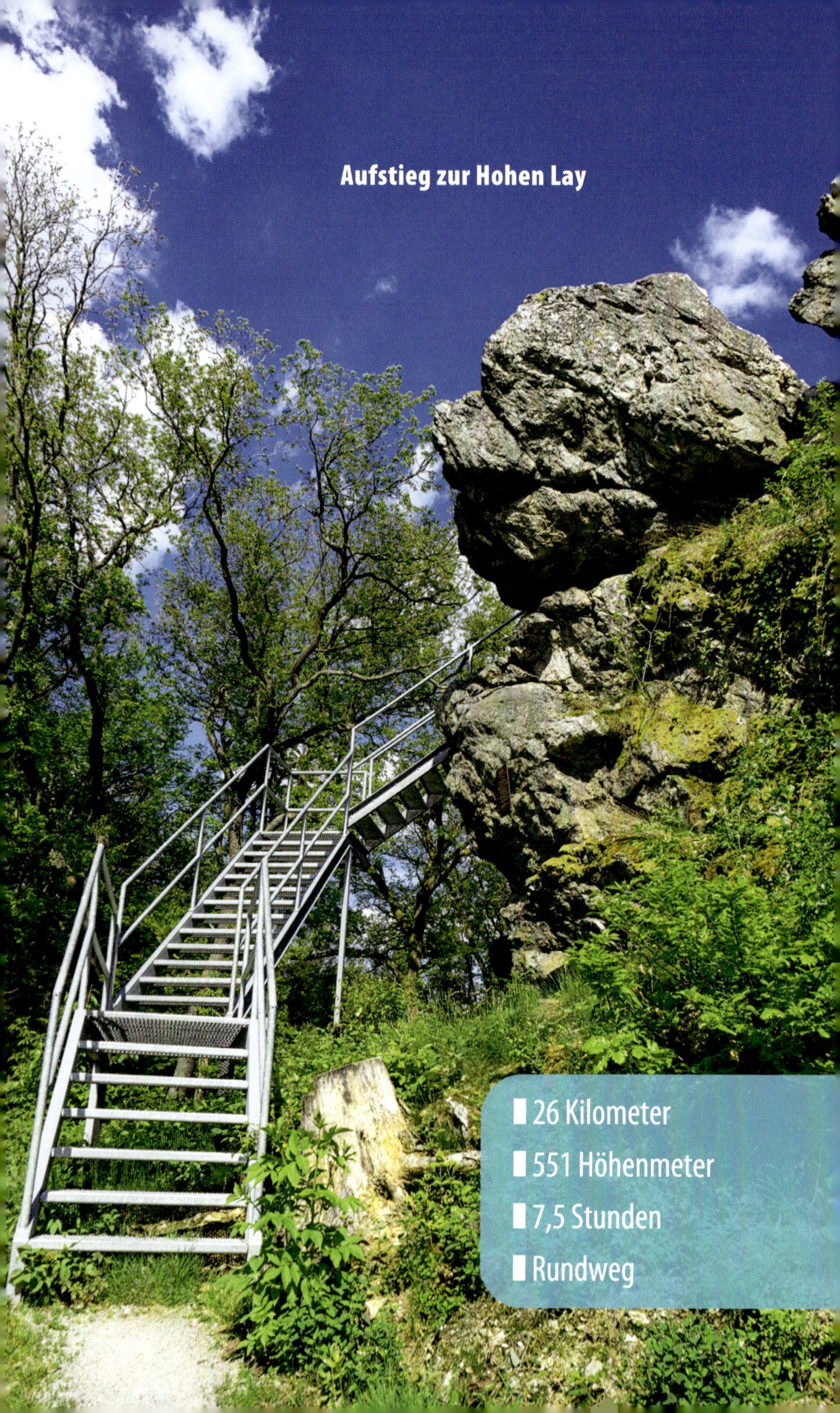
Aufstieg zur Hohen Lay
26 Kilometer
551 Höhenmeter
7,5 Stunden
Rundweg

Wenn wir die lange Variante wählen, warten mit dem Mühlbachtal, dem Dörsbachtal, dem Lahntal und dem Gelbachtal vier Täler auf uns. Sollten wir die hier auch vorgeschlagene kürzere Variante wandern, sind es immerhin drei Täler; das Gelbachtal verpassen wir dann.
Wir orientieren uns bei der Wanderung am Markierungszeichen zur Vier-Täler-Tour, einem blauen VT auf weißem Grund. Vom Parkplatz am Freibad wenden wir uns der **Kettenbrücke** über die Lahn zu, die aus dem 19. Jahrhundert stammt. Dann halten wir uns auf einem Fußweg rechts entlang der Lahn, erreichen die **B 260** und unterqueren sie. Weiter geht es am Mühlbach entlang. Linker Hand steigt der Burgberg steil an, auf dessen Plateau Burg Nassau thront.

Mächtige Buchen und Eichen säumen die Baumallee und wölben sich mit ihren kräftigen Ästen als Schattenspender über mehrere Rastbänke. An einer Wegespinne orientieren wir uns zu den **Heimen Scheuern (1),** überqueren den Mühlbach und gehen durch das Areal dieser Einrichtung. Hier leben Menschen mit geistiger Behinderung oder psychischen Erkrankungen.

Wir treffen auf die **Brückenstraße,** schwenken dann in **Am Sauerborn** und werfen einen Blick zurück auf den Burgberg. Hoch über uns dominiert **Burg Nassau (2)** mit ihrem mächtigen Bergfried das Bild.

Vorbei an einer Kindertagesstätte und einem Spielplatz folgen wir dem Mühlbach auf Schritt und Tritt, nur an einem kleinen Industriegebiet entfernt

Anfang des 12. Jahrhunderts errichtet, setzten sich die Herren von Laurenburg hier nach anfänglichem Streit mit dem Wormser Hochstift fest. Und weil sie sich so sicher fühlten, nannten sie sich kurzerhand die Herren von Nassau, später dann sogar Grafen. Die Burganlage war 1597 schon weitgehend verfallen, erst nach 1971 wurde sie restauriert, der eindrucksvolle Bergfried und der Palas wurden wiederhergestellt.

Traumhafte Täler

Vier-Täler-Tour bei Nassau

er sich kurz. Bei der alten Hühnerfarm, heute eine Tierarztpraxis, geht es entlang von Pferdeweiden und einem Wildgehege. Der Weg schwingt in sanften Wellen auf und ab, die Büsche und Bäume haben sich ihr grünes Sommerkleid angelegt. Im **Mühlbachtal** ③ reiht sich ein **Fischteich** ④ an den anderen. So viele Teiche, so viele Rastbänke, von denen wir eine sicher in Beschlag nehmen. Zumindest für eine kurze Weile, dann wollen nicht nur die Füße weiter.

Wir entdecken Bergwerksstollen und quirlige Stromschnellen, über die der Mühlbach schäumt. Über den **Anton-Funk-Steg** ⑤ wechseln wir die Talseite, atmen auf einer grünen Wiese sonnenwarme Luft und nutzen an einem Rastplatz die letzte Gelegenheit vor dem bald folgenden Anstieg.

Ab in den Hang heißt es da, wo die schroffen Felsen sich richtig eng an uns zwängen. Seilversicherungen an schmalen Stellen bieten Halt, Felsrippen verbergen, was hinter der nächsten Kurve auf dem **Felsenweg** ⑥ wartet. Der verwurzelte Saumpfad leitet uns immer wieder über kleine, kristallklare Rinnsale, die den Mühlbach mit Nachschub füttern, während mal mehr, mal weniger tief unter uns der Bach glit-

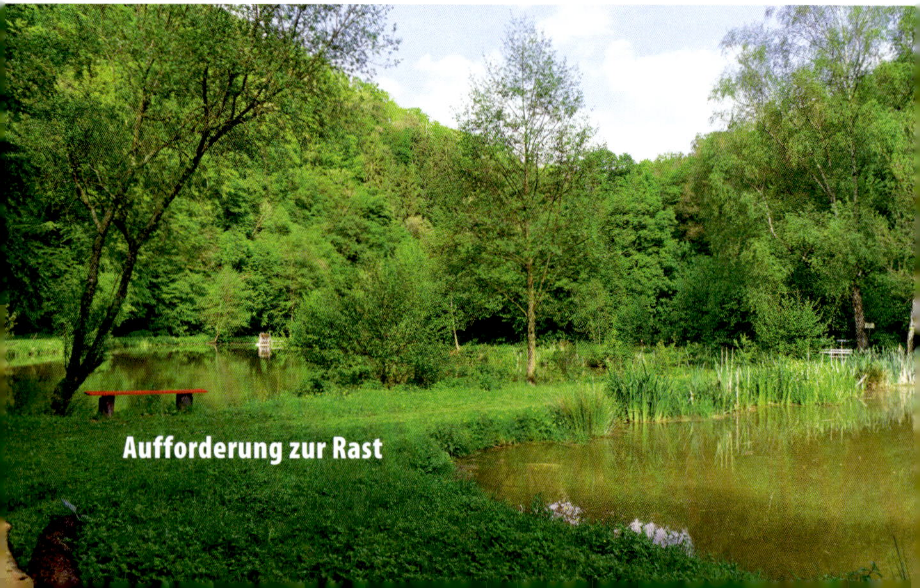

Aufforderung zur Rast

zert, sprudelt und perlt. Dann spannen sich gefallene Baumriesen über ihn wie hölzerne Brücken von einem Ufer zum anderen.

Nass ist es hier, und glitschig vom Regen und den kleinen Quellen, weswegen wir achtgeben, wohin wir treten, denn rechts geht es nicht selten kerzengerade den Berghang hinab.

Dann wird der Weg breit, die Hänge sind kahlgeputzt, Weiden oder Wiesen prägen das Bild, die Sonne brennt am Himmel. An die Stelle des Mühlbachs rückt nun der Dermbach, der mit uns auf dem Weg bergan gemeinsame Sache macht. Bei den ersten Häusern von Singhofen orientieren wir uns in die **Schwimmbadstraße,** die uns über die **Mühlbachstraße** zum **Marktplatz** mit der 1838 bis 1840 erbauten evangelischen Pfarrkirche hinaufführt. Der malerische Platz beherbergt einige schöne **Fachwerkhäuser** (7) wie Nummer 7 aus dem Jahr 1701.

Links an der Kirche vorbei verlassen wir über die **Dörsbachstraße** den Ort. Der Waschbach und dann der Kummernbach fließen an unserer Seite, die Aussicht in die Tallandschaften öffnet sich, den Weg säumen Wiesen mit Obstbäumen.

In einer Linkskehre, bei der wir auf das Markierungszeichen achten müssen, wenden wir uns in Richtung Dörsbachtal. Nach 500 Metern überqueren wir den Bach auf einer Holzbrücke. Links vom Kummernbach jongliert ein schmaler Saumpfad an den gezackten Felsen entlang, saugt sich voll mit Nässe

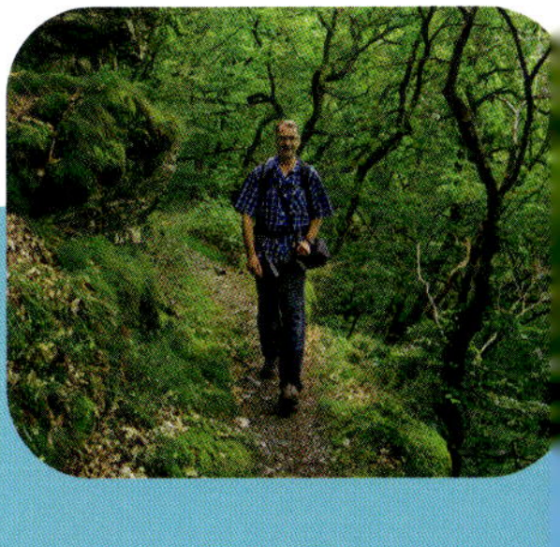

Für die Seele

Vier Täler verzaubern unsere Seele und lassen uns träumen.

durch die vielen Rinnsale, die dem Bach bergabwärts zufließen. Durch die Feuchtigkeit gedeihen die Pflanzen wie im Überfluss. Während wir unter uns die **Neubäckersmühle** (8) durch das dichte Blätterdickicht erspähen, steigt der Pfad empor und neigt sich dann zum Dörsbach hinab.

Denn nach der Mühle hat sich nun der Dörsbach ins Blickfeld geschoben.

Auch Wiesen schieben sich im **Dörsbachtal** (9) ins Blickfeld, doch viel spannender sind in diesem stillen Tal wieder die dick mit Farnen, Moosen und Flechten bewachsenen Felsen, von denen die Kammerlei in der auch Jammertal genannten Schlucht womöglich am eindrucksvollsten ist.

Auf seinem rund 32 Kilometer langen Weg von Huppert im Taunus zur Lahn sammelt er kleine Bäche ein und spendete früher bis zu 25 Mühlen genug Wasser, um ein großes Mühlrad zu drehen. Der Dörsbach entpuppt sich als recht breites, kräftiges Gewässer, das offensichtlich über lange Zeiträume hier, im unteren Bereich, sein Tal tief in den Fels geschnitten hat.

Das Jammertal verdankt seinen Namen wohl einem wenig edlen Grafen, der eine Müllerstochter schwängerte und dann sitzen ließ. Nachdem sich sogar Äste stramm über den Weg spannen und schmale Kerbtäler sich links in die Felsen drücken und die Feuchtigkeit gelegentlich sogar zum Greifen ist, weitet sich das schmale Tal.

Im **Auwald** (10) platzieren wir auf einem der umgestürzten Bäume unsere Thermoskanne und den Becher. Die Stille hüllt uns wie ein Mantel ein und nimmt uns gefangen, dass wir nicht mehr wegwollen von diesem verwunschenen Ort.

Dabei erwartet uns bald der nächste Hort der Stille. Rund 100 Meter nach der Pegelbrücke wählen wir an der Weggabelung den linken Abzweig, der uns zügig den Hang hinaufführt. Oben dann erblicken wir das Kloster Arnstein. Dort können wir uns beispielsweise im Klosterladen umschauen, werden aber auf jeden Fall die tiefe Ruhe in der Klosterkirche ins Bewusstsein dringen lassen.

Kloster Arnsteins (11) Geschichte weist ins 11. Jahrhundert zurück. Damals stand eine Burg der Grafen von Arnstein hier, doch wurde diese 1130 in ein Prämonstratenserkloster umgewandelt. Die Kirche wurde

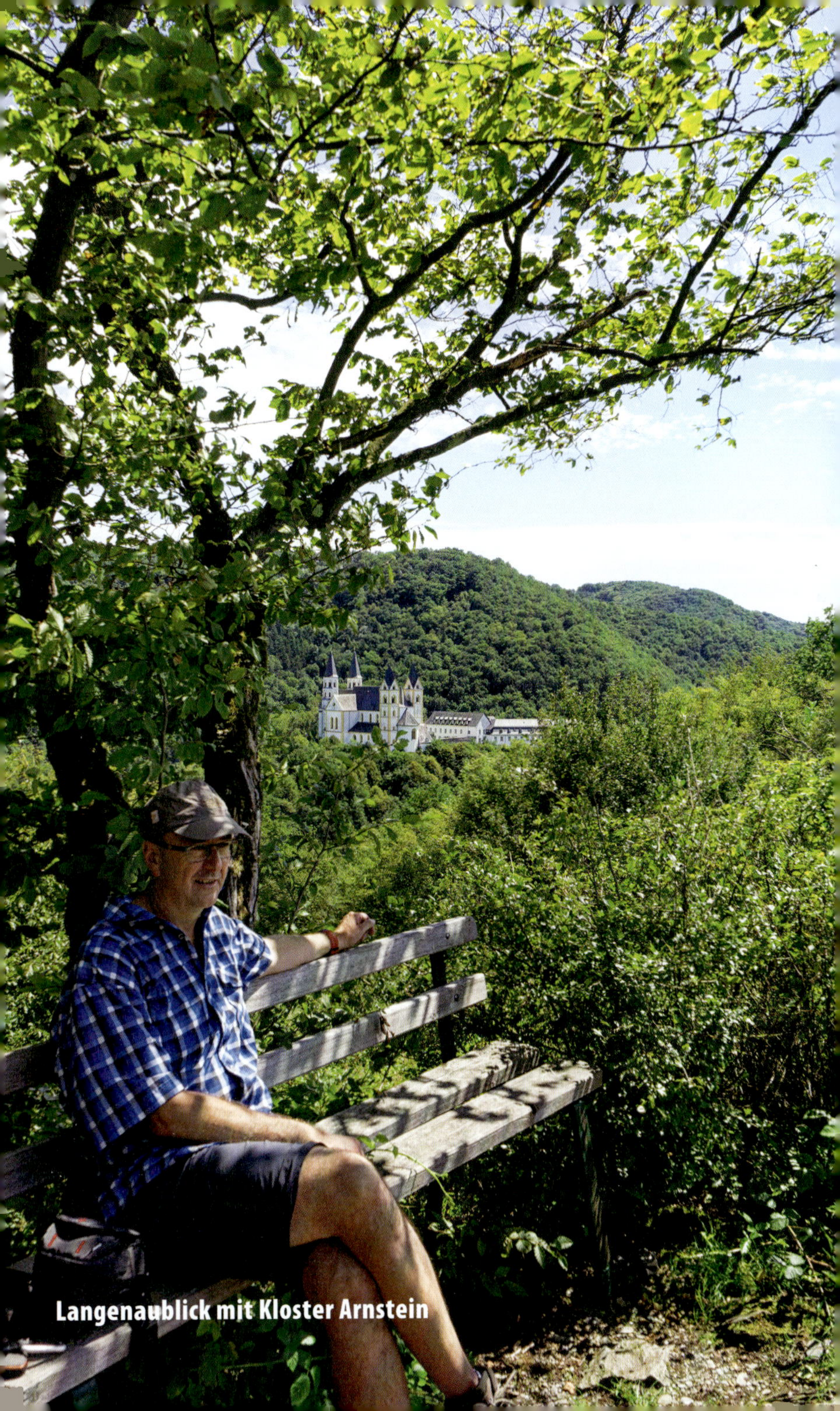

Langenaublick mit Kloster Arnstein

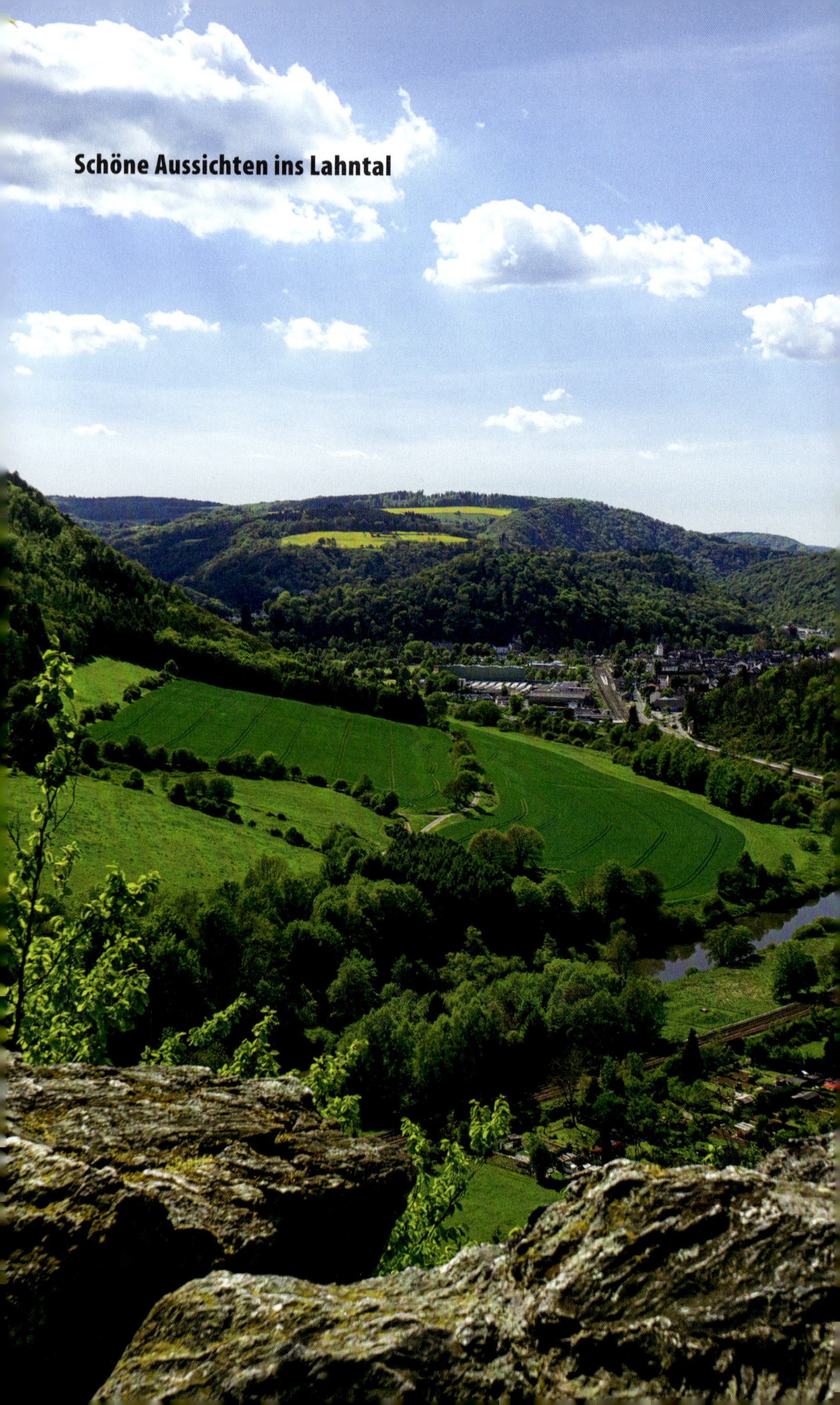
Schöne Aussichten ins Lahntal

1360 fertiggestellt, einzelne ihrer Teile lassen sich auf das 12. Jahrhundert datieren. 1919 zogen die Arnsteiner Patres – die Gemeinschaft der Patres von den Heiligsten Herzen Jesu und Mariä – in das Kloster ein. 2019 wurde es von einer griechisch-orthodoxen Schwesterngemeinschaft bezogen.

Nach dem Besuch wandern wir die **Arnsteiner Straße** hinab nach Obernhof im **Lahntal** ⑫.

Wenn wir schon im Weindorf Obernhof ankommen, kehren wir natürlich auch ein, beispielsweise in das **Lahnweingut Haxel** ⑬ direkt am Weg zum Bahnhof mit einer schönen Außenterrasse.

Wir setzen unseren Weg über die **Seelbacher Straße** fort. Nach der Bahnunterführung gehen wir rechts zur Bahnstation in Richtung Koblenz mit Fahrkartenautomat; der Zug wird uns in wenigen Minuten nach Nassau bringen. Dort laufen wir die **Bahnhofstraße** in Richtung Kettenbrücke, unterqueren diese auf Höhe der **Amtsstraße** und befinden uns nach gut 18 gelaufenen Kilometern am Parkplatz.

Doch unsere Beine sind noch nicht wandermüde, und so laufen wir weiter, statt mit dem Zug nach Nassau zurückzufahren. Uns fehlt ja noch das vierte Tal, das **Gelbachtal.** Zugleich machen wir dann unsere Wanderung wirklich „rund“, weil wir zu Fuß nach Nassau zurückwandern. Die zusätzliche Wegstrecke ist 7,8 Kilometer lang. Dazu folgen wir vom Bahnhof Obernhof aus einem anderen Markierungszeichen, nämlich dem des Lahnwanderwegs mit seinem roten LW auf weißem Grund (zuerst dem roten LW auf gelbem Grund für den Zuweg zum eigentlichen Lahnwanderweg). Zudem gelangen wir so zu einer zweiten Einkehrmöglichkeit, die wir für den heutigen Tag ins Auge gefasst haben.

Dazu unterqueren wir wie gehabt die Bahn, schwenken aber nicht rechts zum Bahnsteig, sondern gehen über die **Lahnbrücke** und orientieren uns geradeaus in die **Borngasse.** Von der Borngasse geht es zügig bergan. Im Hang treffen wir auf den **Lahnwanderweg,** dem wir nun nach links bis Nassau folgen. Der Weitwanderweg ist ausgezeichnet ausgeschildert. Wir folgen hier auch nicht der ebenfalls ausgeschilderten Vier-Täler-Tour, da diese beispielsweise den Langenaublick auslässt. Und obschon wir mit dieser zusätzlichen Strecke auf gut 26 Kilometer Wandertour kommen, wird uns kein einziger Meter zu viel sein. In Nassau führt der Lahnwanderweg zum Rathaus, das wie Nassau überhaupt mit Überbleibseln der mittelalterlichen Stadtbefestigung und den Türmen aus dem 14. Jahrhundert mehr als einen Blick wert ist.

Vom Rathaus gelangen wir über die **Amtsstraße** und die **Kirchstraße** zurück zum **Parkplatz.**

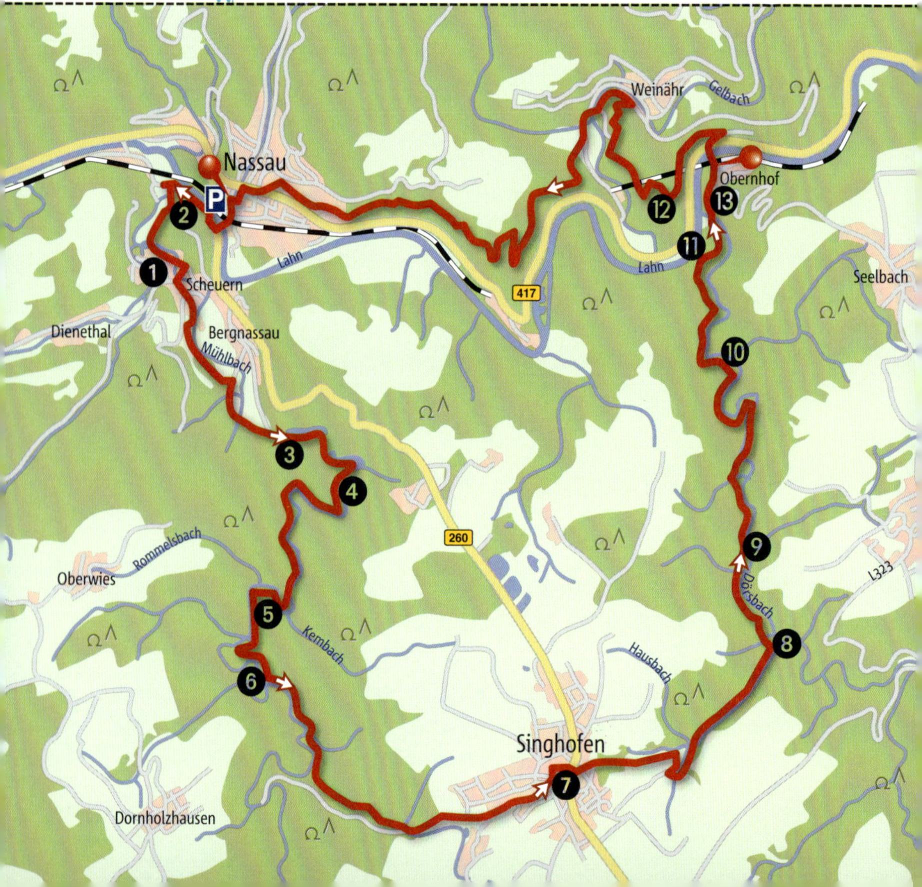

Alles auf einen Blick

WIE & WANN:
Schmale Pfade in den Tälern und Feldwege, Straßen in den Ortschaften; beste Wanderzeit von April bis Oktober (außer bei Schnee- und Eisglätte)

HIN & WEG:
Auto: Schwimmbadparkplatz in Nassau, Leifheitstraße, 56377 Nassau (GPS: 50.311545, 7.796774)
ÖPNV: Bahn Koblenz Hbf. nach Nassau, Bahn von Obernhof Bf. nach Nassau Bf. (im Allgemeinen stündlich)

ESSEN & ENTSPANNEN:
Lahnweingut Haxel ⓭ Arnsteiner Straße 1–2, 56379 Obernhof, Tel. (0 26 04) 41 24, www.lahnweingut-haxel.de

ENTDECKEN & ERLEBEN:
Heime Scheuern ❶
Burg Nassau ❷
Fischteiche ❸
Mühlbachtal ❹
Anton-Funk-Steg ❺
Felsenweg ❻
Fachwerkhäuser ❼
Neubäckersmühle ❽
Dörsbachtal ❾
Auwald ❿
Kloster Arnstein ⓫
Lahntal ⓬

Entspannung ✸✸✸✸✸
Genuss ✸✸✸✸✸
Romantik ✸✸✸✸✸

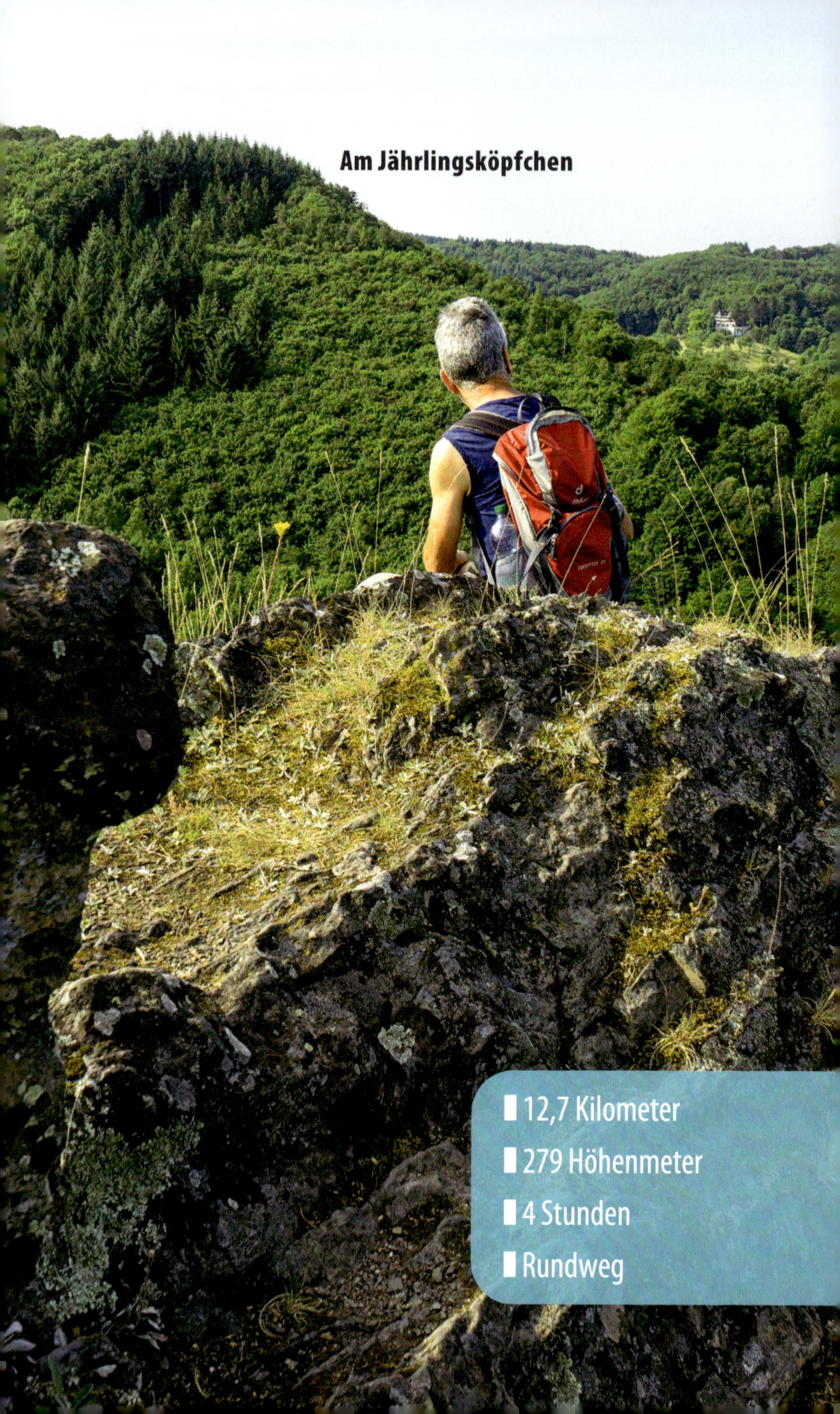

Am Jährlingsköpfchen

- 12,7 Kilometer
- 279 Höhenmeter
- 4 Stunden
- Rundweg

Nur wenige Schritte nachdem wir den Parkplatz auf einem Feldweg in Richtung Ortsausgang verlassen haben, erblicken wir in der Ferne die Lahnhöhe, die Hunsrückhöhen über Koblenz und die weithin sichtbare Allerheiligenbergkapelle über Lahnstein.

Nach rund 100 Metern erreichen wir eine Wegekreuzung, an der wir zum ersten Mal dem Markierungszeichen des Panoramawegs begegnen, einem stilisierten grünen Baum auf weißem Grund. Wir wenden uns nach rechts und wandern zwischen lebhaft-grünen Wiesen auf grasigem Weg gemächlich den Hang hinab, bis wir vor einer Baumreihe auf einen quer laufenden Feldweg treffen. Das folgende Wegstück führt uns wieder nach Frücht.

An der **Emser Straße** laufen wir einige Schritte nach links, bevor wir dem Ort erneut Ade sagen und links auf einem grün bewachsenen Feldweg an Wiesen vorbeiwandern. Unsere Augen blicken erneut Richtung Lahn- und Rheinhöhen. Der Weg zieht an Feldern vorbei, linker Hand neigt sich der Hang in ein tiefes Tal.

Bald zieht uns der Feldweg nach rechts zur **Früchter Straße.** Wir wandern sie rund 50 Meter bergab und verlassen sie über den **Alten Weg.** Der Pfad schlängelt sich knapp 500 Meter weit unterhalb der Straße und zieht dann steil hinauf zu einer Wiese, an der wir uns rechts halten. Nun überqueren wir umsichtig die Früchter Straße, setzen ein paar Schritte nach rechts und stapfen gleich wieder über einen Feldweg.

Im Schweizertal

Täler und Felsen bei Frücht

An Heckenbüschen entlang lockt uns nach rund 300 Metern bei einem Hochsitz der erste Höhepunkt. Obwohl das Markierungszeichen uns nach rechts lotst, folgen wir erst dem beschilderten Weg zum Aussichtspunkt Jährlingsköpfchen.

Den Feldweg überwinden wir geschwind, danach folgen wir einem verwunschenen Pfad dicht an den Bäumen entlang, um dann auf felsigem Untergrund und mit Seilversicherungen versehen bis zum besagten **Jährlingsköpfchen** 1 zu klettern.

Das ist ein Platz für Schwindelfreie, und trittsicher muss man sein. Doch wir trauen uns dieses kleine Kletterabenteuer zu und belohnen uns mit einer famosen Sicht tief hinab nach Friedrichssegen. Wir sitzen auf den Felsen, lassen die Seele im sanften Windhauch baumeln und stillen unseren Durst in der prallen Sonne mit einem kühlen Schluck. Dann steigen wir mit Bedacht wieder bergan und flanieren über den Pfad zurück bis zur Weggabelung.

Kurze Kraxelei

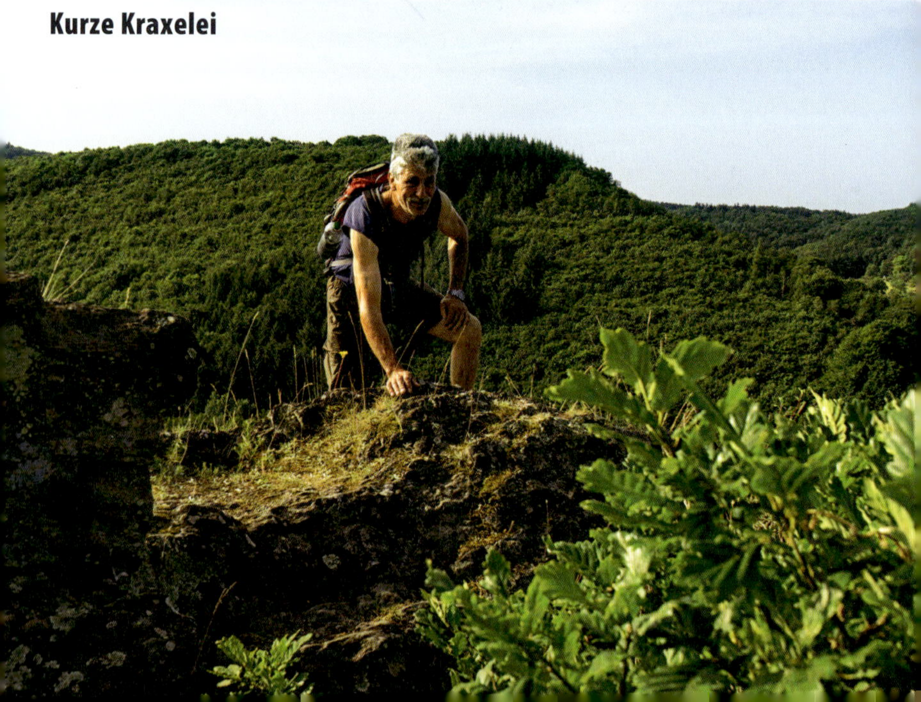

Dort gehen wir auf einem Grasweg bis zu einem Waldstück durch eine Felderlandschaft, die sich hier Eichenstück nennt, und ziehen dann mit dem Weg rund 1 Kilometer nach rechts. An einem Abzweig entdecken wir auf der Anhöhe beim Hochsitz einen einzelnen Baum. Den Abstecher hier zum Großen Mühlberg belohnen wir uns mit einer **Panoramaaussicht 2**.

Wieder zurück auf dem Hauptweg, ziehen wir erneut entspannt an Äckern vorwärts, während zu unserer Linken die schroffe Kante ins Lahntal abfällt. Wildschweine haben unseren Weg umgepflügt, und deswegen ist das Vorankommen zuweilen mühselig. Zwischen Hecken erhaschen wir ab und an einen Blick hinunter zum kleinen Ort Miellen an der Lahn, später sogar in die Tiefe des Schweizertals.

Wir wenden uns an einem Hochsitz nach links und streben gleich danach auf eine grüne Wiese mit einem wunderbar platzierten **Rastplatz mit Aussicht 3** zu. Mit Vergnügen nutzen wir das Angebot, packen aus, was wir an Wegzehrung mitgenommen haben, und genießen sowohl die Mahlzeit als auch den wunderbaren Blick ins Lahntal und auf die Gefallenen-Gedächtnis-Kapelle hoch über Miellen.

Vom Rastplatz wandern wir weiter in sicherer Entfernung an der Hangkante entlang, der Weg senkt sich ab, schwingt gemächlich wieder hoch bis zu einem quer laufenden Feldweg. Dem schließen wir uns nach links an, steigen einige Treppenstufen hinunter, pas-

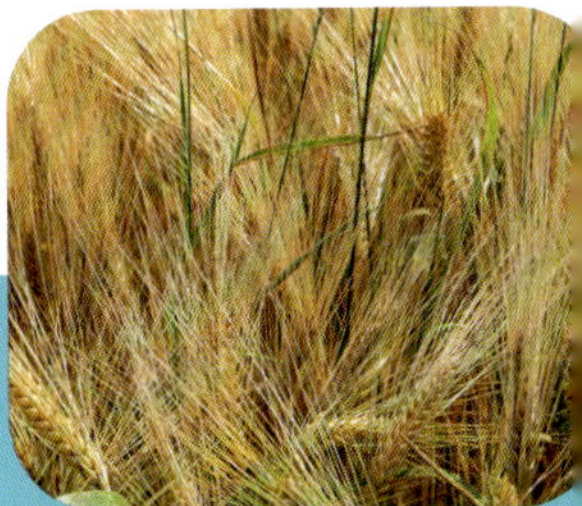

Für die Seele

Im Schweizertal umarmt uns Stille, und vom Jährlingsköpfchen schauen wir tief hinab ins Tal.

Der Schlauserbach im Mühlengrund speiste in früheren Jahren bis zu sechs Mühlen mit Wasser. Wildromantisch verengt sich die Schlucht. Tief unter dem Pfad, der sich durch das Schweizertal schlängelt, springt der Bach, bildet Kaskaden, taucht in Strudellöchern unter. Hinzu gesellen sich kleine Bäche, während die Sonne sich anstrengt, ein wenig Licht in die Schwärze zu senden.

sieren eine Brücke, sehen eine Schautafel und finden uns im märchenhaft-düsteren **Schweizertal** **4** wieder.

Nach den sonnendurchfluteten Passagen zwischen den Feldern ist das eine Episode ganz nach unserem Herzen, die an der 1714 gebauten Kadendeller Mühle endet. Bis 1983 wurde die Mühle sogar noch betrieben.

Hier steigen wir rechts hinauf, queren das Mühlenareal und gewinnen auf einer befestigten Spur am Kleinen Mühlberg stetig an Höhe. Sobald wir aus dem baumbeschatteten Tal auftauchen, gehen wir rechts, flanieren zwischen den bestellten Feldern.

Nach einer Rastbank, über die sich knorrige Äste beugen, erreichen wir an Obstwiesen vorbei die ersten Häuser von Frücht, wenden uns aber sofort nach links von diesen ab und überqueren einen unscheinbaren Bachlauf. Der folgende Anstieg durch die „Schlauss“ scheint kein Ende zu nehmen.

Als kleinen Trost genehmigen wir uns an einer weiteren Bank eine schöne **Aussicht über die Taunushöhen** **5**. Noch verdecken die tüchtig wachsenden Bäume nicht die Sicht zum Schloss Stolzenfels.

Wir queren die **K 65** und setzen unseren Weg durch ein Wäldchen mit Buchen und Eichen fort, halten uns dann bei einer Aussicht am Küppel rechts und ziehen jetzt durch den Wald, begleitet vom Wispern der Blätter.

Nach einem Schlenker beim Löhrberg gelangen wir zu einem Wanderparkplatz. An der Zufahrt gehen wir über die **K 67** und schlüpfen auf der anderen Seite sofort wieder zwischen die Bäume. Ein schmaler Pfad führt uns zu einem breiteren Waldweg, auf dem wir eine Kreuzung erreichen. Im Waldstück rechts von den Freileitungsmasten verstecken sich **Hügelgräber** **6**, die sich dem kundigen Auge offenbaren.

Unser Weg läuft nun geschwind bergab, doch bevor wir Frücht erreichen, nimmt uns das Markierungszeichen nach links mit. An einer Bank dürfen

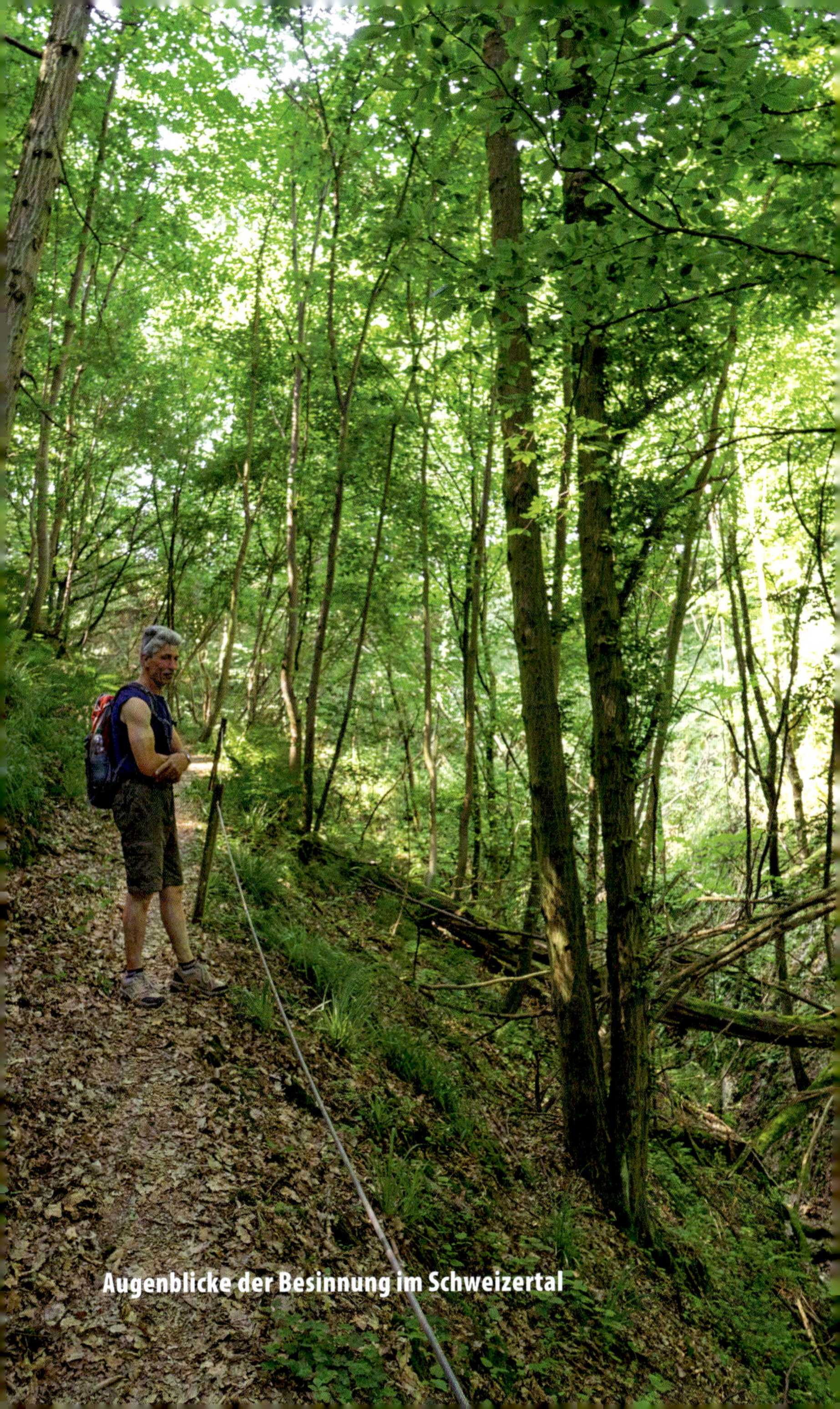

Augenblicke der Besinnung im Schweizertal

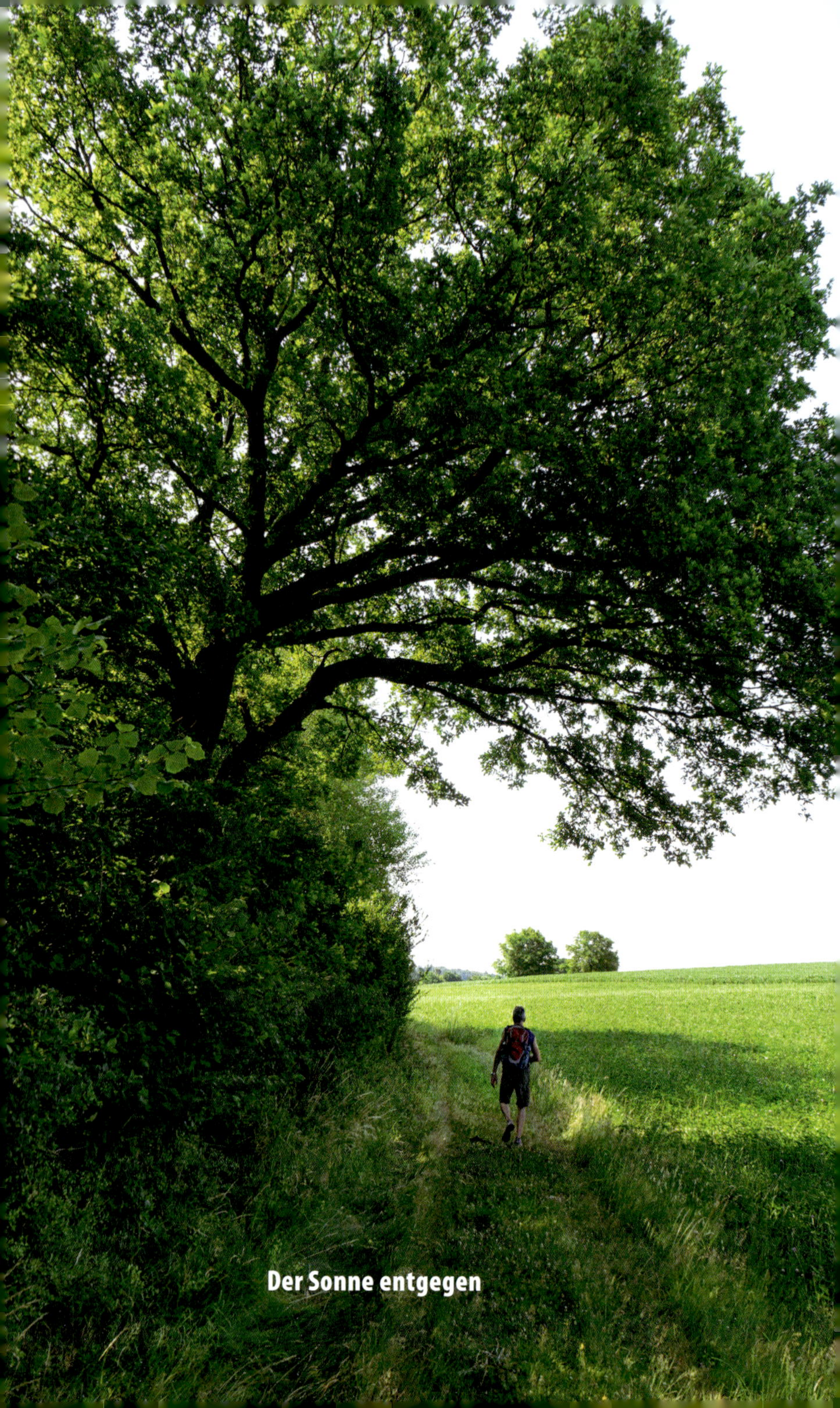
Der Sonne entgegen

wir den versteckten **jüdischen Friedhof** **7** nicht übersehen, den wir über einige Stiegen betreten. Der Friedhof wurde 1813 im sogenannten Judenwald angelegt. Wir entdecken sechs stark verwitterte Grabsteine.

Wir streifen still umher, bevor wir uns wieder dem Panoramaweg anschließen. Der führt uns nun weiter hinunter, dann wieder links zwischen Wiesen und Feldern, verbunden mit der nächsten fabelhaften Aussicht zur Lahnhöhe und zur Allerheiligenbergkapelle.

An einer **Rastbank** **8** entdecken wir eine der zwölf Stationen zum Freiherr-vom-Stein-Pfad. Der namensgebende Heinrich Friedrich Karl vom und zum Stein wurde 1757 in Nassau geboren und war preußischer Beamter, Staatsmann und galt als Reformer. Begraben liegt vom Stein in der Gruftkapelle seiner Familie in Frücht. Das Areal um die Familiengruft fanden wir immer verschlossen vor, weswegen wir uns einen neuerlichen Abstecher dorthin ersparen.

Von der Rastbank sind es nur wenige Schritte auf grasigem Weg bis zur **Schutzhütte Lahnblick** **9** mit vielen Sitzgelegenheiten und Bänken. Heute sind wir allein hier, ein stiller Ort, der seinem Namen gerecht wird. Wo, wenn nicht hier, sollten wir eine letzte Rast einlegen?

Nun ist es nur noch ein Katzensprung bis zum Ziel. Wir wandern geradewegs auf Frücht zu, passieren den Einstiegspunkt in den Panoramaweg und gelangen zum Parkplatz.

Nach so vielen Aussichten macht sich Hunger breit. Um diesen zu stillen, fahren wir nach Lahnstein in die Gasthausbrauerei Maximilians Brauwiesen. Dazu fahren wir von Frücht über die **K 67** nach Friedrichsegen, weiter über die **B 260** Richtung Lahnstein. Wir wechseln auf die **B 42** Richtung Koblenz, verlassen diese an der Abfahrt Niederlahnstein/Gewerbegebiet Nord, gelangen über die Kölner Straße und die Industriestraße zum Kreisverkehr, nehmen die erste Ausfahrt in die Koblenzer Straße und erreichen die Didierstraße. Dieser folgen wir bis zu **Maximilians Brauwiesen ⑩.**

Wohl dem, der heute nicht mehr Auto fahren muss. Von der Sonne haben wir noch nicht genug, weshalb wir uns einen Platz auf der Terrasse beim Schamott-Schlösschen sichern. Das wurde im Jahr 1890 erbaut und nach aufwendiger Renovierung 1995 als Gaststätte eröffnet. Dazu lassen wir uns ein Sommerweizen aus der hauseigenen Brauerei einschenken, gut gekühlt und alkoholreduziert und genau das Richtige, um den Durst zu löschen. Das mediterrane Gemüsepfännchen mit Drillingskartoffeln und Gemüse, Rosmarin und mehr, und alles scharf angebraten, schmeckt bei dem Wetter wirklich lecker.

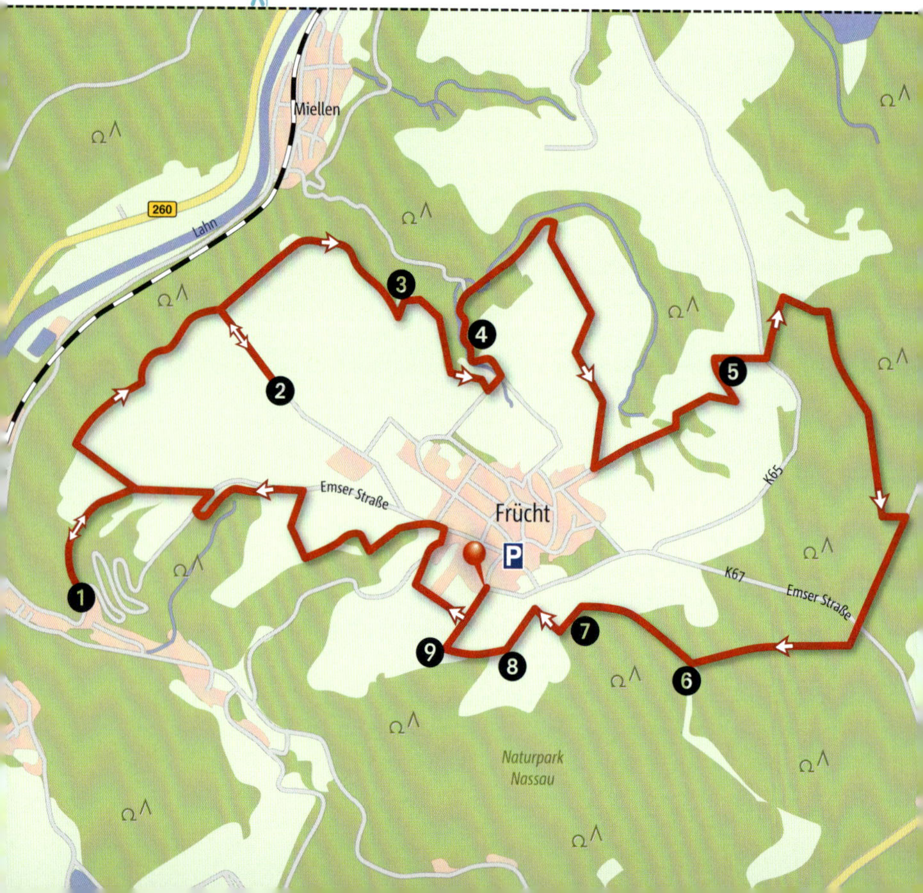

Alles auf einen Blick

WIE & WANN:
Weiche Wiesenpfade und landwirtschaftliche Wege, Kletterpassage und schmaler Pfad im Schweizertal; beste Wanderzeit von April bis Oktober (außer bei Schnee- und Eisglätte)

HIN & WEG:
Auto: Parkplatz Emser Straße, Ortsausgang Richtung Becheln, 56132 Frücht (GPS: 50.311112, 7.676952)
ÖPNV: Bus 554 von Bad Ems Westbf. nach Frücht Kirche, Bus 573 von Koblenz Hbf. nach Frücht Auf der Kratz

ESSEN & ENTSPANNEN:
Maximilians Brauwiesen (10) Didierstraße 25, 56112 Niederlahnstein/Industriegebiet Nord, Tel. (0 26 21) 92 60 60, www.maximilians-brauwiesen.de

ENTDECKEN & ERLEBEN:
Jährlingsköpfchen (1)
Panoramaaussicht (2)
Rastplatz mit Aussicht (3)
Schweizertal (4)
Aussicht über die Taunushöhen (5)
Hügelgräber (6)
Jüdischer Friedhof (7)
Rastbank (8)
Schutzhütte Lahnblick (9)

Entspannung ★★★★☆
Genuss ★★★☆☆
Romantik ★★★☆☆

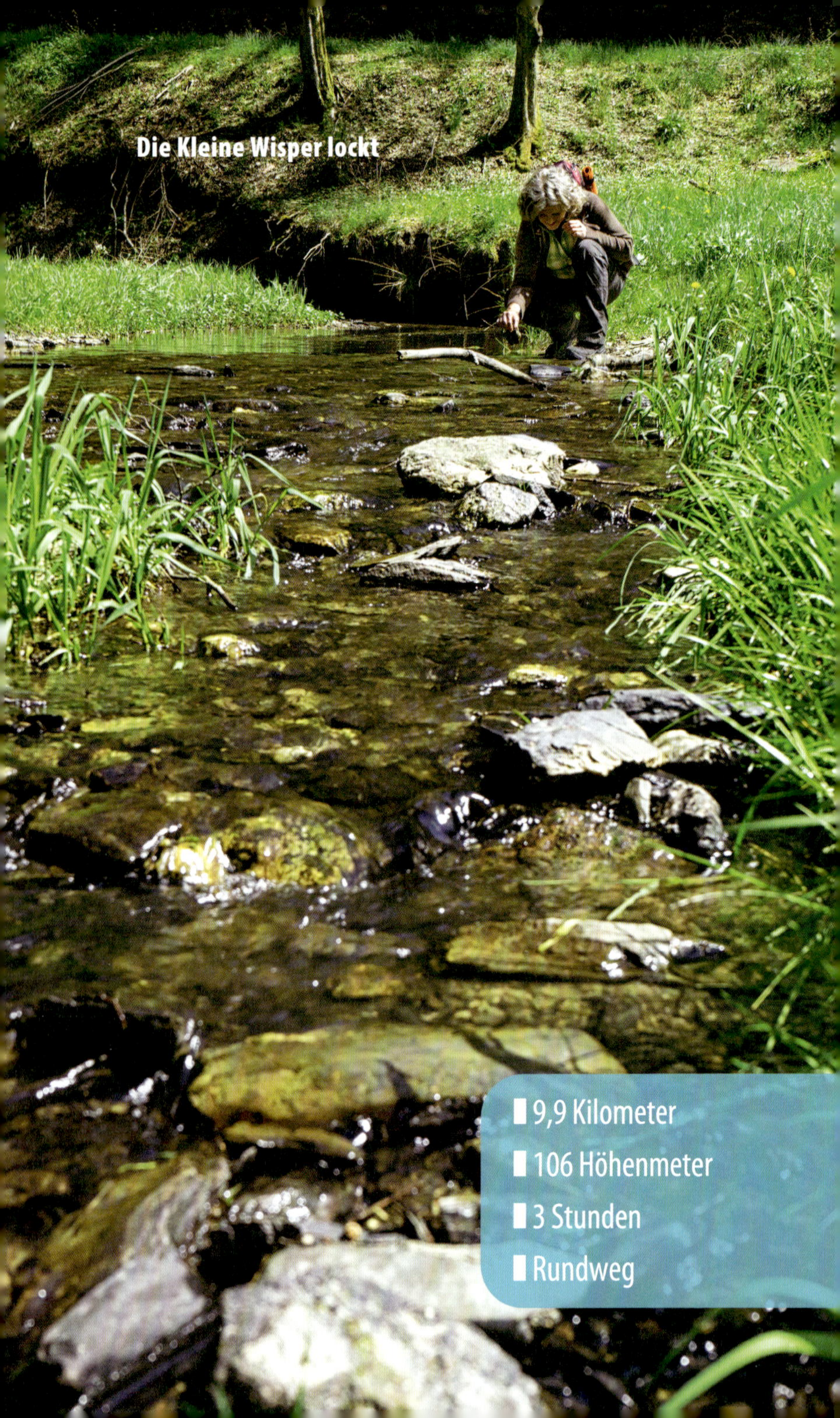
Die Kleine Wisper lockt
9,9 Kilometer
106 Höhenmeter
3 Stunden
Rundweg

Am Wispersee

Im Tal der Kleinen Wisper

Wir beginnen unsere vom Anfang bis zum Ende gemächliche Wanderung am Wanderparkplatz des Naturparks Rhein-Taunus. Wir orientieren uns am Markierungszeichen der blauen Libelle auf weißem Grund, die uns sicher bis hinauf zum Wispersee und auf der anderen Bachseite wieder hinabführen wird.
Wobei „hinauf" sich nach Steigung anhört und nach Mühsal. Aber heute geht es gemächlich zu, entspanntes Wandern steht auf dem Programm.

Zuerst führt der Wanderweg links von der **Wisper** aufwärts. Der Weg ist breit genug, um nicht nur Wanderern, sondern auch Fahrradfahrern genügend Platz für ein gedeihliches Miteinander zu bieten.

Die Wisper ist ein rund 30 Kilometer langer Nebenfluss des Rheins, dessen Quelle bei Heidenrod liegt.

So wandern wir auf Anhieb entspannt nahe bei der Wisper.

Nahe beim Parkplatz vereinigt sie sich mit dem Fischbach, um dann als gut gesättigter Fluss das letzte Stück ihrer Reise durch den waldreichen Wispertaunus zurückzulegen. Am Unterlauf tummeln sich Bach- und Meerforellen, selbst Lachse haben sich nach der Jahrtausendwende in der Wisper wieder fortgepflanzt.

An unserem Weg sprudeln dünne, muntere Rinnsale aus den oftmals nahezu senkrecht aufsteigenden Felsen hervor und fließen emsig der Wisper hinzu, und das Grün der Bäume und Büsche schimmert im Schein der Sonne in unzähligen Farbtönen.

Den Fußweg säumt hier und da ein samtweicher Grasteppich. An einer besonders markanten felsigen

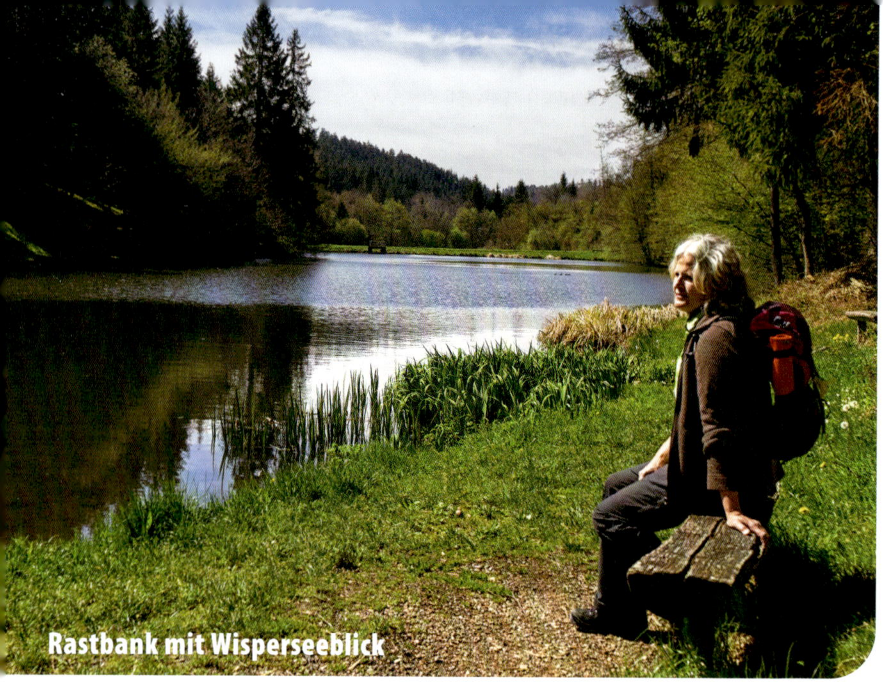

Rastbank mit Wisperseeblick

Stelle entdecken wir einen schon länger nicht mehr genutzten Pfad, der uns hinunter zur Wisper leitet. Eine abgebrochene **Brücke** **1** führte hier noch vor wenigen Jahren auf die andere Bachseite. Die moosgetränkten Felsen drängen sich schroff bis ans Ufer. Ein malerischer Ort, den wir nur ungern verlassen.

Und nur wenige Hundert Meter darauf nutzen wir nochmals eine Gelegenheit, stapfen durch die feuchte Wiese hinunter zur Wisper und lassen die glitzernden, trotz des warmen Sommertages kühlen Tropfen durch die Finger perlen.

Winkel wie dieser sind wie geschaffen, um sich auf einem der aus dem Wasser ragenden kleinen Felsbrocken hinzuhocken und sich von der Sonne wärmen zu lassen. Nur das Rauschen der Wisper durchdringt die tiefe Stille, verstohlen fegt ein Lufthauch durch die Äste.

Wir schlendern weiter und entdecken am Wegesrand einen der offenen Stollen, die uns jene harte Bergwerksarbeit vor Augen führen, die auch hier im Taunus vor Jahrhunderten geleistet wurde. Wir dagegen wandern mit spielerischer Leichtigkeit in größeren und kleineren Schleifen mit der Wisper, erspähen in einer Talkuhle einen arg trüben Teich und gelangen nach rund 4 Kilometern und einem der wenigen sanften Anstiege beim Mühlberg an einen asphaltierten Fahrweg.

Wir halten uns rechts und schlüpfen sofort auf der anderen Straßenseite auf einen grasbewachsenen Weg, der unsere Füße aber nur rund 100 Meter weit umschmeichelt. Dann gehen wir auf befestigtem Weg die wenigen Schritte zum **Wispersee** 2, der sich vor uns gut 200 Meter lang in die Talsohle schmiegt.

Wir haben die Wahl und können die wenigen Schritte zu einer der Bänke im Uferbereich oder an den Angelplattformen hinabgehen – natürlich nur dort, wo wir die Angler nicht stören. Angler sind auch ein Synonym für Ruhe, und die finden wir am Wispersee.

Die eifrige Sonne spiegelt sich auf der Wasseroberfläche, und sobald ein Fisch mit einem Sprung vorwitzig aus dem Wasser schießt oder eine der Enten zur Landung ansetzt, spritzt das perlende Nass in die Höhe und fällt als funkelnder, kleiner Schauer wieder hinab.

Beine ausstrecken, ein kühles Getränk auspacken, die Stille in uns fließen lassen. Den Anglern zuschauen, wie sie die Ruhe selbst sind, um von einem Moment zum nächsten diese Ruhe abzuwerfen und die Angel mit einer Forelle einzuholen. Dann ist ein Fang

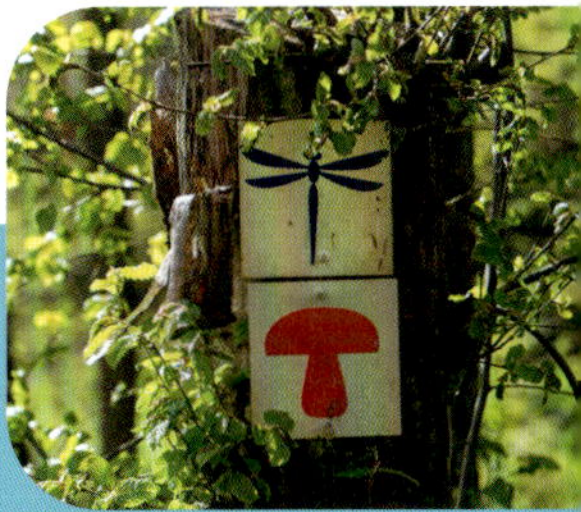

Für die Seele

Im Wasser des Wispersees spiegelt sich unsere Seele.

gemacht. Und wir rappeln uns auf, passieren das Anglerheim und orientieren uns an der folgenden Weggabelung nach rechts.

50 Meter darauf beginnt an einer weiteren Weggabelung unser Rückweg, vorausgesetzt, wir haben durch die Wanderung nicht Appetit bekommen. Heute kehren wir hungrig in das **Restaurant Hexenmühle** **3** im etwa 100 Einwohner zählenden Örtchen Wisper ein. Und diesen 100 Bewohnern ist Ruhe gegönnt, weil Wisper abseits der Hauptverkehrsstraßen liegt.

Wir gehen dazu an der Weggabelung, an der wir uns später rechts halten, geradeaus weiter und erblicken bald nach dem Friedhof in den sanften Hängen das kleine Dorf. Wir orientieren uns in die Straße **An den Springer Gärten** und entdecken das Restaurant.

Auf der sonnenverwöhnten Terrasse wählen wir uns einen Tisch unter einem der Sonnenschirme, garniert mit einem schönen Blick ins Wispertal. Von der Speisekarte bestellen wir zum einen die goldgelb gebackene Wisperforelle aus dem hauseigenen Teich, mit frischen Kräutern und Mandelbutter überzogen, dazu Rosmarinkartoffeln, zum anderen einen gartenfrischen Salat mit geräuchertem Forellenfilet.

Wie gut, dass unsere Wanderung auf Anstiege verzichtet, denn mit unseren proppenvollen Bäuchen fallen die ersten Schritte nach der Schmauserei nicht leicht. An der Weggabelung nahe beim Wispersee orientieren wir uns nun am Röderkopf zur anderen Flussseite. Vielleicht lassen wir uns sogar ein weiteres Mal von den rustikalen Holzbänken am malerischen See zu einigen Minuten Auszeit verleiten. Weil wir früh genug dran sind, geben wir unserem Bedürfnis einfach nach, während eine Entenmama ihren Jungen im Uferbereich vor Augen führt, wie man den Kopf korrekt ins Wasser steckt.

Sobald unser Weg gemächlich an Höhe gewinnt, blicken wir hinunter in die reich bewachsene Auenlandschaft. Links von uns weitet sich eine **Kernfläche Naturschutz** 4 aus.

Auch auf unserem Rückweg finden wir eine Stelle direkt am Ufer der Wisper, die wir über eine Wiese erreichen. Dort kühlen wir unser Gesicht bei einem der robusten Felsbrocken mit einer Handvoll Wasser.

Bei einem kleinen Bach, der an einer weiten Wiese in die Wisper mündet, entdecken wir den **Hexen-Müller-Platz** 5 mit Schutzhütte. Von der ehemaligen Mühle finden wir bestenfalls Bruchsteine bei der Wisper, über die auch ein Steg führt.

Bald danach rücken wie auf dem Hinweg die Felsen wieder näher an unseren Weg, die Wisper bahnt

Diese Flächen werden aus der Nutzung herausgenommen, um die Artenvielfalt für Alt- und Totholzbewohner zu verbessern und als besonders guter Rückzugsraum beispielsweise für Schwarzstörche oder Waldfledermäuse zu dienen.

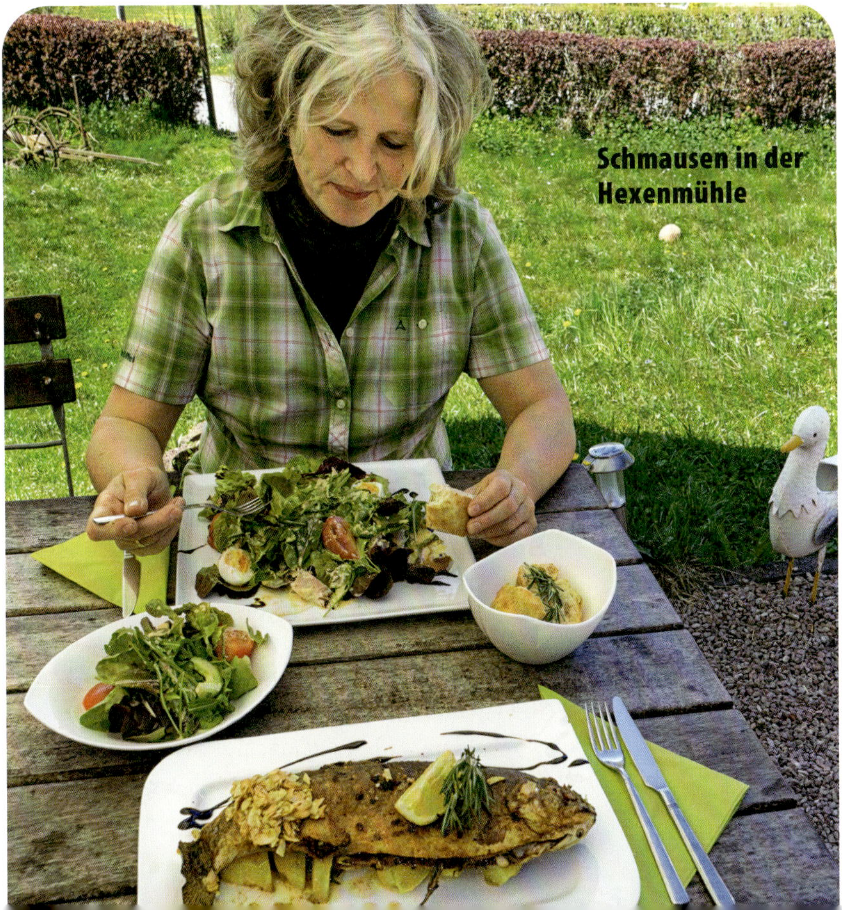

Schmausen in der Hexenmühle

sich ihren Lauf durch die Schlucht, und bizarre Felsformationen fesseln unsere Blicke. Kiefern klammern sich in die Felsspalten, Moose tünchen das graue Gestein in tausend Grüntönen.

Dort, wo wir auf dem Hinweg den alten, abgebrochenen Steg entdeckt haben, steigen wir den kaum noch sichtbaren Pfad hinab zur Felswand und lassen die Szenerie auf uns wirken. Nicht mehr weit, und wir hören beim Riesenberg zum ersten Mal wieder Verkehrslärm; die L 3035 ist nicht mehr weit. Sobald wir sie erreichen, halten wir uns rechts, queren die Brücke und finden rechter Hand den Parkplatz und das Ende unserer erquickenden Wanderung.

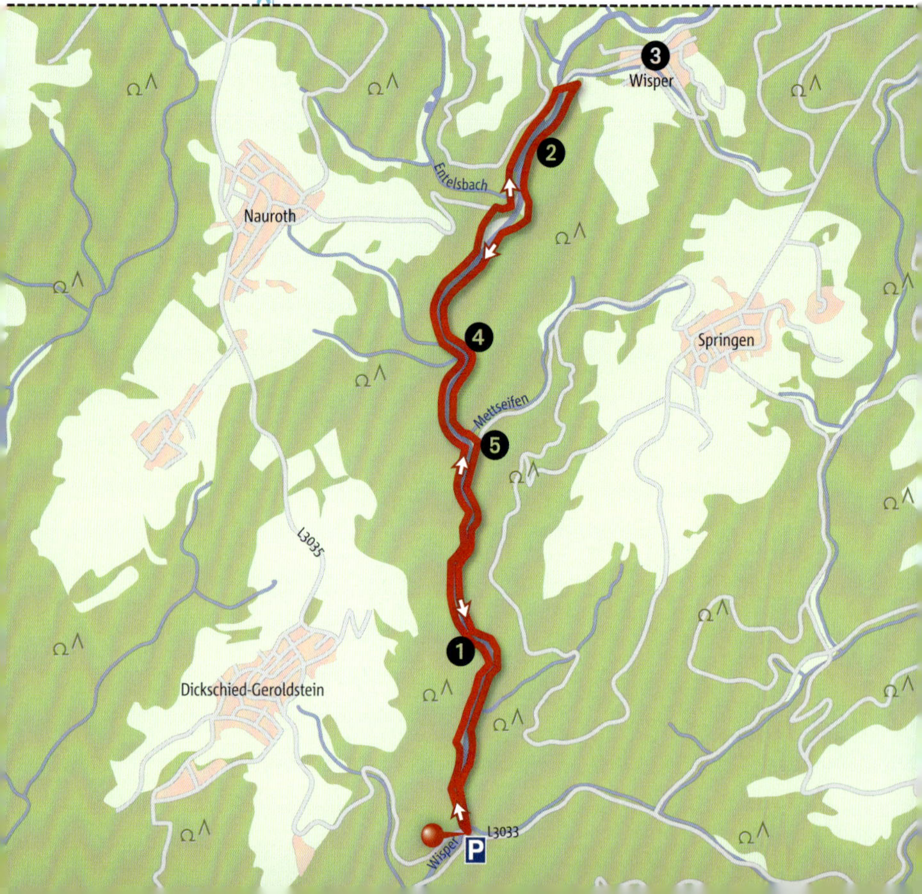

Alles auf einen Blick

WIE & WANN:
Waldwege; beste Wanderzeit von April bis Oktober

HIN & WEG:
Auto: Wanderparkplatz Kleine Wisper an der Wisperstraße Bad Schwalbach-Lorch, Abzweigung nach Dickschied, L 3035 (GPS: 50.118014, 7.963074)
ÖPNV: Bus 205 Bad Schwalbach NAO Schule nach Espenschied, Haltestelle Wisper Feuerwehr, von dort Einstieg in die Wanderung in Richtung Wispersee

ESSEN & ENTSPANNEN:
Restaurant Hexenmühle ❸ Zum Wiesental 18, 65321 Heidenrod, Tel. (0 61 24) 7 26 86 50

ENTDECKEN & ERLEBEN:
Brücke ❶
Wispersee ❷
Kernfläche Naturschutz ❹
Hexen-Müller-Platz ❺

Entspannung ✱✱✱✱✱
Genuss ✱✱✱
Romantik ✱✱✱

Die GPS-Daten zu jeder Tour gibt es auf
www.droste-verlag.de

5., aktualisierte Auflage 2023
Konzeption/Satz: Droste Verlag, Düsseldorf
Einbandgestaltung: Britta Rungwerth, Düsseldorf unter Verwendung von Bildern von © Fotolia.com: Andrey Kuzmin; Jenny Sturm; undrey; daboost; niroworld
Fotos: Karl-Georg Müller, Neuwied
Karten: Sameena Jehanzeb, Bonn
Druck und Bindung: LUC GmbH, Greven

ISBN 978-3-7700-2538-1
www.drosteverlag.de